ABSCAM Ethics: Moral Issues and Deception in Law Enforcement

법과 유혹
- 의회부패에 대한 FBI의 위장수사 -

GERALD M. CAPLAN 편집
최영홍 편역

박영사

◐◖ 역자 서문 ◗◑

　범죄적 기질이 농후한 우범자가 의사당을 어슬렁거리는 상황은 정상이 아니다. 이러한 비정상적 상황을 방치하는 것 또한 정상이 아니다. 거리의 불량배든, 성직자든, 정치인이든 가리지 않고 누구든지 죄를 지었으면 합당하게 처벌되어야 한다. "법 앞의 평등"이라는 헌법 원칙은 법집행상의 평등이 구현되어야 비로소 완성되기 때문이다.

　그래서일까? 미국 법무부의 FBI가 속임수 수사를 전개하여 부패 의원들의 체포에 나섰다. 유명인이자 말솜씨의 달인인 정치인들을 대상으로 하다 보니 사회적 반향이 엄청났다. '정적 죽이기다.', '수사권 남용이다.', '사생활 침범이다.' … 등등 자극적이고 호소력 있는 말들이 동원되었고 언론과 시민의 관심은 높아만 갔다. 결론적으로, FBI의 수사는 성공적이었다. 부패한 정치인 여러 명이 유죄판결을 받고 의회에서 퇴출되었다. 이러한 성과는 범죄 척결에 투철한 사명감과 뛰어난 수사역량으로 무장한 FBI 요원들, 위법한 수사로 변질되지 않도록 세심히 조정·통제한 법무부 간부들, 성공적 소추를 위해 헌신한 검사들, 확인된 사실관계를 객관적으로 평결한 배심원들, 범죄로부터 사회와 국가를 방위하기 위해 그러한 수사의 필요성을 인정한 법관들의 합작품이었다. 그 수사에 대한 찬반의 이론과 보완적 개선안이 하버드대학교 케네디 스쿨에서 개최된 학회에서 발표되었고, 경찰재단에 의해 『ABSCAM Ethics: Moral Issues and Deception in Law Enforcement』로 출간되었다.[1]

　역자가 이 책을 처음 접한 것은 군법무관으로 복무 중이던 1984년이다. 겨우 교과서적 수준에 머물러 있던 역자에게 이 책은 엄청난 충격이었다. 고상한 이상론 차원을 넘어 공동체가 처음 접하는 문제를 놓고 분야별 전문가들이 깊이 있게 분석하고 대안을 제시하는 글들로 채워져 있었다. 당시 우리나라에는 "밝고 정의로운 사회 구현"이라는 구호가 요란한 상태였다. 등장 자체가 폭력에 기반한 정권이 정의를 운위하는 것 자체가 속이 뻔히 보

---

1) NCJ Number: 134198/ Editor(s): G. M. Caplan/ Date Published: 1983/ Length: 166 pages.

이는 행태였다. 역자는 이 책의 내용을 엘리트층에게 전파하려는 의도와 더불어 암울한 당시 상황에 대한 심경을 〈역자 후기〉의 형태로라도 남기려는 의도에서 무모하게 번역에 나섰다. 거기에서 처음 쓴 "범죄와의 전쟁"이란 용어는 나중에 대중화되기도 했다.

그러나 역자의 능력과 역량 부족으로 일부 오류가 포함됐다. 대표적으로, '함정수사'라는 용어가 책의 제목에 붙도록 방치한 것을 들 수 있다. 군법무관과 변호사 활동을 거쳐 교수가 되자, 그러한 오류를 시정해야 한다는 의무감이 더 커졌다. 뒤늦게나마 다시 번역에 임하게 된 이유이다.

역자는 2020년에 교수직에서 정년퇴직했다. 고려대학교 법학전문대학원의 관례에 따라 역자도 고별강연을 했다. "폭력의 시대를 넘어, 위장의 시대를 건너"라는 주제였고 그 요지는 다음과 같다.

대한민국은 건국 이래 줄곧 흔들리면서도 발전을 거듭해 왔다. 경제성장과 더불어 '폭력의 시대'를 넘고, 이제 '위장의 시대'의 끝자락에 있다. 머지않아 '유능의 시대'가 도래할 것이다. 앞으로는 실력과 인품을 겸비해야만 진정한 리더십을 확립할 수 있다. 그러한 인물이 되고자 한다면 지금부터 준비해야 한다.

이 책이 역자의 공적 활동에 준 영향은 매우 크다. 프랜차이즈에 관한 법리를 국내 최초로 정립한 것도, (사)한국유통법학회를 창립한 것도, 이 책이 준 영감에 기인함을 부인할 수 없다. 역자는 이 책이 학계·정계·법조계·경찰 등의 리더가 되려는 사람들에게 특히 유익하리라 생각한다. 그 밖에도 많은 엘리트층이 이 책을 통해 세상을 보는 시야를 넓히고 영감을 얻었으면 한다.

이 책의 출간에는 여러 사람의 도움이 있었다. 발행을 성원하신 고려대학교 법학연구원장 강병근 교수님, 행정업무를 맡아 주신 양지훈 박사님, 어려운 출판 사정에도 흔쾌히 출판을 수락해 주신 박영사 안종만 회장님과 교정을 맡아 주신 장유나 차장님 그리고 관계자 모든 분께 깊이 감사드린다.

2024. 12. 1.
고려대학교 법학연구원에서 최영홍 識

◎● 일러두기 ◉◎

번역된 내용을 읽기에 앞서 일러두고 싶은 사항이 있다. 이는 역자가 번역에 사용한 용어에 대한 해명이자 부탁이기도 하다. 그렇다고 번역의 책임을 회피하려는 것은 아니다.

1. ABSCAM(앱스캠)이란 용어를 그대로 사용한 점에 관하여

경찰은 과거부터 절도, 마약, 성매매 등 일부 사악한 범죄에 대처하기 위해 요원의 신분을 감추는 수사기법을 이용해 왔다. 그러다가 FBI가 1980년대 들어 의회 의원들의 부패로까지 그 이용을 확대하면서 ABSCAM이라는 신조어(neologism)가 생겨났다. 이러한 수사기법은 조직범죄, 간첩, 테러, 산업스파이 등 국가와 사회에 심각한 위협이 되는 중대 범죄로까지 확대되고 있고 그러한 경향을 당연시하는 것이 세계적 추세다. 이에 따라 ABSCAM은 처음에는 FBI가 전개한 수사 작전명, 즉 고유명사였지만 점차 다음에 보는 "위장수사"라는 보통명사의 의미로도 쓰이고 있다. 범죄계층은 끊임없이 진화한다. 그러한 진화는 '범죄는 저지르되 증거를 없애거나 없는 것으로 하려는 방향성'을 가진다. 아무리 중범죄를 저질렀어도 증거가 법정에 현출되지 않으면 증거재판주의 원칙상 무죄로 판결되기 때문이다. 증인을 제거하거나 관계를 부정하거나 위증을 교사하는 등의 수법은 전형적이다. 범죄인의 세력이 크면 군중을 동원할 수도 있고, 히틀러나 윈드립처럼 최정상의 지위에까지 오를 수도 있다. 앞으로 어디까지 진화할지 예단하기 어렵다. 그래도 "진화하는 범죄인"에 대해서 법집행의 형평성을 유지하려는 노력은 포기될 수 없다. 그 점에서 그리고 그 한도에서 수사당국의 사전대응적 수사행태가 정당화될 수 있다. 물론, 수사의 정당성을 이유로 오남용의 가능성이 경시되어서는 아니 된다.

ABSCAM, 즉 '속임수를 이용하지만 적법성이 인정되는 (FBI의) 수사기법'을 지칭하는 용어가 우리나라에는 없다. 이 용어는 요즘은 아래에서 보는 "위장수사"와 사실상 동일하게 사용되기도 하지만 원서가 출간될 당시에는 수사의 주체가 특정한 기관(FBI)이라는 점이 내포되어 있었으므로 그냥 "ABSCAM" 또는 "ABSCAM 수사"라고 옮겼음을 양해 바란다.

2. "위장수사"라는 용어를 선택한 점에 관하여

역자는 undercover investigation을 옮기기 위해 함정수사, 비밀수사, 기만수사, 잠복수사, 은밀수사, 위장수사 등 여러 용어를 검토하였다. "함정수사"는 일반인에게도 비교적 친숙한 용어지만 그 자체로 '위법한 수사'라는 의미가 내포되어 있어서 법리적으로 차별화할 필요가 있었다. 다른 용어들도 부분적 타당성은 있지만 undercover investigation이 내포한 의미를 전체적으로 아우르는 데는 한계가 있어 보였다. 이 용어의 핵심은 '수사요원이 신분을 감추고 잠재적 수사대상자에 접근하여 진행하는 수사 방식'이라는 점이다. 즉 경찰이 신분을 위장하고 비밀리에 전개하는 수사로서, 제한적 요건을 갖췄다면, 적법한 수사라는 개념이다. 우리나라에서도 N번방 사건을 계기로 수사관이 증거포착 등을 위해 신분을 '위장'하고 대화방 등에 접근할 수 있도록 하는 법이 통과되기도 했다. 이러한 법리적·법제적 측면을 종합하여, 속임수가 이용되지만 '적법성이 인정되는' 수사의 개념으로 "위장수사"란 용어를 선택했다.

3. "민주", "사회", "변호사" 등 일제에 기원을 둔 용어를 사용한 점에 관하여

애당초 우리나라를 포함한 동양 문화권에는 democracy, society, lawyer 등에 상응하는 용어가 없었다. 그러한 상황에서 일본이 메이지 유신(1868년)으로 선진 서구 문물을 도입하면서 자국민의 지적 수준을 향상시키기 위해 "민주", "사회", "변호사" 등의 용어를 만들어냈다. 이들 용어는 일본의 유신 시대에 만들어진 신조어인 것이다. 그러나 일제의 산물이라는 이유로 만연히 배척하고 대체 용어를 창안하기에는 한계가 있어 보인다. 우선 필자의 역량을 넘는 일이기도 하거니와, 이미 우리 법제와 일상에 너무도 깊게 자리해버린 상태여서 대체 용어를 만드는 것 자체가 오히려 이상한 상황이 되었다. 그 당시 이들과 함께 만들어진 용어로는 다양한 학문적 용어 외에도 "운동", "철학", "낭만", "좌익", "우익" 등이 있다. 아무튼, 그중에서도 특히 "민주"라는 용어는 우리 헌법에 들어와 있고, 일부 정당의 당명에도 쓰이고 있다. 이러한 점에서 "민주", "사회", "변호사" 등을 사용한 것에 대해 언짢은 독자가 있다면 역자도 우리가 동양 문화권을 선도할 날을 고대한다는 점을 공유하고 양해를 구한다.

4. 미국 수정헌법의 표기 방법을 기존의 학계와 달리 표시한 점에 관하여

미국은 1776년에 영국으로부터 독립했지만 그 연방헌법은 1789년에야 제정되었다.[1]

---

1) 우리나라가 1945년에 독립했지만 1948년에야 헌법이 제정된 것과 유사하다.

연방헌법이 제정된 후 1992년의 Amendment XXVII까지 수정헌법이 계속 만들어졌다. 역자는 이들 수정헌법을 어떻게 표기하는 것이 적절할지 고심했다. 그간의 번역 예를 보면 예컨대, The Fourth Amendment(Amendment IV)를 "수정헌법 제4조"로 옮기는 경향이 있다. 그 논거는 '처음 10차례의 수정헌법이 권리장전(Bill of Rights)에 관한 내용이고, 이들 수정안이 1791년에 한꺼번에 비준되었기 때문에 순차로 조문을 붙여 표기하는 것이 합당하다'라는 것이다.

그러나 역자는 Amendment IV(The Fourth Amendment)를 "수정헌법 제4조"가 아니라, "제4차 수정헌법"으로 옮겼다.[2] 다음의 논거를 종합한 결과이다.

① 미국 수정헌법 I－X까지의 수정안이 한꺼번에 비준되기는 하였지만, 그들 수정안은 각자 별도로 제안되고 토의된 점,
② 미국의 원래 헌법(1789년)은 각 "Article(장)" 밑에 "Section(제○조)"을 규정하고 있고, 우리 헌법도 각 "장" 밑에 "제○조"를 규정하고 있는 점,
③ Amendment I에서 Amendment XII까지에는 Section이 없지만, Amendment XIII에는 Section 1.과 Section 2.가 규정되어 있고, 그 뒤에 비준된 수정헌법 중에도 Section이 규정되어 있는 경우가 다수 등장하는 점,[3]
④ 따라서 "The Fourth Amendment(Amendment IV)"를 "수정헌법 제4조"라고 번역한다면 "Amendment XIII Section 2."는 "수정헌법 <u>제13조 제2조</u>"로 번역해야 하는 이상한(?) 결과가 초래된다는 점,[4]
⑤ 외국법의 조문 체계를 번역할 때는 우리 법의 조문 체계와 부합하게 옮겨야 한다는 점.

5. 기만

deception을 "기만"으로 번역하였다. 우리나라 실정법에서는 deception에 해당하는 용어로 "기망"과 "기만"이 함께 쓰이고 있다.[5] 이 책에서는 일반에 더 익숙한 "기만"으로 통일했다. 그 파생어도 마찬가지 방식으로 옮겼다.

---

2) 원서에 나오는 다른 수정헌법도 이러한 표기 방식에 따라 옮겼다.
3) Amendment XIV에는 Section 5.까지 조문이 규정되어 있다.
4) 역자의 번역 방식에 따르면 "Amendment XIII Section 2."는 "제13차 수정헌법 제2조"로 표기될 것이다.
5) 예컨대, 형법과 부정경쟁방지 및 영업비밀보호에 관한 법률에서는 "기망"이란 용어를 쓰고, 상표법에서는 "기만"이란 용어를 쓰고 있다.

책머리에

    법집행에 있어서 정보원과 위장요원의 이용은 필수적이다. 이는 오래전부터 인정된 사실이다. 그러나 정보원 등의 이용이 대중의 체계적 감시를 받기 시작한 것은 비교적 최근의 일이다. FBI가 의회 의원들을 대상으로 ABSCAM 수사를 진행하면서 정보원 등을 이용한 것이 결정적 계기가 되었다. 정보원과 위장요원의 이용은 기만(속임수)을 전제로 한다. 바로 그 점에서, ABSCAM 수사 방법과 관련하여 시민의 자유와 윤리 침해 문제가 심각하게 제기되는 것은 당연하다. 전문가들의 견해는 ABSCAM 수사의 필요성과 특수성에 관하여 뿌리깊게 대립되어 있다.

    그러기에, 학술적·전문가적 관심이 새로운 수사방식인 ABSCAM 수사에 집중될 필요가 있다. 법의 집행을 담당하는 공무원과 판사 그리고 학자들이 위장수사의 가치와 한계를 잘 가늠하면 이러한 수사를 통제하고 관리할 최선의 방법이 도출될 것이다. 이러한 수사는 민주적 가치와 정부의 공공질서 및 청렴성 요구에 모두 부합해야 한다. 그러나 현 단계에서 말할 수 있는 것은 이 책의 모든 필자가 '속임수를 쓰고 정보원을 고용해야 탐지할 수 있는 특정한 유형의 범죄가 있다.'라는 것에 동의하면서도, 그 밖의 모든 사안에 대해서는 의견 차이가 크다는 것이다.

    이 책은 1981년 4월 16일과 17일 하버드대학교에서 개최된 기만적 법집행 기법에 관한 콘퍼런스에서 비롯되었으며, 헤이스팅스 사회윤리생명과학연구소(Hastings Institute of Society, Ethics, and the Life Sciences)가 후원했다. 이 콘퍼런스는 시셀라 보크(Sissela Bok) 여사가 추진했고, 따라서 법집행의 윤리에 관심이 있는 우리 모두 그녀에게 빚을 지고 있다. 이 책에 수록된 논문의 저자 중 5명이 위 콘퍼런스에서 직접 발표했고, 나머지 2명은 1982년 4월 24일 뉴욕시립대학교 존 제이 형사사법대학에서 개최된 경찰 윤리에 관한 콘퍼런스에서 발표했다. 이들 콘퍼런스는 법집행의 기만적 기법에 관한 이슈를 대중적인 토론의 장으로 이끄는 중요한 역할을 했다.

경찰재단(Police Foundation)은 논의의 질적 우수성에 감명받아 조지워싱턴대학교 법학연구소의 제럴드 캐플런(Gerald Caplan) 교수에게 이 주제에 관한 최고·최신의 논문을 엄선하여 편집해 달라고 요청했다. 경찰재단은 이처럼 훌륭한 작품을 만들어 준 캐플런 교수께 감사드린다.

경찰재단 이사장
패트릭 머피(Patrick V. Murphy)

서문

제럴드 캐플런(Gerald M. Caplan)[1]

　　법집행기관은 오래전부터 범죄를 적발하고 범인을 체포하는 수단으로 기만(속임수)을 이용하였다. 마약 구매자인 척하는 위장요원이나 친구인 척하며 동료를 염탐하는 정보원은 이제 더 이상 낯설지 않다. 이러한 요원 등의 이용은 최근까지 주로 도박, 성매매, 마약 등 "부도덕한" 범죄에 국한되었다. 그러나 최근에는 선출직 공직자를 대상으로 하는 수사에까지 그 이용이 확대되고 있다. 최근 들어 FBI가 ABSCAM 수사를 통하여 거물급 공직자 여러 명을 체포했다. 놀라운 일이다. ABSCAM 수사는 전례 없이 파격적이어서, 후버(J. Edgar Hoover) 국장 시절에는 생각할 수도 없던 일이다.

　　더욱 중요한 것은, ABSCAM 수사가 곧바로 국민의 지지를 받았다는 점이다. ABSCAM 수사가 매스컴의 각광을 받자, 주와 지방에서도 광범위하게 모방하기 시작했다. 이러한 경찰의 수사기법은 앞으로도 매우 빈번하게 채택될 것 같다.

　　현시점에서 ABSCAM 수사의 성과에 대해 어떤 결론을 내리기는 어렵다. 공직자의 부패는 국가와 사회에 특별한 위험을 초래한다. 그러기에 이에 대처하기 위한 웹스터 FBI 국장의 이번 시도는 큰 공로를 인정받아 마땅하다. 그와 동시에, ABSCAM 수사에 이용된 기법은 남용의 여지가 많다. 정부의 유혹이 없었으면 법을 어기지 않았을 사람과 무고한 개인들까지 수사에 휘말릴 수 있기 때문이다.

　　기존의 법과 정책을 살펴봐도 경찰 활동의 적정성과 허용 불가성을 확실히 구분하기는 어렵다. 실제로 이 분야에서 가장 눈에 띄는 것은 정보원과 위장 수사관의 역할을 명확하게 정하는 통제 기준이 부족하다는 점이다. 대체로 볼 때, 이 부분은 아직 미답의 영역이다.

　　이 책의 논문들은 그러한 영역을 탐구하고 있다. 이들 논문은 관련 범죄의 특성, 그러

---

1) 조지워싱턴대학교 법률센터 교수. 미 법무부 산하 국가사법연구소 소장(1973－1977). 검사 및 워싱턴 D.C. 메트로폴리탄 경찰국 자문변호사 역임. 형사사법에 관한 논문 다수 발표. 노던웨스턴 로스쿨 졸업.

한 범죄의 적발에 이용되는 다양한 기법 그리고 민주적 가치를 위태롭게 할 위험성 등에 대해 분석한다. 필자에 따라서는 범죄에 대처하는 경찰 기법의 위험성에 대한 조절 단계를 넘어 새로운 접근법을 제시하기도 한다.

맨 처음 논문에서는 ABSCAM 수사를 적극 옹호한다. 그 필자는 법무부에서 기소 업무를 총괄했던 변호사 어빈 네이든(Irvin Nathan)이다. 그는 의회 의원이 체포된 사건들을 기록하고, ABSCAM 수사가 공직 부패와의 싸움에서 공정하고 효과적인 수사 방법이라고 주장한다. 그는 ABSCAM 수사가 부패 가능성이 있는 다른 공직자에게도 국민의 신뢰를 배반하지 못하게 억제제 역할을 한다고 주장하며 그 증거를 제시한다.

하버드대학교 케네디스쿨의 마크 무어(Mark Moore) 교수는 ABSCAM 수사의 구체적 내용을 더 넓은 틀에 넣고 분석한다. 무어 교수는 피해자나 목격자가 경찰에 신고하지 않는 소위 '보이지 않는 범죄(invisible crimes)'의 특성을 인식하고, 위장수사와 정보원의 이용이 지배적 수사 방법으로써 앞으로도 계속될 것이라고 한다.

텍사스대학교 로스쿨의 샌포드 레빈슨(Sanford Levinson) 교수는 ABSCAM 수사를 완전히 다른 관점에서 접근한다. 레빈슨 교수는 위장수사가 "수사요원과 경찰의 기만에 넘어가는 피해자, 사회에 미치는 피해를 고려하는 윤리 규범과 공공의 원칙이 부족하다."라고 주장하면서, 이를 배신의 도덕성이라고 부를 수 있다고 한다. 그는 정보제공자의 유형을 분류하고, 그들의 행동을 헌법적(제4차와 제5차 수정헌법), 윤리적 측면에서 분석한다. 이를 통해 위장수사의 윤리와 법리의 문제를 아울러 고려하며 위장수사가 미치는 영향을 분석한다.

사회학자 게리 마르크스(Gary T. Marx)는 위장수사 활동이 증가하는 상황을 염려한다. 그는 위장수사 활동이 최근 대법원에서 경찰력을 제한하는 판결을 선고하자 그 반작용으로 등장한 부산물로 본다. 대법원이 강박의 이용을 제한함에 따라 경찰이 대체 전술로 기만을 채택하고 있다는 것이다. 마르크스는 위장수사 작전과 "스팅"을 여러 관점에서 비교 분석하면서, 수사 대상, 정보제공자, 경찰 그리고 사회 일반을 고려한다. 그 결과, 위장수사 활동은 그 가치가 의심스러울 뿐만 아니라 민주주의에 대한 잠재적 위협을 내포한다고 주장한다.

경찰재단의 연구 책임자이며 메릴랜드대학교 사회학 교수인 로렌스 셔먼(Lawrence W. Sherman)은 "기만적 수사 방법은 법집행의 평등과 사생활 보호 중에서 비극적 선택을 하게 한다."라는 견해에 동의하며 경찰이 따라야 할 새로운 절차를 제시한다. 그는 특정한 범죄를 저지를 가능성이 높은 집단에서 개별적 대상을 선정하는 '연역적' 방법을 제안한다. 그러한 대상이 되는 집단이 행정규칙의 공개적 제정 과정을 거쳐 선정되고 그 집단의 구성원이 선정될 확률이 모두 같게 구성되어야 한다는 것이다. 셔먼의 이러한 아이디어가

정책결정자들에 의해 가까운 장래에 채택될 것 같지는 않지만, "보이지 않는" 범죄에 대한 법집행의 실효성을 높이면서 동시에 프라이버시를 보호하는 수단이 될 수 있을 것으로 생각된다.

랜드 연구소(Rand Corporation)의 경제학자 피터 로이터(Peter Reuter)는 경찰권의 남용을 통제할 수 있다는 셔먼의 생각과 달리 비관적 전망을 내놓고 있다. 로이터는 마크 무어의 노선에 따라 "보이지 않는 범죄"는 경찰이 범죄자들과 장시간에 걸쳐 협력관계에 있어야 해결할 수 있다고 주장한다. 그는 "마약사범들은 낯선 사람과의 거래에 매우 신중하므로, 경찰이 그들을 체포하기 위해서는 공범자의 도움을 받아야 하는 경우가 많다."라고 한다. 그러나 로이터는 무어나 다른 필자들과 달리 정보원의 이용을 통제하는 노력은 실패할 가능성이 높다고 한다. 그러기에 우리는 법집행의 대가로 정보원이 저지르는 비리를 어느 정도 감수하거나, "경찰에 대해 특정한 부류의 범죄자들을 체포하라는 요구 수준을 낮춰야 한다."라는 것이다.

전 뉴욕시 경찰국 간부이고 일리노이주 수사국 부국장을 역임했으며 현재 일리노이대학교 교수로 재직 중인 웨인 커스테터(Wayne Kerstetter)는 위장수사에 대한 "시행상의 관점"을 제시한다. 커스테터는 수사 대상의 선정과 수사 방법에 대해 엄격히 결정하면서 그것을 체득한 경찰 행정가로서의 통찰력을 보여준다. 그는 범죄수사에서 기만의 이용과 강박의 이용은 서로 충돌관계에 있다고 주장한다.

이들 논문에 어떤 부족함이 있다면 그것은 ABSCAM 수사의 가치가 공직 부패에 관한 실제적 데이터를 배경으로 평가되지 못했다는 점일 것이다. 우리는 우리의 자유에 미치는 위장수사 작전의 위험성과 그 작전의 대상이 되는 범죄의 중대성을 균형 있게 조율할 만큼 충분히 알고 있지 못하다. 그러나 바로 이 점이 핵심이다. 우리는 경찰이 중범죄를 다룰 때는 어느 정도 재량을 넓게 인정하지만, 경범죄를 다룰 때는 그들의 과도한 대응에 너그럽지 않다. 이런 점에서 우리는 ABSCAM 수사에 대해 더 많이 알기를 원한다. 체포된 사람이 FBI의 유혹에 넘어가지 않은 동료보다 더 비난받아 마땅한지 알고 싶다. 국방, 에너지, 환경정책 등 정말 중대한 사안에 관하여 자신의 권한을 팔아넘길 의회 의원이 더 있는가? 그리고 법집행 당국은 그들에 대해 무엇을 알고 있는가?

확실히, 이 책의 논문이 이러한 질문들에 답을 주지는 않는다. 앞으로의 연구에 맡겨진 부분이 많다. 그러나 이 책이 제시하는 의미는 매우 크고 위장수사의 장점에 대해 지금까지 나온 분석 중 가장 탐구적이다. 이러한 분석은 앞으로 경찰이 기만을 이용하는 것에 대한 우리의 평가능력을 높여 줄 것이다.

목차

제 1 편

ABSCAM

- 정치부패에 대한 정당하고 효과적인 수사 -

어빈 B. 네이든
(Irvin B. Nathan)

ABSCAM
- 정치부패에 대한 정당하고 효과적인 수사 -

어빈 B. 네이든 (Irvin B. Nathan)[1]

주요 ABSCAM 사건의 재판이 완료되었으니, 이제 이 수사 작전에 대한 평가와 함께 정치적 부패를 탐지하기 위해 위장을 이용하는 것에 대한 공공정책적 문제를 평가할 때가 되었다.

ABSCAM 사건의 기소 과정에서 3개 시의 8개 배심원단은 연방 상원의원 1명, 막강한 위원회의 위원장 2명을 포함한 연방 하원의원 6명, 뉴저지주의 상원의원이기도 한 캄덴시의 시장, 필라델피아시 의회 의장과 다수당 원내대표 및 원내 제3인자인 의원, 미국 이민국 조사관 1명, 필라델피아 변호사 1명, 뉴욕주 회계사 1명 그리고 공직자들과 연결된 여러 '사업적 동료'들에 대한 부패 혐의에 대해 만장일치로 유죄를 인정했다. 두 배심원단이 한두 가지 혐의에 대해 무죄로 평결했지만, 기소된 피고인 중에서 최종적으로 무죄판결을 받은 피고인은 한 명도 없다.

역사상 처음으로 필라델피아의 마이어스(Michael Meyers) 의원이 공직 부패 혐의로 하원에서 제명됐다. 젠레트(John Jenrette) 의원과 레더러(Raymond Lederer) 의원은 제명되기 하루 전날 밤에 의원직을 사퇴했다. 기소된 의원 6명 중 5명이 다시 출마했으나 모두 낙선했다. 선거 후에 재판이 시작된 레더러 의원만 다시 당선됐으나 유죄가 선고되어 의원직

---

[1] 1979년부터 1981년까지 미국 법무부에서 차관보로 재직하면서 ABSCAM 사건의 기소를 조정하였다. 현재 워싱턴 D.C.에 있는 Arnold & Porter 법률 사무소의 파트너로 일하고 있으며, 미국 변호사 협회(ABA) 산하 화이트칼라 범죄 위원회의 의장을 맡고 있다. 1981년에는 상원 정보위원회의 소수당 특별 법률 고문으로서 CIA 국장 윌리엄 케이시에 대한 조사에 참여하였다. 컬럼비아대학교 로스쿨 졸업.

을 상실했다.

브루클린, 롱아일랜드, 필라델피아, 워싱턴 D.C.의 각계각층에서 선정된 96명의 배심원 중에서 단 한 명도 반대하지 않았다. 8개 배심원단 중에서 일부가 합리적 의심의 여지 없이 유죄 결론에 이르는 데 하루 이상 검토할 시간이 필요하다고 했지만, 나머지 대다수 배심원단은 단 몇 시간 만에 평의를 완료했다. 대부분의 재판에서 비디오테이프가 배심원에 제출되고 동시에 언론에 공개됨으로써 일반인이 배심원 평결의 공정성 여부를 평가할 수 있게 했다. 배심원의 평결이 만장일치로 순조롭게 이루어졌다는 것은 FBI의 증거 수집 방법과 검사의 증거 제출 그리고 기소장이 적정했음을 의미한다. 이는 또한 진행 중인 범죄를 비디오로 녹취한 것이 주효했음을 보여주는 것이기도 하다.

지금까지 항소심 법원은 모두 원심판결을 인정하고 있다. 1심의 유죄판결을 검토한 항소심 재판부 넷 중 셋이 전원일치로 원심판결을 인정했고, 전원합의체로 구성된 제3연방 항소순회법원에서만 7:2로 1심의 유죄판결을 인정했다. 이들 각 법원은 피고인의 헌법상 권리가 침해되지 않았음을 명확히 하면서, 경찰이 피고인을 함정에 빠뜨리거나 부당하게 대우했다는 피고인 측의 주장을 배척했다. 현재까지의 상황은 다음과 같다. 연방대법원에 유일하게 상고허가를 신청한 ABSCAM 사건이 상고가 불허가되어 원심이 확정됐고, 두 건이 연방항소법원에 계류 중이며, 한 건이 지방법원에서 재심리 중이다.

어떤 기준으로 보더라도, ABSCAM 사건은 미국 역사상 의회의 부패에 대해 가장 광범위하게 전개된 수사와 기소 사례로 기억될 것이다. 이전의 어떤 연방 차원의 수사에서도 — 워터게이트 사건이나 티팟 돔(Teapot Dome) 사건에서도 — 연방, 주 그리고 지방의 **선출직 공직자**들이 그렇게 많이 유죄판결을 받고 퇴출된 적은 없다.

ABSCAM 수사 작전이 공직 부패를 억제한 효과는 쉽게 측정하기 어렵다. 그러나 중대한 억제 효과가 있었던 것은 분명하다. 필라델피아에서 배심원 평결이 발표되자 의회의 임시의장은 "그것은 과거의 정치, 즉 막후정치, 밀실정치가 끝났음을 의미한다. 이제 국민에게 공개적이고 국민의 의사에 더욱 부응하는 지도자들의 리더십을 보게 될 것이다."라고 했다. 그 말을 그대로 받아들이지 않더라도 필라델피아에서든 어디에서든 그와 같은 위장수사 작전이 시행되고 있다는 사실을 아는 공직자라면 범죄적 거래를 아예 시도하지 않거나, 적어도 그러한 거래의 상대방을 한층 신중하게 선택할 것이다.

웹스터 FBI 국장은 ABSCAM 수사가 공개된 직후에 전국적으로 50건 이상의 위장수사가 진행 중이며, 이 중에는 공직 부패를 포함한 다양한 범죄에 대한 수사가 포함되어 있다고 발표했다. FBI 관계자의 최근 증언에 따르면 이러한 수사에서 일부 위장요원은 용의자들이 'ABSCAM 수사일 수 있으니 조심해야 한다.'라는 얘기를 한다고 보고했다. 이러한 증언과 여타 증거들을 보면 배심원단과 유권자의 유죄 판단이 그들 귀에 들어가 범행에 한층 신중해지고 있음을 보여준다.

그러나 1심과 항소심 판결로 그러한 수사기법을 둘러싼 논쟁이 완전히 진정된 것은 아니다. 배심원과 유권자들은 통일적이고 분명하게 "유죄"라고 하고 있지만, 변호 평론가 및 적어도 2명의 하급법원 판사는 이러한 수사의 정당성과 적정성 그리고 더 넓게는 공직자의 부정부패와 화이트칼라 범죄를 탐지하기 위해 앞으로 이용될 위장수사에 대하여 의문을 제기하고 있다. 실제로 각 사건은 결심공판 이후 제기된 이의신청(post-trial motions)으로 법원의 재심사를 기다리는 중인데, 그러한 신청 중에는 ABSCAM 수사의 정당성을 근본적으로 문제 삼는 것도 있다.

논쟁의 핵심은 두 가지다. 해당 공직자는 어떻게 수사 대상으로 선정되었는가? 그리고 검찰이나 경찰이 정치적 라이벌을 함정에 빠뜨리기 위해 이런 수사를 하는 것을 어떻게 막을 것인가? 이 두 가지 모두 진지한 답변이 필요한 질문이다.

ABSCAM 수사의 정당성을 평가할 때, 분명한 사실은 '표적 수사는 없었다.'라는 점이다. 수사받을 대상자의 리스트도 없었다. 정부 부처의 누구도 ─ 워싱턴에서든 어디에서든 ─ ABSCAM 수사의 대상자를 선정하는 일에 관여하지 않았다. ABSCAM 수사에 걸려든 공직자는 모두 부패 탐지 요원의 신고로 수사 대상이 된 것이다. 이러한 방식의 수사 과정에서 뇌물을 받은 자들은 상대방(위장한 경찰 요원)을 더불어 범행할 동료로 믿고 때로는 자신의 부패 전력을 들먹이며 '다른 공직자도 끌어들일 수 있다.'라고 호언장담했다. 유죄로 판정된 의회 의원 7명이 서로 간에 아무런 연관성이 없다는 점도 정부가 수사 대상자를 선정하는 과정에 관여하지 않았음을 뒷받침한다. 그들은 동부의 서로 다른 5개 주 출신이며 정치적으로도 극단적 보수주의자부터 극단적 자유주의자까지 다양하다.

어떤 정치인에게도 예외는 없었다. 소속 정당, 권력, 지위에 상관없이 그 어떤 혐의도 뜨거운 감자처럼 너무 민감하다는 이유로 무시되지 않았다. 범죄의 중개인들이 FBI측에 '뇌물을 받을 공무원을 소개할 수 있다.'라고 하면, 그들에게는 어김없이 그 말을 실제로 증명할 기회가 부여되었다. 그 경우 중개인들은 부패 성향이 있다고 의심되는 정치인을 (위장한) FBI 요원에게 데려와야 했고, 그 정치인이 받는 금품이 뇌물이라는 점과 그 대가로 수행할 공무를 제대로 인식하고 있어야 했다.

많은 경우에 중개인들은 그렇게 하지 못했다. 그 이유는 범행 의도가 있어 보이는 공직자나 측근이 매우 신중하거나 중개인이 아예 정치인을 접촉해 보지도 못한 채 거짓말을 했기 때문이지 결코 법무부가 반대했기 때문이 아니다. 법무부 형사국장이며 ABSCAM 수사를 조정, 감독하고 최종 기소까지 결정한 헤이먼(Philip B. Heyman)은 의회에서 다음과 같이 증언했다. "만일 중개인이 '대통령이 뇌물을 받는 장면을 연출해 낼 수 있다.'라고 했다면 그 말을 그대로 믿을 수는 없겠지만 그렇다고 우리 계획을 중단하지는 않았을 것이다."

ABSCAM 수사에 대한 비판자들은 법무부 고위 간부를 '특정한 공직자를 반대하는 십자군 전쟁에 가담했다.'라거나 '임의로 특정 공직자의 정직성과 도덕성을 시험하려 했다.'라고 비난한다. 그러나 8개 사건의 재판 과정에서 밝혀진 바와 같이 사건의 진상은 그와 전혀 다르다. 수사가 절정에 이르렀을 때 법무부 형사국과 FBI 고위 간부들은 하나의 선택에 직면하게 되었다. 그것은 범행에 가담할 의사와 태세가 되어 있다고 지목된 자를 FBI 요원이 접촉하지 못하게 함으로써 부패 혐의가 있다는 중요한 주장을 무시할 것이냐, 아니면 그동안의 수사를 계속 진척시켜서 그 공직자를 만나고 뇌물을 제공하여 그가 범죄자임을 밝히도록 담당자에게 권한을 부여할 것이냐 하는 것이었다. 만일 범행 가능성이 있다는 주장을 묵살했다면 오히려 그것이 스캔들이 되었을 것이다.

ABSCAM 수사의 기원과 자연스럽게 진행된 그 과정은 법원의 재판과 의회의 청문회에서 반복적으로 제시됐다. 안타깝게도 이들 사건에서 종종 "돈이면 다 된다."라거나 "내 피에 도둑놈 심보가 있다."와 같은 생생한 발언과 함께 선출직 공직자들이 거액의 현금을 받는 비디오가 공개됨으로써 오히려 그 기원과 과정에 대한 관심이 변질된 측면이 있다. 따라서 이 수사 작전의 시작과 초기의 전개 과정을 간략히 되짚어 볼 필요가 있다.

ABSCAM 수사는 1978년 초 롱아일랜드 호포즈에 있는 FBI 사무실에서 시작되었다. 상상력이 풍부한 요원들이 사기 전과자인 와인버그(Melvin Weinberg)와 일을 시작했다. 와인버그는 FBI의 지역 책임자인 굿(John Good)의 주도로 경찰에 협력하기로 한 자이다. 수사범위는 처음에는 재산범죄로 그리고 도난당하거나 위조된 증권과 예술품의 회수로 한정되었다. 각본은 간단했다. 와인버그가 유죄판결을 받기 전에 하던 것과 비슷하게 행동하도록 꾸몄다. 와인버그와 FBI 요원들은 미국 투자에 관심이 있는 엄청난 아랍 대부호의 미국 대리인이고 사업의 적법성에는 아예 무관심한 것처럼 행세했다. 그들은 "압둘(Abdul Enterprises Limited)"이라는 회사(여기서 Ab + scam = ABSCAM이란 단어가 유래한다.)를 설립하고 롱아일랜드에 사무실을 차린 후, 압둘에서 범행 자금을 싼 이자로 빌릴 수 있다는 소문을 지하 세계에 퍼뜨렸다.

압둘 회사의 활동으로 경찰은 수백만 달러 상당의 도난당한 예술품, 위조 주식, 사채 및 예금증서를 회수할 수 있었다. 보험회사들은 도난품을 회수하게 한 공로로 와인버그에게 상당한 보수를 지급했다. 여기까지는 통상의 위장 작전에 비해 다른 점이 별로 없었다. 1978년 여름이 지날 때까지 이런 식의 위장 작전이 지속되었을 뿐, 그 작전을 정치 분야 쪽으로 전환하려는 시도는 없었다.

1978년 가을, 압둘 회사에 가짜 양도성 예금증서를 판매했던 단체 중 하나가 새로운 제안을 하면서 상황이 서서히 변하기 시작했다. 그들은 뉴저지의 한 정치인과 허구의 아랍인들 사이에서 "브로커" 역할을 하겠다고 제안했는데, 이 아랍인들은 최근 합법화된 애틀랜틱시티의 카지노에 투자하는 것에 관심을 보였다. 그러자 그 사람들은 그 정치인과의 부패관계와 그가 주에서 펼칠 수 있다고 주장한 영향력을 상세히 설명했다. 그 결과 아랍 대리인(위장한 FBI 요원)들이 뉴저지주 캄덴시의 시장이며 주 상원의원인 에리체티(Angelo Errichetti)를 만나게 되었다. 그리고 곧바로 에리체티와 위장요원들은 심각하게 부패한 관계를 형성하게 되었다.

1979년 봄 에리체티는 FBI 요원들에게 - 여전히 그들을 부유하고 어벙한 아랍 족장의 대리인이라고 믿고 - 뉴저지주 안팎의 부패한 연방 및 주의 공무원 명단을 건넸다. 그는 '필요하면 그들과 직접 만나게 해줄 수 있다.'라고 했다. 이들 요원과 계속 거래하는 가운데, 에리체티는 그가 중개할 수 있다고 장담한 말을 실천할 기회를 맞았다.

1979년 7월 말 플로리다 해안에 요트를 띄워놓고, 에리체티와 여러 사람이 모여 카지노 사업투자 건에 대해 논의했다. 그 자리에는 에리체티가 카지노 투자에 도움이 되는 사람이라고 소개한 필라델피아시 의원 존슨(Louis Johnson)과 그의 법률 파트너 크리든(Howard Criden)을 포함한 여러 사람이 참석했다. 요트 항해 중에 노련하고 유능한 FBI 요원인 아모로소(Anthony Amoroso)는 아랍 족장의 오른팔 데비토(Tony Devito)로 행세하며 '족장들이 조국을 벗어나 미국으로 망명하기를 원한다.'라고 하면서 '족장들은 과거 미국에 도착했다가 곧바로 추방된 니카라과 독재자 소모사(Anastasio Somoza)와 같은 상황에 놓이지 않기를 원한다.'라고 했다. 아모로소는 그러한 상황을 피할 방법까지 제시하지는 않았다. 에리체티와 크리든이 주도적으로 나서서 현금과 교환 조건으로 (가짜) 아랍 족장의 망명을 보장할 의회 의원들을 포섭하기 시작했다. 대략 이것이 의회 차원에 대한 ABSCAM 수사의 시작이다.

이때까지 워싱턴의 법무부는 ABSCAM 수사의 진척에 매우 제한적으로만 개입했다. 더욱 중요한 것은 1979년 7월 말 당시, FBI와 법무부 직원들은 어떤 특정한 공직자에 대해 특별한 생각이나 선입견이 없었을 뿐만 아니라 어쩌면 마이어스(Ozzie Myers)나 레더러(Raymond Lederer), 켈리(Richard Kelly)라는 의원들의 이름조차 들어보지 못했을 것이라는 점이다.

마이어스 의원과 레더러 의원의 이름은 1979년 7월 29일 에리체티 시장에 의해 처음으로 거명되었다. 그 자리에서 에리체티는 이민에 도움을 주기 위해 족장의 대리인과 만나도록 주선해 놓은 의원들이라며 처음으로 그 의원들의 실명을 말한 것이다. 에리체티는 이들 의원이 돈을 받고 그 직위와 권한을 팔아넘길 의사와 태도가 되어 있다고 했으며 그 보수는 각각 10만 달러라고 했다. 그러나 와인버그가 나중에 5만 달러로 깎았다.

이 같은 ABSCAM 수사의 진척 상황이 워싱턴에 전해진 당시에 문제는 에리체티 시장이 말한 마이어스와 레더러 의원에게 5만 달러를 뇌물로 제공할 권한을 FBI 요원에게 부여할 것인지였다. 웹스터 FBI 국장이 법무부 형사국장과 협의해서 내려야 할 결정은 그 수사요원들이 기만적인 이 수사계획을 계속 진전시키도록 할 것이냐, 아니면 계획을 취소시킬 것이냐였다. 만일 FBI 국장이 그들의 요청을 거절했다면 두 현직 의원의 중대한 범죄 혐의는 끝내 밝혀지지 않았거나 기소되지 않았을 것이다. 요컨대 그 혐의는 묻혀 버렸을 것이다. 이러한 국면에서 FBI 국장은 그 수사 방법을 허락함으로써 거명된 의원들이 직접 자신이 깨끗한지 더러운지 스스로 밝힐 기회를 주었다. 양심적 법집행자라면 누구라도 이와 다르게 결정하지 않았을 것이다.

모든 FBI 요원에게는 무분별하게 범죄거래를 중개하려는 중간자를 통제하고, 애매한 점이 없도록 분명히 하라는 기본원칙이 하달됐다. 의원들 스스로 직접 나타나야 하고 그에게 바라는 것이 무엇인지 확실히 말해야 하며 그들이 뇌물을 받거나 앞으로 뇌물을 받는다는 사실을 인식해야 한다는 점이 수사요원들에게 분명히 지시되었다. 의원들과 FBI 요원 사이에 뇌물이 제공되고 건네지는 현장은 비디오테이프에 모두 녹화되었다. 비디오테이프는 무엇보다도 위와 같은 조건이 지켜졌는지, 상호 간에 범죄적 약속이 분명히 교환되었는지, 공직자들이 어떤 식으로든 압력을 받거나 우롱당하지는 않았는지 등을 누구나 보고 판단할 수 있도록 하기 위한 것이었다. 배심원들은 이러한 문제에 대해 별 어려움 없이 쉽게 결정했다.

마이어스, 레더러, 톰슨, 머피 등의 의원들 소개에는 에리체티와 크리든이 따로 또는 같이 중개자로 관여했다. 실제로 머피 의원의 이름을 맨 처음 거명하고 부정한 거래를 위해 FBI 요원을 그에게 소개한 사람은 톰슨 의원이다. 젠레트 의원과 켈리 의원의 경우도 같은 방식이었다. 각각의 경우에 중간에서 다리 역할을 하는 중개자들은 '돈을 받고 이민 문제를 도와줄 의원'을 소개할 수 있다고 했다. 모든 경우에 그들 의원의 이름과 수뢰 성향을 이들 중개자가 먼저 얘기했고, 이들은 경찰과 관계가 있다고 볼 만한 사유나 거짓말을 할 요인이 없는 자들이었다.

젠레트 의원 사건을 제외한 모든 경우에 중간의 중개자들이 이민 문제에 관하여 들은 시점은 그들이 뇌물을 받고 도와줄 의원을 말하기 전이었다. 젠레트 의원 사건에서는 FBI 요원이 사우스 캘리포니아 사업가인 스토우(John Stowe)와 위조 예금증서와 관련하여 거래하고 있었다. 그 거래를 상의하던 중 스토우가 자기 못지않은 큰 사기꾼으로서 예금거래증명서 발급을 도와줄 의원을 알고 있다고 했다. 스토우는 그 의원이 바로 젠레트라고 했다. 위 증권거래가 성사되지 못한 뒤 그 수사요원은 스토우에게 '젠레트가 돈을 받고 이민 문제를 도울 것으로 생각하느냐.'라고 물었다. 스토우는 '젠레트가 그런 일에 흥미가 있으며 조만간 그와 만나서 계산할 때가 올 것'이라고 했다.

윌리엄스 상원의원이 연루된 사건은 약간 다른 과정을 거쳤으나 본질적으로는 같은 패턴으로 진행됐다. 윌리엄스 재판에서 나온 증언에 의하면 에리체티 시장이 정치적 영향력 있는 사람을 구하는 아랍의 부호가 있다는 말을 듣고 그 정보를 윌리엄스 의원에게 알렸다. 그러자 뉴저지 출신 원로 상원의원인 윌리엄스가 즉각 오랜 측근인 페인버그(Alex Feinberg)에게 '에리체티로 하여금 페인버그와 그 아랍 대리인이 만나도록 주선하라.'라고 지시했다. 페인버그는 그 족장의 대리인에게 윌리엄스 상원의원이 현재 티타늄 광산에 관심이 있고 상당한 자금융통이 긴급히 필요한 상황이라고 알려줬다. 그러한 과정을 거친 결과, 윌리엄스 의원은 위장요원과 직접 여러 번 만나 '1억 달러를 대출해 주면 대통령, 부통령, 국방 및 국무장관 등에게 영향력을 행사해서 정부가 그 광산의 티타늄을 구매하게 하겠다.'라고 약속했다.

물론 FBI는 위장요원들이 부패 거래의 중개자들에게 '정치적 영향력을 행사해 주면 그 대가를 지불하겠다.'라고 말하도록 함으로써 미끼를 던졌다. 그러나 FBI는 어느 정치인이 미끼에 걸릴지는 알지 못했고 특정 정치인에게 미끼를 던지기 위해 특별한 노력을 기울이지도 않았다. 또한, 어떤 정치인이 실제 부패한지도 알지 못했다. 그러한 과정은 위장요원이 '장물을 현금으로 산다.'라는 소문을 퍼뜨리는 통상의 수사 방법과 매우 흡사하다. 해당 작전이 수립되고 그 소문이 퍼져나갈 때, FBI 요원들은 누가 장물을 들고 찾아올지 전혀 알지 못했다. 그 지역의 악명 높은 도둑놈이든 목사든 가리지 않고 찾아오는 사람을 모두 받아들였다. 그와 마찬가지로, ABSCAM 수사에서도 시시한 사기꾼 대신 막강한 공직자의 이름이 떠오른다는 이유로 경찰이 위장수사를 중단하고 접어버렸다면 결코 적절하다고 할 수 없었을 것이다.

적어도 한 신문의 편집자가 비난한 것처럼, FBI가 누군가는 뇌물을 받을 것으로 기대하며 닥치는 대로 돈을 뿌리러 워싱턴 정가를 돌아다녔다는 것 역시 사실이 아니다. 다른 사람과 마찬가지로 매일 비슷한 유혹에 직면할 수밖에 없는 공직자를 무작위로 추출해서 뇌물을 제공하는 것은 부당 또는 부적절 여부를 떠나 부족한 법집행 예산을 극히 무분별하고 낭비적으로 소모하는 것이 되었을 것이다. 성공할 전망이 없는 수색에 시간과 노력을 투입하는 것이 정당화될 수는 없다. ABSCAM 수사에는 이러한 문제가 없었다. 법집행 당국은 범죄율이 증가하고 예산과 직원이 감소하는 상황에서 그처럼 무분별하고 낭비적인 방법을 채택하지 않는다. ABSCAM 수사에서와 마찬가지로, 법집행 당국은 해당 지역에 심각한 범죄가 발생할 위험이 있다는 경계심을 갖지 않는 한, 관련 범인을 알지 못하더라도 그런 식으로 수사 자원을 투입하지는 않는다.

일부 비평가들은 '정부가 수사 대상이 된 공직자에게 과거에 유사한 불법을 저질렀다고 믿을 만한 확실한 증거, 즉 개연성 있는 근거에 가까운 무언가가 있어야 뇌물을 제공할 수 있다.'라고 주장한다. 그러나 이러한 요건은 불합리하고 불필요하며 실행할 수도 없다.

도시 경찰에 흔한 "할머니 특공대(granny squadron)"와의 유사성을 생각해 보자. 공원이나 상가에 노상강도나 폭력이 횡행하면 경찰은 강탈당할 핸드백을 가진 힘 없는 할머니로 분장할 수 있다. 그렇게 분장한 경찰과 동료들이 우범지역에 들어가 범행을 기다릴 때 누가 덮칠지 그들은 알지 못한다. 만일 각본이 계획대로 성공하면 어떤 악한이 나타나 핸드백을 낚아채 달아나다 체포될 것이다. 경찰은 그런 뒤에야 비로소 그 절도범에게 전과가 있는지 알게 된다. 전과의 유무가 최종 형량과 관련하여 어느 정도 의미가 있기는 하지만, 그 절도범이 기소돼야 하는지와 관련해서는 아무런 의미도 없다.

절도범을 뇌물 받는 의회 의원으로 바꿔 놓고 볼 때, 수사단계에서 경찰이 그 정치인이 과거에 뇌물을 받은 사실을 입증할 수 있는지가 무슨 의미가 있을지 생각해 보라. 문제는 그가 이처럼 실제 상황과 매우 유사한 경우에 위법행위에 가담할 것인가의 여부이다. 정부가 급박하게 돌아가는 범죄거래가 체결되기 전에 과거의 범죄사실을 조사하기 위해 전면적으로 수사를 하는 것은 시간이 많이 들고 특별히 그럴 가치도 없다. 해당 공직자는 과거의 행위와 무관하게, 제공된 뇌물에 대한 반응을 통해서 그의 혐의를 증명하거나 부인할 수 있다. 과거의 범행이 기소되었어야 하는 경우라도 그러하다. 위장된 속임수 거래로 체포되는 자는 할머니를 강탈하는 자든 뇌물을 받는 자든 과거에 그러한 범행을 저질렀을 가능성이 크다고 할 수 있다.

나아가 경찰은 부패 중개자들이 주장하는 혐의를 추적할 것인지를 결정할 때 그러한 주장의 진원지와 진실일 가능성을 고려해야만 했다. 만일 전혀 낯선 사람이 경찰서에 찾아와서 어떤 공직자에게 부패 혐의가 있다고 한다면, 비록 그 주장이 날조된 것일지라도 물론 조사해야 할 것이다. 그 사람이 거짓말할 이유는 여러 가지가 있을 수 있다. 그러나 업무에 충실한 수사관이나 검사라면 누구도 그러한 주장을 묵살하지 않을 것이다. 하물며 ABSCAM 수사에서 수사관들은 과거에 상당한 신뢰관계에 있던 자들이 주장하는 말을 어찌 조사하지 않을 수 있었겠는가?

중간의 중개자들이 (가짜) 아랍 대리인들에게 진실을 말할 근거는 충분했다. 첫째, 그들은 이미 아랍 대리인들과 부적절한 관계를 계속 형성해 왔고 이익이 확인되는 한, 앞으로도 그러한 관계가 지속되기를 원했을 것이다. 그들의 정보를 믿을 수 없음이 드러나면 그들이 받을 수 있는 보수와 함께 형성된 관계가 훼손되기 때문이다. 둘째, 그들은 뇌물인 정을 알고 그 제공에 응하는 공직자만 추천하라고 권고되었다. 만일 그러한 모임에서 공직자가 뇌물거래인 줄 몰랐다고 항의하면 매우 난처한 상황이 전개될 것이다. 이 경우 중개자의 지위는 공직자와의 관계뿐만 아니라 아랍 대리인과의 관계에서도 위태롭게 되었을 것이다. 무고한 공직자를 범죄를 모의하는 모임에 끌어들이는 것은 그 공직자가 당국에 고발하여 기소되고 아랍 대리인으로부터는 보복을 당하는 복잡한 위험을 초래할 수 있다. 그러나 ABSCAM 수사의 모임에 끌려든 공직자 중에서 뇌물거래 사실을 당국에 신고한 사람은 아무도 없었다.

ABSCAM 수사를 비판하는 사람들의 또 다른 논거 중 하나는 함정수사가 아니냐 하는 것이다. 이러한 논거는 '함정에 빠뜨리거나 속임수를 써서 범행할 의도가 없는 사람을 범행에 이르게 하는 것은 부당하다.'라는 관념에 근거한다. 이러한 논거 자체는 분명히 옳고, 함정수사의 법리는 이미 잘 확립되어 있다. 위법행위를 하였음을 인정하는 피고인으로부터 그러한 항변이 제기되면 배심원단은 피고인에게 그러한 범행 기회가 주어질 때 범죄를 범할 준비와 의사가 있었는지 또는 어떤 속임수나 유혹으로 범죄 의사가 비로소 발생했는지를 결정해야 한다. 함정항변의 초점은 철저하게 피고인의 심리상태에 따라 좌우된다. 그리고 이것은 여러 요인에 의해 받아들여질 수도, 배척될 수도 있다. 그 요인에는 피고인의 행위 이전의 언동, 범행에 착수하기 전의 인식, 범행의 적극적 실행 태도, 범죄 실행 과정상 언동·몸짓, 범행 후 관련자와의 관계 등이 포함된다. 이는 피고인이 개별적으로 제기하는 항변으로서, 구체적 사실에 기초하여 배심원단이 판단한다.

재미있는 것은 신문에 종종 함정이란 말이 오르내리고 변호인들에 의해 "함정"이니 "덫"이니 하는 용어가 법정에서까지 언급되었지만, 실제 정식으로 함정항변을 제기한 피고인은 극히 드물었다는 점이다. 그러한 항변이 제기된 경우에도 배심원은 이를 배척했다. 단 하나의 사건에서만 판사가 배심원 평결을 뒤집었다. 필라델피아 시의원 두 명이 연루된 사건에서 법원은 피고인들의 범죄적 성향에 대한 증거에 만족하지 않았고 유죄평결을 기각했다. 그런데 그 판결은 나중에 제3연방항소순회법원의 전원합의체에 의해 파기되었다.

기소된 자 중 다수는, 함정항변 대신 새롭고 기발한 항변을 제기했다. 예컨대, 마이어스 의원은 5만 달러를 100달러짜리 수표로 받거나 추가로 8만 5천 달러를 요구하는 과정에 어떤 압력이 있었다고 주장하지는 않았다. 대신 그는 자신이 "연극을 하던 중"이었다고 하면서, 아랍의 "돈 많은 호구"를 속여 돈을 뜯어내며 '망명을 보장하기 위해 법안을 도입하거나 다른 조치를 할 것처럼 가장했을 뿐'이라고 항변했다. 플로리다주 판사 출신인

켈리 의원은 자기가 2만 5천 달러를 받아 주머니에 챙겨 넣은 것은 단지 수사 활동의 일부이며 그것은 어떤 서류를 작성하거나 타인에게 알릴 필요 없이 스스로 수행한 수사 활동이라고 주장했다. 함정수사라는 항변도 함께 제기했던 젠레트 의원의 주된 항변은 그가 5만 달러를 요구하고 수령한 시점을 전후하여 몇 달간 술에 취해 정신이 몽롱한 심신상실 상태에 있었으므로 자기 행동에 책임을 지워서는 안 된다는 것이었다. 이런 사람들이 그 기간에 선거구민에게 선거 유세를 하고 다닌 사실과 이러한 항변 사유를 비교해 보면 참 재미있다.

함정항변은 거의 제기되지 않았고 어느 배심에서도 인정되지 않았다. 그 이유는 매우 간단하다. 본래 함정이 없었기 때문이다. 또한, 어떠한 압력도 없었다. 즉 어떠한 고통도 위협도 강박도 간청도 방조도 없었다. 연방상원의원의 수석 보좌관이었던 뉴먼 판사는 ABSCAM 수사가 위헌적 권한 남용이라는 주장을 배척하면서, 제2연방항소순회법원의 일치된 견해를 대표하여 다음과 같이 반박할 수 없게 판시했다. "의회 의원은 누구나 가짜로 뇌물을 제공하기 위해 접근하는 수사요원에 대해 '노(No)'라고 간단히 말할 수 있었다." 그 일곱 의원 모두 뇌물을 거절하고 방을 나가 FBI에 그 사실을 알릴 수 있었다. 그러나 그렇게 한 사람은 아무도 없었다.

법원은 자기 행위의 결과를 충분히 인식하지 못하고 유혹이나 압력에 넘어가 범죄를 저지르는 무고한 사람을 보호하기 위해 함정항변이론을 발전시켰다. 의회 의원들이 — 그 중에는 20년 이상 의원직에 있는 자도 있다 — 너무도 소박하고 순진해서 속임수에 넘어가고 함정에 빠져 원래 범행 의도가 없는 행위를 했다고 하는 것은 너무도 상식에 어긋난다. 이러한 행위가 범죄로 간주돼야 한다고 맨 먼저 결정한 것은 바로 의회였다.

8건의 재판 과정에서 FBI 요원과 부패 공직자 간에 있었던 행위는 모두 비디오테이프에 녹화되어 전혀 편집되지 않은 채 배심원단에 제출되었다. 그 일에 가담했던 모든 사람 하나하나의 진술, 감언이설, 표정, 몸짓 등이 배심원들의 판단을 쉽게 하도록 수록되어 있었다. 만일 96명의 배심원 중 단 한 사람이라도 경찰의 행위가 고압적이거나 사기적이거나 정부로서 떳떳하지 못하다고 생각했다면 무죄 쪽에 표를 던졌을 것이다. 그러나 ABSCAM 수사가 불공정했다고 판단한 배심원은 하나도 없다.

앞으로 더욱 심각한 문제는 이러한 기법이 무분별하고 비논리적인 행정부 간부들에 의해 입법부의 정치적 라이벌을 상대로 남용되지 않으리라고 일반 국민이 믿게 될 것인가 하는 점이다. 그에 대한 간단한 대답은 이렇다. 어떤 효과적 법집행 수단이라도 나쁜 사람의 손에 맡겨지면 남용될 수 있다. 그렇다고 하여 그러한 기법을 없애거나 불법화할 이유가 되는 것은 아니다. 나아가 일정한 지침을 마련하고 그에 따름으로써 그리고 수사 활동이 완료된 후 비판적인 변호인의 도움을 받는 엄밀한 사법심사를 계속함으로써 그러한 남용은 줄어들 수 있다.

실제로 수사권이 남용될 위험성은 크게 과장되어 있다. 합의적 뇌물공여 시나리오는 정치적 라이벌에게 이용하기에는 실현성이 매우 희박하고 성공하기 어려운 기법이기 때문이다. 그러한 방법은 이용되지 않을 것이다. 대상 인물의 동의와 협력이 필요하기 때문이다. 제2연방항소순회법원의 특별재판부가 만장일치로 밝힌 바와 같이 "의원이 뇌물을 거절할 수 있다는 점은 행정부가 정치적 보복 수단으로 이러한 방법을 택할 위험성에 대해서 충분한 안전판이 될 수 있다." 비양식적인 검사들이 무고한 의원에게 죄를 씌우기 위해 이용할 수 있는 비합의적(non-consensual) 수단은 얼마든지 있다. 예를 들면 금제품(contraband)을 숨겨둘 수도 있고, 몇 년 전 조지 래터먼이 관련된 유명한 사건처럼 무고한 사람이 약물에 중독되거나 마취된 채 의심스러운 상태에서 촬영될 수도 있다. 꼭 이런 극단적 방법이 아니라도 정치적 라이벌을 매장시키려 한다면 초동단계에 있는 불확실한 수사자료를 공표해 버릴 수도 있다. 신중하지 못한 사람에 대한 수사 방법으로는 그처럼 비열한 방법들이 (여러 사람이 참여해야 하고 그 성공 여부는 결국 대상 인물의 적극적 태도와 범죄적 고의에 따라 좌우되는) 복잡한 ABSCAM식 뇌물작전보다 더 쉽고 믿을 만한 것이다.

물론 기본적 이슈는 검사와 수사관의 도덕성과 공정성에 있다. 그러한 연방 수사 전술은 법무부 장관, 차관, FBI 국장, 형사국장 등의 협력과 지원 없이는 결코 수행될 수 없다. 이런 사람들을 대통령이 임명할 때는 상원의 인준을 받아야 한다. ABSCAM 수사 중 그러한 직위에 있던 사람들은 모두가 어떤 법적 기만에 가담하거나 그것을 묵과하지 않을 만큼 명예를 중시하는 사람들이었다. 더구나 ABSCAM 같은 수사 활동은 수십 명의 노련한 수사관과 검사의 노력이 결합돼야 한다. 특히 오늘날과 같은 시대에 무고한 사람을 함정에 빠뜨리기 위해 의도적으로 기획된 수사를 계속 밀고 나가리라고 생각하는 것은 상식에 크게 어긋난다. 그러한 시도에 대해서는 여기저기서 휘슬이 울릴 것이다.

앞으로는 연방 차원의 어떠한 위장수사도 시빌레티(Civiletti) 전 법무부 장관이 1981년 1월 공포한 상세한 지침(guidelines)에 따라 시행될 것이다. ABSCAM 수사에서 준수해야 할 이 지침은 법무부 내에 신중한 검토 절차를 두고, 잠재적 피고인에 대해 함정이나 불공정이 최소화하도록 확실한 기준을 정하고 있다. 이 지침은 개인이 특정한 위법행위에 가담했거나 현재 가담하고 있다는 합리적 징표가 없으면 그러한 수사 방법이 승인되지 않아야 하고 오로지 범죄적 성향이 있는 사람에 대해서만 그러한 수사 작전이 가능하도록 정하고 있다. 나아가 이 지침은 "단지 법집행상 고려할 점에만 근거해야" 할 것을 요구하고 있다. 게다가 그 수사 활동의 세부 내용은 다음의 점에서 검토위원회를 만족시켜야 한다.

(1) 행위의 범죄성이 대상자에게 상당한 정도로 분명히 인식되어야 한다.

(2) 위장수사로 위법행위를 밝혀낼 수 있는 상당한 표징이 있어야 한다.

(3) 범행에 가담하도록 초대되는 위법한 거래라는 점에서 유혹이 부당하지 않아야 한다.

이 지침의 핵심은 범행의 기회가 현실 세계와 최대한 유사하게 만들어져야 하며, 불법적 성격 여부가 모호하지 않아야 한다는 것이다. 현실 세계에서는 은행원, 변호사, 가정부, 회계사, 입법자 등 대다수 사람이 거의 매일 유혹과 기회에 직면한다. 만약 기만적 수사에서 제공되는 범행의 기회가 공직자가 일상적으로 직면하는 기회와 별로 차이가 없다면, 그 기회를 잡은 자를 기소하는 것에 불공정한 요소가 개입되었다고 할 수 없다. 실제로 이는 공정성과 실용성이 결합하는 영역이다. 예를 들어, 제시된 보상이 너무 거대하거나 압력이 너무 과도한 경우와 같이 현실 세계의 통상적인 상황과 비슷하지 않다면, 배심원은 유죄평결을 하지 않을 것이며 판사도 유죄평결을 그대로 받아들이지 않을 것이다.

끝으로, 가장 근본적인 안전판 역할을 하는 것은 사실심과 상소심의 재판 과정이다. 법원은 수사 활동이 정치적 경쟁자를 타깃으로 하였다고 믿을 만한 증거가 있는지, 수사 활동이 어떤 식으로든 피고인에게 근본적으로 부당한 것인지를 결정하기 위해서는 제출된 증거를 면밀하게 조사해야 한다. 다행히, 오늘날과 같은 전자 시대에는 법원이 중요한 사건에서 오디오나 비디오 녹화본에 크게 의존하여 정부의 월권이나 기타 부당행위가 있었다는 모든 주장의 진위를 판단할 수 있다.

법원이 이러한 수사의 근본적 정당성을 판단할 때는 무엇보다도 녹화된 증거의 품질 그리고 예를 들면, 흠잡을 데 없는 명성을 지닌 공직자가 몇 해 전에 자기로부터 뇌물을 받았다고 주장하는 고발인의 단순한 증언의 질을 비교해야 한다. 법원은 또한 뇌물거래로 이익을 보는 당사자들이 앞으로 그 거래 사실을 신고할 가능성이 있는지도 고려해야 한다. ABSCAM 같은 수사 방법이 법적으로 금지되는 여타 기법 못지않게 침범적이고 강압적인지도 살펴야 한다. 법원은 공직자와 낯선 자가 합의하여 녹음된 대화와 ① 당사자 중 누구도 대화가 도청이나 녹음된다는 사실을 모르는, 법원의 허가를 받은 도청과 도청장치 ② 개인의 주택과 사무실에서 소유자의 의사에 반하여 집행되는 사법부의 수색영장 ③ 친구나 심지어 친척에 관하여 강제로 이루어지는 대배심과 재판 과정에서의 증언과도 비교해야 한다. 위장수사기법이 의존하는 것은 오로지 위장요원을 범행 동료라고 믿고 자발적이고 의도적으로 범행을 기꺼이 받아들이는 공직자의 태도뿐이다. 물론 공직자들은 동료인 줄 알았던 자가 나중에 자신의 범행 정보를 수사당국에 제공할 수 있다는 것쯤은 다들 알고 있다. 그러나 그럴 확률이 매우 희박하고, 나중에 사건으로 비화하면 그 범죄행위자에 맞서서 자신의 공직자로서의 신뢰성을 내세우면 방어할 수 있을 것으로 생각한다. 이때 공직자들이 알지 못하는 것은 바로 자신의 언행이 기록되어 나중에 불리하게 작용한다는 점뿐이다.

이러한 모든 요소를 종합할 때, 위장수사 작전은 공정하고 효과적이며, 여러 형태의 합의적 범죄뿐만 아니라 공직 부패에도 맞서 싸우는 미래의 물결을 대표할 것이 분명하다. 적어도 법을 준수하는 시민들에게 이것은 기쁜 소식이다.

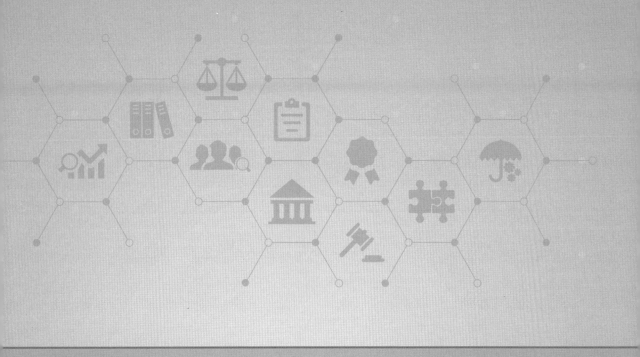

제 2 편

보이지 않는 범죄

- 전통적 법집행 원칙에 대한 도전 -

마크 무어
(Mark H. Moore)

제 2 편

보이지 않는 범죄
- 전통적 법집행 원칙에 대한 도전 -

마크 무어 (Mark H. Moore)[1]

국가의 법집행은 (특히 정부의 감시로부터) 개인의 사생활 보호와 범죄의 적발 및 처벌에 대한 사회적 이익 간에 균형이 유지돼야 한다.[2] 이러한 긴장 관계는 시민의 자유권 보호라는 **헌법적 원칙**과 범죄의 억제라는 **실용주의적 이익** 사이에서 볼 수 있는 긴장 관계의 일종으로 생각되기 쉽다. 그리고 그러한 구도에서는 국민의 자유권 보장이 실용주의적 이익보다 더 고상한 것처럼 보인다. 그에 따라 법집행 정책과 방법에 관한 이슈를 다룰 때 시민의 자유권 보호라는 헌법적 원칙에 호소하려는 유혹이 존재한다.[3]

---

1) 하버드대학교 케네디스쿨 교수(형사정책 및 관리 담당). 이 논문은 애초에 헤이스팅스 연구소가 후원하고 하버드대학교에서 개최된 기만적 법집행에 관한 학회에 발표하기 위해 작성되었다. 이 논문은 하버드대학교 로스쿨의 필립 헤이먼(Philip B. Heymann) 교수와 공동 연구한 결과의 일부이다.

2) The President's Commission on Law Enforcement and Administration of Justice, *The Challenge of Crime in a Free Society* (Washington, D.C.: U.S. Government Printing Office, 1967) pp. 7-12.

3) 경찰 분야에 대한 우리의 접근법과 예컨대 식품의약국과 같은 규제기관에 대한 접근법을 대조해 보면 흥미롭다. 제4차 수정헌법의 거대한 법체계는 정부의 정보수집에 관한 중요한 문제가 모두 헌법적 이슈를 야기하는 것처럼 보이게 한다. 그 결과, 연방대법원은 경찰의 방범 순찰 전략에 대해 매우 정밀하게 살피고 있다. 그와 달리 규제 분야에 대해서는 국가권력과의 관련성이 비교적 적고 따라서 헌법적 문제도 덜 발생한다고 생각한다. 그 결과, 다른 규제기관은 적절한 목적, 공정하고 경제적인 절차 등을 중시하는 법집행 논리에 따라 관련 정책과 절차를 수립할 재량권을 더 많이 갖고 있다. 그러나 행정적 규제 조치의 결과는 때로 형사적 법집행 활동 못지않게 중요하다. 필자는 이들의 성격이 때로는 사실상 같다고 생각한다. 경찰보다 행정기관의 개념이 먼저 고안되었다면 과연 지금처럼 수많은 제4차 수정헌법 관련 법리가 형성될 수 있었을까?

법집행 전략의 지침을 마련할 때는 헌법적 원칙을 먼저 살펴야 한다. 그러나 개인의 사생활 보호라는 헌법적 원칙을 초석으로 삼아 그것에만 의존하는 것으로는 충분하지 않다. 정보원의 이용, 위장수사의 전개, 대배심의 수사와 같은 중요한 법집행 활동에 있어서 헌법적 원칙은 어쩌면 법집행기관에 너무 많은 재량을 주고 있다.[4] 게다가 사회는 경찰의 감시활동으로부터 사생활을 보호하는 것보다 법집행 전략을 어떻게 설계하느냐에 더 많은 이해관계가 있다. 원론적 문제로서, 예컨대, 우리는 법집행 전략의 전반에 걸쳐 합리성과 정당성을 확보해야 한다.[5] 이는 법집행 활동이 중대한 범죄에 집중돼야 하고 사소한 사건에 낭비되어서는 아니 된다는 것을 의미한다. 또한 법위반이라는 본질적 속성상 범죄들 간에는 차이가 없다고 볼 때, 범죄인들 간에도 수사받고 처벌받을 위험이 대체로 같아야 한다는 것을 의미한다. 좀 더 일반적으로 말하면, 그러한 위험이 당국의 특별한 적대감과 무관해야 하는 것처럼 범죄인의 지위나 범행의 교묘함과도 무관해야 한다.[6] 결국, 우리는 최소의 비용으로 범죄를 예방하고 사회질서를 확보하는 문제에 이해관계가 있다. 헌법적 원칙이 침묵하거나 모호한 경우에 그리고 법집행 전략의 수립에 다른 사회적 이해관계가 반영되어야 할 때, 우리는 해당 업무를 순전히 헌법적인 이슈의 영역에서 끌어내 다양한 가치가 뚜렷한 우열 없이 경쟁하는 한층 모호한 사회정책적 영역의 문제로 인식하고 이를 검토해야 한다.[7]

이러한 관점에서 보면, 집행 전략을 설계할 때의 긴장감이 더욱 분명해진다. 우리는 범죄를 적발하여 해결하고 싶어하지만 사생활 영역을 침범하거나 법집행 요원의 대규모 동

---

4) Philip B. Heymann 교수는 위장수사, 광범한 대배심 수사 그리고 정보제공자에 대한 의존에 있어서 헌법적 원칙이 남기는 많은 문제점을 예시하고 있다. See Philip B. Heymann, "From Hoffa to Abscam by way of Koreagate: Thinking About Civil Liberties and Law Enforcement."

5) 이것이 헌법의 원칙은 아니지만, 법적·정치적 사상으로서 큰 힘을 갖고 있다. 실제로 (겸손하게 표현하자면) 검찰의 재량권을 제한하는 것이 바로 이 원칙이다. See James L. Vorenberg, "Decent Restraint of Prosecutional Power," 94 *Harv. L. Rev.* 7 (May, 1981). The crucial Supreme Court case allowing fair and rational prose-cutorial decision is *Oyler v. Bates* (1961).

6) 이 원칙은 화이트칼라 범죄에 주목해야 하는 중요한 동기를 제공한다. See Mark H. Moore, "Notes Towards a Natinal Strategy to Deal with White Collar Crime," in Herbert Edelhautz and Charles Rogovin, *A National Strategy for Containing White Collar Crime* (Lexington, Mass.: D.C. Heath and Company, 1980).

7) 법조인들이 생각하는 방식과 정책분석가, 관리자, 경제학자들이 생각하는 방식 사이의 가장 큰 차이는, 법조인들은 대개 순서대로 배열된 계층적 가치를 생각하는 반면, 다른 사람들은 하나의 이익에서 얻은 성취를 다른 이익에서의 손실과 맞바꿀 수 있는 더 유동적인 가치를 고려한다는 점일 것이다. 어느 정도 이는 헌법적 원칙에 근거하여 결정을 내리는 것과 행정적 합리성에 따라 결정을 내리는 것의 차이에 해당한다. 이 글에서 주장하는 내용의 일부는 우리가 법집행 전략을 헌법적 문제보다 주로 행정적이고 정책적인 문제로 생각하는 것이 유익할 수 있다는 것이다.

원을 원하지 않는다. 법집행 활동이 범죄인들 간에 공평하게 행해지기를 원하지만, 그 활동이 사생활을 침범해서는 아니 되고 재정적 효율성이 무시되어서도 아니 된다. 그러니 모든 범죄에 주목하고 대처할 수사요원을 넉넉히 배치할 수는 없다. 이러한 이유로 법집행 활동에 시스템상의 편견이 형성된다.

우리는 서로 얽히고설키는 이해관계를 명료한 토의를 통해서가 아니라 좀 더 균형적으로 이해를 조절할 수 있다고 생각되는 법집행 전략의 개발을 통해서 해결해 왔다. 그러다 보니 필연적으로 그러한 해결책은 범죄의 적발·수사에 대한 대부분의 부담을 일반 사인(私人)에게 맡기고 있다.[8] 이러한 전략의 일부로서, 공적인 수사 활동을 '범죄에 사후적으로 대응하는 활동'으로 제한하는 법리와 절차를 확립하게 되었다.[9] 우리의 관념상 범죄의 통제 및 범인의 처벌에 대한 공적 이익이 사생활 보호에 대한 일반의 이익을 압도하는 경우는 오로지 범죄가 발생하고 있거나 막 발생하려 할 때뿐이다. 게다가 우리는 수사기관이 사회 구석구석에 요원을 배치하는 방법을 통해서가 아니라 개인의 신고나 가시적 순찰 활동을 통해 범죄를 인지한다고 생각한다.

범죄의 적발을 사적인 개인의 신고와 가시적 순찰 활동으로 한정함으로써 범죄를 색출하는 문제를 값싸고 비침범적인 방법으로 해결하고 있다. 그리고도 법집행이 일견 완전하고 공평한 것처럼 보인다. 시민들의 신고로 수사가 어느 정도 이루어지고 비교적 피상적이기는 하지만 우범지역에서 순찰이 제법 행해지기 때문이다. 이처럼 사적인 개인이 동원되고 피상적 순찰이 이루어지며, 범죄가 발생한 후에야 비로소 작동되는 수사체계에 의존함으로써 우리는 개인의 기본권에 대한 정부의 침해 위협을 최소화하고 비용을 절감하며 법 적용도 공정한 듯한 집행방법을 구축하고 있다.[10]

강도, 강간, 폭행 등의 범행만 놓고 볼 때 그리고 이들 범죄의 사전 예방보다 범죄발생 후 범인의 체포 문제만 놓고 볼 때, 이러한 법집행 전략은 범죄를 통제하고 사회안전을 향상하는 점에서 얼핏 잘 작동되고 있는 것처럼 보인다. 그러한 상황에서 피해자나 목격자

---

8) 범인을 찾아내고 체포하는 데 있어서 사인에 의존하는 정도에 관한 실증적 연구를 위해서는 Peter W. Greenwood, et al., *The Criminal Investigation Process* (Lexington, Mass: D.C. Heath and Co., 1977) 참조.

9) 여기에서 가장 중요한 법리는 압수수색영장의 요구이다. 이러한 헌법적 요구는 (현행 정책전략으로 완화되기는 했지만) 법집행 행위의 대부분은 범죄가 행해진 후에나 있을 것을 보장하는 셈이다.

10) 시민이 신고를 통하여 경찰의 대응을 유발함으로써 법집행을 어느 정도 통제하는지에 대해서는 거의 평가되어 있지 않다. 10센트짜리 동전만 있으면 누구라도 어느 정도 경찰의 관심을 끌 수 있다. 이것은 경찰 활동에 대한 높은 수준의 민주적 통제를 의미한다. 다른 한편, 경찰은 시내 전 지역을 똑같은 관심으로 순찰하거나 모든 민원에 대해 똑같은 주의를 기울이지 않을 수도 있다. Donald Black, *The Manners and Customs of policing* (New York: Academic Press, 1980).

가 "불의"에 자극받아 범죄가 발생했음을 신고하고, 범인을 특정하고 체포하는 일에 자발적으로 나서서 경찰을 돕기도 한다. 물론 목격자의 동기가 오염되었거나 집안싸움이나 룸살롱의 소란처럼 피해자와 가해자를 가려내기 어려운 경우에는 상당히 곤란한 문제가 생기기도 한다. 그럼에도 사후대응적 수사전략은 여러 주요 범죄에 대해서 잘 작동되고 있는 것처럼 보인다.

그러나 신고하는 피해자나 목격자가 없는 범죄 또는 사전에 억제해야 하는 범죄(예컨대, 테러나 총기 범죄 등)의 경우에는 위와 같은 관념에 문제가 있다. 사후대응적 수사전략이 적합하지 않기 때문이다. 따라서 이런 경우에는 법집행 활동에 관한 법리는 약간 다르게 모색되어야 한다.

이 글의 목적은 전통적인 사후대응적 법집행 전략에서 벗어나 어느 정도 제한된 목적 범위에서 좀 더 공격적인 **사전대응적** 전략을 도입할 지혜를 탐구하는 것이다.

논의의 내용은 다음과 같다. 즉 일부 중요 범죄는 전통적 수사 방법으로는 잘 적발되지 않기 때문에 전통적 수사 방법에만 의존하면 그러한 범죄자는 상대적으로 기소를 면할 가능성이 커지게 된다. 이는 우리의 법집행 체제에 고질적 취약점을 만들어 낼 뿐만 아니라 중대한 불평등을 초래한다. "보이지 않는 범죄(invisible crimes)"에 대해서도 합당한 법집행이 이루어지도록 하는 길은 전통적인 방법보다 한층 침범적인 방법, 예를 들면 은밀한 감시, 정보원 이용의 확대, 범행을 교사하는 위장수사 방법의 이용 등에 의존하는 것이다. 그러므로 법집행 전략의 형평성과 전반적인 실효성 증대라는 이익이 개인의 사생활을 침범할 위험성에도 불구하고 "보이지 않는 범죄"에 대한 대응책으로 권고되는 것이다. 이러한 침범적 방법은 전통적 범죄에도 효과적일 수 있다. 만일 그렇다면, 그리고 원칙적으로 금지되지 않는다면 이러한 방법이 전통적 범죄에도 이용될 수 있다. 진정으로 이러한 새로운 방법을 생각하면 할수록 현행 시스템상 경찰 업무의 대부분을 실제상 담당하고 있는 사적인 개인들의 변덕과 무정견에 의존하는 일이 줄어들게 될 것이다. 그러므로 "보이지 않는 범죄"가 존재하고 그에 특화된 순찰과 수사전략이 필요하다는 사실은 집행 전략을 디자인함에 있어서 사회적 이익 간의 균형을 위해 최선의 방법으로 생각해 온 기존의 전통적인 사고방식에 도전이 되고 있다.

1 | 보이지 않는 범죄

"피해자 없는 범죄(victimless crimes)"라는 개념은 이제 우리에게 낯설지 않다.[11] 마약, 성매매, 도박 등의 범죄에는 이에 분개하여 경찰에 협조하려는 피해자가 없다. 물론, 분개하는 목격자가 있을 수 있고 그들이 경찰을 움직이게 할 수 있다. 그러나 그러한 목격자가 범죄사실을 확실하게 증명하는 경우는 별로 없다. 경찰은 진행 중인 범죄를 확인하기에는 너무 늦게 현장에 도착한다. 이러한 이유로 이들 범죄에 효과적으로 대처하기 위해서는 안타깝게도 기만에 의존하는 방법이 필요하다. 이들 범죄가 예상되는 지역에 대하여 은밀하게 물리적 감시를 강화하고, 언제 어디서 범행이 이루어지고 누가 연루되는지 알려 줄 정보원을 모집하고, 범행을 부추기는 위장 작전을 계획하기도 한다.[12] 이러한 방법은 경찰의 감시 범위를 확대하고, 경찰이 미심쩍은 행위나 관계에 연루되게 한다. 그러나 이들 범죄 모두가 그렇게 심각하거나 자유국가의 적절한 경찰권 행사와 양립할 것 같지는 않고, 범죄에 대한 억제 효과도 별로 없어 보이기 때문에 피해자 없는 범죄에 대한 법집행은 많은 경우 나쁜 거래처럼 보인다. 이러한 분석에서 전형적으로 도출되는 법학적 교훈은 개인의 도덕성을 법제화하는 것은 잘못이라는 것이다.[13]

그러나 만약 우리가 이들 범죄를 약간 다른 관점에서 보면서, 이들 범죄의 문제는 수사의 관점에서 도덕성을 법제화하는 것이 아니라 피해자와 목격자가 제공하는 초점과 도움을 수사관에게서 빼앗는 것으로 이해한다면, 적어도 세 가지 다른 유형의 범죄가 유사한 어려움을 초래한다는 것을 알 수 있다.

그중 첫 번째 유형의 범죄는 피해자를 만들어 내지만 그 효과가 광범위하게 확산되어 희석되거나 먼 미래에야 나타나기 때문에 피해자들이 피해 사실을 잘 알아채지 못한다. 탈세나 위조 같은 화이트칼라 범죄가 이 부류에 속한다. 뇌물죄도 마찬가지인데 이는 공권력의 부적절한 행사에 대해 그 사실을 아는 피해자를 당장 만들어 내지 않는다. 먼 미래에 효과가 나타나는 범죄 중에는 유독성 폐기물의 불법 처분, 연금기금의 횡령, 장기 저축을 계획하는 사람에게 가짜 증권을 판매하는 것 등이 있다.

두 번째 유형의 범죄는 피해자를 만들어 내고 피해자도 피해 사실을 알지만 여러 가지

---

11) Edwin M. Schur, *Crimes Without Victims* (Englewood, N. J. Prentice Hall, 1965).

12) James Q. Wilson, *The Investigators* (New York: Basic Books, 1978).

13) Herbert Packer, *The Limits of the Criminal Sanction* (Stanford, Calif.: Stanford University Press, 1968).

이유로 잘 나서려 하지 않는 범죄이다. 여기에 해당하는 범죄 중 가장 명백한 것은 공갈 범죄다. 공갈 범죄에는 보호비 갈취, 고리대금업, 공갈 및 단순 공갈 등이 포함된다. 그다음으로 명백한 범죄로는 일방이 상대방보다 우월한 지위에 있는 관계에서 이루어지는 폭력 범죄나 착취 범죄가 있다. 가정 폭력, 아동 학대, 고용주나 집주인에 의한 성희롱 등이 그 예다. 증인을 협박하여 사법절차를 방해하는 것도 이러한 범주에 해당한다.[14] 원칙적으로 길거리에서 발생하는 노상범죄(street crimes)는 정부가 쉽게 포착할 수 있는 범죄이지만 증인에 대한 협박은 잘 보이지 않게 할 수 있다.

세 번째 유형의 범죄는 장차 피해자를 만들어 내지만 아직 범행이 발생하지 않아서 현재까지는 피해자가 없는 범죄다. 여기에 해당하는 가장 명백한 범죄는 범행을 준비하거나 시도 중인 범죄다. 음모에 대한 처벌법이 이들 범죄에 대응하는 두드러진 예다. 일부 행위는 준비하기 때문이 아니라 확률상 장래에 해악을 끼칠 것으로 예상되기 때문에 범죄로 규정되기도 한다. 과속이나 음주운전 등에 관한 법은 이러한 범죄를 예방하기 위한 것으로 이해될 수 있다. 끝으로 중간 범주에 속하는 범죄가 있는데 이는 의도적인 범행의 준비와 확률상 범죄가 발생할 가능성이 있는 행위 사이의 중간에 위치한다. 그 예로는 불법무기의 소지나 운반, 주거침입용 도구의 소지, 마약의 소지 등이 있다.

이러한 범죄의 공통점은 범죄 발생을 알리고 범인을 신고하려는 피해자가 없다는 것이다. 목격자가 있을 수 있으나 그들도 공범이거나 피해자와 같은 이유에서 잘 나서려 하지 않는다. 그 결과 대다수 일반 시민의 관점에서 볼 때 그리고 그에 따라 국가의 관점에서 볼 때, 이들 범죄는 대체로 눈에 잘 띄지 않는다. 아니, 좀 더 엄밀히 말하면, 이러한 범죄는 분개하는 피해자나 증인 또는 물리적 흔적을 남기는 여타 범죄보다 적발될 확률이 낮다.

2 | 법집행 전략과 침범성

"보이지 않는 범죄"에 대한 법집행의 핵심 문제는 범죄의 발생을 알리고 범인을 확인·체포하는 데 있어서 경찰에 협조하려는 일반 사인이 존재하지 않는다는 점이다. 따라서 이러한 범죄에 대처하기 위해서는 피해자가 수사에 협조하게 유도하거나 범행을 감시하고

---

14) 이 점에 관하여 필자는 Heymann 교수의 도움을 받았다.

당국에 알릴 요원을 배치하는 등 특별한 방법을 강구해야 한다. 실제로 우리는 피해자나 목격자 등에 의한 사적 수사체제를 공적 체제로 대체해야 한다. 불가피하게도, 피해자나 목격자의 동기를 유발하거나 요원을 배치하는 수사 방법은 눈에 띄는 범죄에 대한 사후대응적 방법보다 강한 반대에 봉착할 것이다. 물론, 이 경우에 문제는 그 법집행 방법이 얼마나 침범적인가 하는 것이다. 따라서 이 문제에 답하기 위해서는 침범성의 개념을 좀 더 명확히 할 필요가 있다.

법집행 활동이라는 맥락에서 침범성의 개념을 생각할 때 그것은 적어도 6개 차원으로 나누어 볼 수 있다. 첫 번째 차원의 침범성은 단순히 **'정부의 감시 범위가 얼마나 넓은가'**에 관한 것이다. 즉 얼마나 많은 세계가 정부의 감시 범위에 들어가느냐 하는 것이다. 정부의 정보수집 범위를 정할 때 우리의 법 전통은 사생활의 자유나 정치적 의사 표시에 필요한 영역을 정부의 감시로부터 특별히 보호받아야 하는 영역으로 명확히 구분하고 있다. 즉 집이나 사무실 같은 사적 공간은 상업 설비나 일반 거리 같은 공적 공간보다 엄격히 보호된다.[15] 변호사와 고객, 의사와 환자, 남편과 아내 같은 특정한 관계는 (단순한 친구 관계 같은) 다른 관계에 비해 매우 엄격한 사적 관계로 보호된다.[16] 말과 대화는 거래에 관한 기록보다 더 신중하게 보호되고 또 기록은 공공장소에서의 행동보다 더 강하게 보호된다. 정부의 정보수집이 이러한 장벽을 넘어 더욱 개인적인 영역으로 침투할수록, 정부 활동이 우리가 일반적으로 예상하고 설정한 것보다 더 많은 영역에까지 미치게 될 것이다.

두 번째 차원의 침범성은 **'정부의 감시가 얼마나 집중적인가'**에 관한 것이다. 이 차원은 어느 정도 정부의 감시에 취약한 영역의 크기나 종류에 관한 것이 아니라 그러한 영역이 얼마나 깊이 또는 철저히 탐색되는지에 관한 것이다. 대다수 사람은 골목마다 경찰관을 배치하면 침범적이라고 느낄 것이다. 이는 새로운 영역을 침범했기 때문이 아니라 일반지역에 대한 감시의 집중도가 강해졌기 때문이다. 마찬가지로 수색영장을 발부받아 사적 영역을 수색하는 경우에도 수사관 한 명이 통상적으로 책상을 검사하는 것에 비해

---

15) 제4차 수정헌법의 "불합리한 압수수색에 대해 인신, 주거, 문서, 재산에 안전을 보장받을 권리"에 대해 법원의 본래 해석은 주거지에 대해 특별한 지위를 인정하는 재산 개념을 강조했었다. 그 후 더욱 최근에 연방대법원은 한층 모호한 프라이버시권 개념을 제4차 수정헌법이 보장하는 기본권의 기반으로 보고 있다. 이러한 변화는 *Kalz v.U.S.*, 389 U.S. 347 (1967) 사건에서 있었다. 주거지는 여전히 특별한 지위가 인정되고 영장 없는 수색으로부터 여타 지역보다 철저하게 보호된다. *Coolidge v. N. H.*, 403 U.S. 443 (1971) 참조.

16) "프라이버시에 대한 합리적 기대"를 꾸준히 보호해 온 연방대법원의 태도에 놀랍게도 예외적인 사례가 있다. 피고인과 절친한 자가 우연히 정보를 제공하게 된 사건에서 그 친구가 증언하는 것을 적극적으로 인정한 것이다. *Hoffa v.U.S.*, 385 U.S. 206 (1966) 참조. 이 사례는 연방대법원이 의사-환자의 관계와 같은 직업적 관계를 보호한 것과 묘한 대조를 이룬다.

쇠망치로 무장한 한 무리의 경찰이 집이나 사무실을 광범위하게 수색하는 것은 그 집중도가 강하다. 경찰의 정보수집 노력은 법적 보호라는 관점뿐만 아니라 자원의 희소성이라는 관점에 의해서도 제한받기 때문에 유별나게 철저한 정보수집 활동은 비록 법적 요건을 모두 충족하더라도 침범적이라는 느낌을 준다. 무엇이 용인되고 용인되지 않는지 결정하는 헌법상 보루인 사생활에 대한 기대는 법적 보호와 경찰이 이용할 수 있는 자원에 대한 일반적 지식에 의해 정의된다.[17]

자원의 한계로 인하여 정보수집 활동의 광범위성과 집중성 사이에 적절한 균형이 사실상 요구되는 점도 주목해야 한다. 적은 비용으로 범죄를 해결해야 하는 사정을 아는 법집행자라면 범죄나 범인을 적발할 가능성이 낮은 영역보다 높은 영역에 자원을 집중적으로 투입할 것이다. 이러한 자원투입의 효율화는 제한된 지역에 한정하여 특별히 광범위하고 집중적인 정보수집 활동을 요하는 법적 이익과 궤를 같이한다. 특별한 수준의 정부 활동을 위한 "수사적 전제"나 정부의 압수수색에 요구되는 "합당한 사유"는 범죄를 내포할 가능성이 큰 영역을 제한적으로 특정하는 효과가 있다. 그리고 그에 따라 정부의 집중적인 정보수집활동을 정당화하며 동시에 제한한다. 이는 최소침범적 법집행과 저렴한 법집행이라는 두 가지 모두의 이익을 위한 것이다.

알려진 침범성과 관련된 법집행 전략의 세 번째 특징은 정보수집이 시간, 장소 또는 행위보다 '**사람(또는 특정 계층의 사람)에 초점을 맞추는**' 정도이다. 일반적으로 정부의 정보수집 활동은 행위를 중심으로 조직되고 전개된다. 정부는 범죄를 관찰할 수 있는 위치를 점하거나 범죄가 어떻게 발생했는지 알아내기 위해 노력한다. 실제로 범행을 찾아내기 위해서는 사회 환경을 이동하는 사람들을 관찰하는 것뿐만 아니라 범죄가 발생할 가능성이 특히 큰 사회 환경의 특정 부분을 골라내는 것도 시도해 볼 수 있다. 예를 들어, 우리는 잘 알려진 노상강도를 추적할 수 있고 지하철역 주변 지역을 감시할 수 있으며, 마약 밀수업자의 전형적 특징을 설명하는 "프로파일(profile)"에 의존하거나 더욱 철저하게 수색하기 위해 기초적 조사에서 특정한 일정이나 민감성을 이용할 수도 있다. 실제로 소수의 사람이 매우 예측하기 어려운 시간과 장소에서 많은 범죄를 저지른다면, 범죄행위보다는 그 사람들을 중심으로 감시와 정보수집을 조직하는 것이 더 효율적일 것이다. 즉, 범죄를 통제하고 정부의 침범을 최소화하는 두 가지 모두 더 나은 성과를 거둘 수 있다.

그러나 이러한 가능성에도 불구하고 전통적 인식은 사람(특히 의심스러운 계층의 사람)을 중심으로 하는 감시가 장소나 행위에 대한 감시(*그 안에 있는 자는 익명으로 감시된다)

---

17) 이 기준은 *Kalz* 사건에서 확립됐다.

보다 시민의 자유에 더 위험하다고 생각한다. 이러한 구별은 익명에 대한 기대가 사생활에 대한 이익과 밀집하게 연관되기 때문에 정당화될 수 있다. 한 개인에 관하여 여러 정보가 결합되면 분리된 채 그냥 둔 경우보다 훨씬 빠르고 철저하게 그의 사생활이 노출된다.[18] 또한, 어떤 사람에게 초점을 맞추면 그에 대한 정보수집 업무에 부적절한 동기가 개입되고 강화될 수 있는 문제도 있다. 우리는 비난받을 개별적 행위보다 그 행위를 한 사람에 대해서 분노와 불쾌감을 느끼기 쉽다. 따라서 사람보다 행위에 초점을 맞추면 법집행에 있어서 원초적 감정을 제거하는 데 도움이 된다.

인지된 침범의 정도에 영향을 주는 정부의 정보수집 기법의 네 번째 특징은 '기만이나 위장이 하는 역할'이다. 일반적으로 정부가 기만이나 위장된 감시 방법을 이용하면 정보수집의 "광범위성"이 대폭 증가하는 느낌이 든다. 적어도 두 가지 이유에서 그렇다. 첫째, 정부가 실시하는 감시의 광범위성과 철저함으로부터 시민을 일반적으로 보호하기 어렵게 된다. 결국, 기만적 수사기법은 지극히 사적인 영역까지 침범할 수 있다. 만일 경찰이 어떤 사람의 친구 중에서 정보원을 모집하거나 그의 집이나 사무실에 전자장치를 설치하거나 가짜 신임장을 만들어 사업관계에서 위장수사를 하는 것이 허용되면, 그때 그는 잘 보호되는 영역에 있더라도 틀림없이 침해받기 쉬운 상태에 있다고 느끼게 될 것이다. 더구나 그러한 기법은 은밀하기 때문에 일반인은 그 기법이 얼마나 통상적이고 널리 이용되는지 알지 못한다. 따라서 어떤 시간이든 감시 상태에 놓인다는 것이 어떤 것인지 일반인들 간에 공감대가 형성되기도 어렵다. 만일 모든 사람이 불확실한 상태의 "위험성"을 과장한다면 기만적 기법의 효과는 분명히 정부 감시에 대한 일반 대중의 공포를 증폭시킬 것이다. 둘째, 가장 보편적인 보장이 흔들리고 주어진 시점에서 자신이 감시당하고 있는지를 결정할 일반인의 능력이 약해질 것이다. 기만이란 시민들이 주변에서 보는 것에 의존하여 자신이 관찰이나 수사의 대상이 되어 있는지 판단할 수 없음을 의미한다.[19] 주위 여건상 전혀 감시받고 있지 않은 듯한 경우조차 감시 상태에 있을 수 있다. 물론 경찰이 위장과 기만을 이용하는 것에 반대할 이유는 그 밖에도 많이 있을 수 있다. 예를 들면, 그러한 이용은 그 자체가 도덕적으로 잘못일 수 있다는 것이다. 그러나 여기서 논의의 대상은 사생활에 대한 침범성이 불가피하게 증폭되기 때문에 정부는 기만과 관련된 선택을 하지 않아야 하는가에 관한 것이다.

---

18) 이 점을 강조하는 데 있어 Heymann 교수의 도움이 컸다. 프라이버시 권익에 대한 광범한 논의를 위해서는 Ruth Gavison, "Privacy and the Limits of Law," 89 *Yale L.J.* 3 (January 1980): 421–471.

19) 이 점에 관한 상세를 위해서는 이 책 3장 샌포드 레빈슨 교수의 글 참조.

침범성과 관련된 정부 정보수집 활동의 다섯 번째 차원은 '**피고인에 대한 사건에서 성공을 거두기 위해 피해자와 증인을 모집하는 정부의 노력**'이다. 이 분야의 많은 정부 활동에 대해서는 이의가 없다. 심지어 미덕이기도 하다. 두려움을 느끼는 증인을 보호하고 피해자와 증인의 일정에 맞춰 법원의 심리 기일을 조정하려는 노력, 강간 피해자에게 상담 및 지원 서비스를 제공하는 등의 활동은 모두 용인될 수 있을 것이다. 아무튼 이러한 조치는 형사사법제도 안에서 피해자나 증인이 할 수 있는 일을 제대로 하도록 보호하는 것으로 생각된다. 그러나 유혹적 방법 — 보수를 준다거나 익명을 보장한다거나 일부 범죄 사실을 빼준다거나 하는 등등 — 은 약간 문제가 있어 보인다. 이런 방법은 수사에 협조하는 동기에 대한 우리의 이해를 혼란스럽게 하기 때문이다. 피해자나 증인은 정의의 실현 외에 다른 어떤 이해관계도 갖지 않을 때 가장 신뢰받을 수 있다. 즉 정의의 실현이 그들의 유일한 동기라면 우리는 그들의 진실성을 더욱 신뢰할 수 있다. 반면에 보상이나 처벌 경감 등 다른 요소가 관련되면 그 진실성에 대한 믿음이 약해진다. 그들에게 아는 것을 말하게 하려는 경찰의 노력이 그들이 모르는 것을 말하도록 설득하는 노력으로 바뀌는 시점이 언제인지 가늠하기 어렵다. 이러한 우려 때문에 피해자나 증인을 "모집"하는 노력은 위협적이고 침범적인 것으로 생각된다.

실제로, 정부가 협조할 증인이나 피해자를 모집하는 특별한 방법이 하나 있다. 이 방법은 국가의 공권력에 절대적으로 의존하기 때문에 특별한 인식이 필요하다. (법정모욕죄에 대한 징역형을 감수하고) 면책되는 증인에게 증언을 강요하기 위해 대배심을 이용하는 것이다.[20] 국가권력의 크기와 종류에서 대배심은 범법자, 피해자, 증인과 그들의 지인들을 둘러싼 사회적 관계의 내부에까지 파고들 수 있는 광범위한 권력을 대표한다.

시민의 자유에 대한 우려를 야기하는 수사기법의 여섯 번째 차원은 정부가 '**범행의 교사(단순한 관찰과 다른 의미의 조장)에 관여**'하는 것이다.[21] 범행의 교사에는 정부가 전액 급여를 지급하는 위장요원이나 단기 목적으로 모집된 정보원이 포함될 수 있음을 유의해야 한다. 범행의 교사와 수동적 관찰의 차이점은 전자에서는 정부 요원이 범죄가 발생하도록 조장하는 역할을 한다는 것이다. 요원들은 공원에서 노상강도에게 자신을 먹잇감으로 제공하거나 불법 약물을 구매하거나 범죄를 저지르는 데 필요한 정보나 자료 중 일부를 범죄자에게 제공하기도 한다. 범행의 교사가 언제나 기만에 의존한다는 것은 분명하다. 정부의 정보원이나 요원은 자신의 실제 지위와 의도를 위장해야 한다. 따라서 은밀한

---

20) 이 점을 강조하며 Heymann교수에게 다시 감사드린다.

21) Wilson, *The Investigators.*

정보수집 활동과 관련되는 침범적 성격은 속성상 교사에도 모두 존재한다. 게다가, 교사는 어느 면에서는 강압적이기도 하다. 교사가 없었으면 범행하지 않았을 사람을 범행에 빠지도록 유혹하기 때문이다.[22] 정부가 증인을 모집하는 사건과 마찬가지로, 정부가 범죄의 발생을 돕는 역할을 하는 것은 범죄에 대한 우리의 해석을 혼란스럽게 한다. 정부가 연루됨으로써 범인의 범행 동기나 의사가 불확실하게 된다. 물론 정부의 지원은 극히 사소한 "도움"을 주는 정도의 수동적 관찰에서부터 통상적 범주를 넘는 거액의 보수를 제공하기까지 그 범위가 매우 넓다. 그중에서 정부의 행위가 허용 범위를 넘어 침범적 상황으로 나아가는 경계선이 어디인지는 엄밀히 말하면 불명확하고 정당화되어 있지도 않다. 아무튼, 공감되는 정도를 벗어날수록 정부의 침범성은 커진다.

요약하면, 법집행 전략의 침범성은 시민의 자유와 적법절차를 침해 내지 위반할 우려와 관련하여 다음의 6개 차원으로 나누어 볼 수 있다.

① 감시노력의 '광범위성'(사회활동 중 얼마나 커다란 부분이 정부의 감시에 노출되는가, 특히 사생활 영역을 정하는 한계선이 얼마나 많이 침범되는가?)
② 감시노력의 '집중성'(관찰 대상이 되는 영역이 얼마나 철저하게 관찰되는가?)
③ 초점이 되는 대상이 '사람'인가? 아니면 시간, 장소 또는 행위인가?
④ 정보수집 활동의 '은밀성과 기만성'
⑤ 범죄의 증인이나 피해자에 '제공된 유혹'의 크기와 성격
⑥ '범행의 교사 또는 방조'에서 정부의 역할.

구체적 법집행 전략의 전반적 침범성은 위와 같은 특성을 몇 개를, 그리고 어느 정도로 갖고 있느냐에 따라 달라진다. 이러한 용어를 사용하면 대체적 법집행 전략의 침범성을 여전히 대략적이기는 하지만 한층 정확하게 특성화할 수 있다. 이러한 용어가 어떻게 작동하는지 그리고 우리의 표준적 법집행 기제와 관련된 최소 침범성의 정도를 상기시키기 위하여, 살인, 폭행, 강도, 강간 등과 같은 노상범죄에 대한 법집행에 이용하는 기제를 검토하는 것이 도움이 될 것이다.

---

22) 경제학자들은 '커다란 혜택과 유혹' 그리고 '커다란 형벌과 협박(강박)'을 분석상 유사하다고 보는 경향이 있다. 양자 모두 행위의 결과에 대한 개인의 계산을 변화시킴으로써 동기를 유발한다. 따라서, 교사는 범죄자에게 범행이 매우 매력적으로 보이게 함으로써 사실상 강압적 효과를 가질 수 있다. 이러한 사고방식이 "강압적"이라는 말의 의미를 왜곡한다고 생각될 수도 있겠지만, 흥미롭게도 법 역시 협박(강박)과 유혹을 대칭적으로 취급하는 경향이 있다. 협박이나 유혹이 있는 상황에서는 그 범죄자의 진정한 동기와 가치관을 파악하기 어렵다. 대다수 범죄에서 행위자를 유죄로 판결하기 위해서는 그가 부적절한 정신상태에 있어야 하므로, 그러한 정신적 혼란이 유별난 협박과 유혹으로 야기되었다면 유죄라고 판결하기가 더욱 어렵게 될 것이다.

3 | 노상범죄에 대한 법집행

　노상범죄에 대한 표준적 법집행 절차에 대해서는 매우 간단하게 묘사할 수 있다. 전형적으로, 제복을 입은 경찰이 순찰차를 타고 범죄를 감시하며 도시를 공개적으로 돌아다닌다. 이러한 순찰의 범위는 넓은 영역의 공간과 시간을 포괄한다는 점에서 상당히 광범위하지만, 일반적으로 공공장소에 대한 물리적 감시로 제한되며 사람보다는 행위와 장소에 초점을 맞춘다. 게다가 이러한 순찰은 대체로 집중적으로 행해지지 않는다. 즉 잠재적 순찰의 범위는 넓어도 실제적 순찰의 범위는 매우 제한되어 있다. 물론 법집행 전략가들은 가끔 (그들이 담당하는 다른 지역에 대한 집중성을 희생시키고) 특정 지역에 대한 주의를 더 많이 기울임으로써, 그 지역을 더 집중적으로 감시할 수도 있다. 그러나 사생활 영역에 대한 순찰 활동은 여전히 법적으로 금지되어 있고 공간이나 행위에 대한 관찰보다 사람을 바짝 뒤쫓는 활동은 전통적으로 거부감을 야기한다. 결국, 순찰 활동은 공개적이고 따라서 기만적이지 않은 활동이다.

　이처럼 제복을 입고 수행하는 비교적 온건한 형태의 순찰이 범죄가 발생하기 전까지는 경찰의 유일한 정보수집 활동이지만, 범행이 발생하고 보고되면 새로운 형태의 정보수집 활동이 시작된다. 앞에서 본 정부의 감시에 대한 제약이 무너진다는 의미에서 감시활동의 범위가 넓어진다. "상당한 이유"가 인정되면 혐의자의 사적 공간이 (적법하게) 침범될 수 있다. 집이 수색당하고 대화가 감청될 수도 있다. 게다가 이제는 감시가 행위나 장소가 아니라 사람을 중심으로 이루어질 수 있다. 수사에서 지목된 지역에 대해서는 감시가 더 철저해지기도 한다. 보상금을 지급하거나 앞날을 보장하는 등의 활동을 통하여 공모자를 증인으로 모집할 수도 있다. 마침내 범인을 특정하고 체포하기 위해 기만(그리고 범행의 교사까지)도 일부 이용할 수 있다. 이처럼 일단 범죄가 발생하면 경찰의 감시는 '광범위성'이란 측면만 제외하고 나머지 모든 차원에서 강화된다. 즉, 사람과 장소 및 행위가 정부의 감시에 놓이게 되는 것이다. 이러한 방법은 해당 범행에 대한 비난 가능성과 관련되어 제한된 사람과 행위로 엄격히 한정된다.

　정부가 이러한 유형의 범죄에 대해 정보를 수집하는 방식을 구조화하는 핵심 개념 중 하나는 '수사적 전제'라는 개념이다. 특정 지역에서 범죄가 발생했다고 믿을 만한 이유가 되는 전제가 성립하면, 이는 넓고 피상적인 감시(공개순찰과 관련됨)와 훨씬 더 침범적인 감시(수사와 관련됨) 사이에서 작용한다. 수사적 전제는 범죄가 발생했다는 확신을 통해 더 침범적인 감시를 정당화하고, 침범적인 방법이 허용되면 법집행에서 더 나은 성과를 얻을 가능성이 있다는 생각이 들게 한다. 또한, 수사적 전제는 비교적 침범적인 형태의 감시가 소수의 사람, 장소, 활동에만 적용되도록 보장함으로써 감시 방법의 침범성을 제한한다. 따라서 좁은 수사적 전제는 집행의 효과성과 집행 방법의 침해성 간에 매우 유리한 관계를 보장한다.

노상범죄에 대한 법집행에서는 (자유와 적법절차에 대한 침범을 최소화하는) 최소침범적 감시로 만족스런 집행 수준을 유지할 수 있다. 노상범죄의 적발은 대부분 사적 개인에게 맡기고 경찰은 최소침범적 공개순찰만 시행한다. 수사와 관련된 침범적 방법은 범행이 발생하고 난 후에 비로소 허용되며, 그 범죄와 상당히 관련 있는 사람과 장소로 국한된다. 노상범죄에 대응하기 위해 기만이나 증인 모집, 교사 등의 방법이 채택되는 경우는 거의 없다.

4 | 보이지 않는 범죄에 대한 법집행

우리의 관심을 "보이지 않는 범죄" 쪽으로 돌리면 법집행의 문제는 급격히 변한다. 이러한 범죄에서도 "알려진 범죄"를 구체적 범인과 연결해야 하는 통상적 요구를 피할 수는 없다. 그러나 "보이지 않는 범죄"에서 유별나게 문제 되는 것은 범행의 적발 자체가 어렵다는 점이다. 침범성의 최소화라는 관점에서 볼 때, 범죄의 수사뿐만 아니라 탐지까지 하도록 수사기관을 무장하게 하는 것은 언제나 중대한 문제를 야기한다. 불만을 호소하는 피해자나 증인이 없으면 공적 감시활동을 어디서 시작하고 끝내야 할지 알 수 없다. 범죄행위가 알려지지 않으면 수사적 전제나 "상당한 이유"의 기준을 믿고 침범의 정도를 규제하기 어렵다. 그 경우 문제는 침범의 수준이 수사에 준할 정도로 높은 법집행 방법이 이용되고 그렇게 되면 그 방법이 범죄가 발생하고 범죄자가 있을 수 있는 넓은 영역에 감시 목적으로 이용될 수 있다는 점이다. "보이지 않는 범죄"를 적발하기 위해서는 우리가 적절하다고 생각하는 것보다 더 강한 침범이 필요할 수 있다. 그것이 어느 범위에서 옳은지 살펴보기 위해 "보이지 않는 범죄"의 적발·탐지에 이용되는 네 가지 법집행 기법에 대하여 좀 더 깊이 살펴보자.

그중 **첫 번째 방법**은 "보이지 않는 범죄"가 발생할 수 있는 영역에 "공개적 순찰"을 강화하는 방법이다. 마약이나 성매매에 대해서는 그런 범행이 자주 발생하는 지역에 순찰을 강화한다. 고용주나 고객에 대한 사기와 같은 "화이트칼라 범죄"에 대해서는 공식 기록(장부)에 대한 회계감사 형태로 순찰한다.[23] 정치 부패에 대한 순찰은 잠재적 이익충돌을 적발하기 쉽도록 재산을 공개하게 한다.[24] 산업폐기물 사건에 대해서는 공장주가 주장하는 폐기물의 양과 통상 방출되는 양을 비교하는 것이 순찰 방법이 된다.[25]

어쩌면 "갈취죄"를 적발하기 위한 순찰 활동이 가장 어려울 것이다. 이러한 죄를 적발하는 방법으로는 병원에 오는 환자를 살펴서 고리대금업자나 배우자에게 폭행을 당했는지 인터뷰하는 방법 등이 있다.[26] "경찰의 가혹행위"에 대한 순찰방법으로는 체포된 모든 사람에 대하여 정기적으로 사진을 찍어두는 것이다. 마지막으로 음주운전, 과속, 무기 불법운반 등에 대한 순찰은 정기적인 물리적 감시를 통해 실시할 수 있다.

이상 간략히 살펴본 바와 같이, "보이지 않는 범죄"도 "공개적 순찰 활동"을 통해 어느 정도 적발할 수 있다. 그러한 순찰 활동은 범죄유형에 따라 그때그때 형태를 달리한다. 때로는 우리가 통상 생각하는 "제복순찰" 방법을 이용하기도 하고 어떤 때는 회계감사나 규제적 기능과 닮기도 한다. 그러한 활동의 유사점은 피상적이긴 하지만, 아직 범죄 발생의 증거가 없는 상태에서 발생 가능성이 상대적으로 높은 광범위한 영역에 대해 감시한다는 점이다. 더구나 이러한 활동은 공개적으로 수행된다. 정확히 언제 어디서 그러한 감시가 이루어질 것인지에 대해서는 다소 불확실하지만 "감시활동"을 위장하거나 은폐하지는 않는다.

이들 순찰 활동의 유사성을 설명하는 것은 그들의 취약성을 설명하는 것이기도 하다. 그들은 광범위하게 행해지기 때문에 집중적이거나 철저한 경우가 매우 드물기 때문이다. 광범위한 영역을 철저하게 수색하는 데는 비용이 너무 많이 든다. 게다가 그러한 순찰은 공개적이기 때문에 범법자는 눈에 띄지 않는 데서 범행할 실행할 수도 있다. 요컨대 이러한 방법은 순찰 기능의 통상적 취약성인 피상성과 눈에 띄는 가시성이 있다. 이러한 방법은 범죄의 실행을 신중히 하도록 할 수 있고, 현행범을 적발할 수도 있지만 범법자들이 이러한 순찰 활동을 피하기 쉽다는 문제가 있다. 이 점에서 "공개적 순찰"은 통상 "노상범죄"

---

23) Mark H. Moore "Notes Towards a National Strategy to Deal with White Collar Crime."

24) 성문법의 예로는, Massachusetts State Ethics Commission, General Laws of the Commonwealth of Massachusetts, Ch. 268B, section 2 참조.

25) Melvin T. Axilband and Herbert Edelhartz, "An Introduction to Hazardous Waste for Prosecutors and Investigators," mimeo. (Seattle, Washington: Batille Research Institute, undated).

26) For an analysis of strategies to deal with extortion, see Jay Francis, "Enforcement of Extortion Laws in Boston," unpublished mimeo. (Cambridge, Mass.: Kennedy School of Government, Harvard University, 1978).

에 대처하기 위해 경찰이 제복을 입고 차를 타고 하는 '보통의 순찰'과 다르지 않다. "무작위적인 자동차 순찰"로 현행범을 목격하는 경우를 상상은 할 수 있지만 실제로 목격되는 경우는 거의 없다.[27] 시민이 경찰을 출동하게 할 때까지 범행은 숨겨진 상태로 있고, 경찰이 출동하더라도 너무 늦는 경우가 보통이어서 범인을 체포하기 어렵다.[28]

이러한 관찰은 보이지 않는 범죄를 단속하는 데 있어 **두 번째 잠재적 전략**을 시사한다. 즉, 피해자와 목격자가 망설임을 넘어서 범죄를 신고하도록 장려하는 것이다. 최소한, 이는 범죄를 신고할 때 겪는 불편함을 줄이는 것을 포함한다. 이를 위해 우리는 사람들에게 법으로 금지된 행위를 상기시키고, 24시간 무료 신고 전화를 제공하며, 신원 확인된 자의 신고뿐만 아니라 익명의 제보도 받는다. 이러한 전략은 마약, 불법 무기 소지 및 거래, 정부 프로그램에서의 사기 문제를 다룰 때 일상적으로 시도되었다.[29] 가끔은 범행을 목격할 위치에 있는 사람이 범행을 목격하면 신고하도록 더욱 강력히 요구하기도 한다. 회계 감사인은 재무상의 불일치를, 외과 의사는 총상이나 아동 학대 또는 배우자 학대를 신고해야 한다.[30] 피해자나 증인(목격자)을 보호하거나 그들에 특별한 서비스를 제공하고 더 크게 안심시킨다.[31] 그러한 프로그램은 특히 고리대금, 사법방해, 경찰의 가혹행위와 같은 갈취 범죄[32]에 대해 사람들이 신고하게 한다는 점에서 중요하다. 마지막으로, 범인을 체포하고 처벌할 수 있게 제보하는 자에게 보상금을 주는 경우가 있다. 예를 들면 탈세범을 처벌하기 위해 중요하게 사용되는 방법이다.[33] 신고자는 세금 포탈을 적발하게 한 대가로 추징금에서 일부를 받는다.

---

27) George L. Kelling, et. al, *The Kansas City Preventive Patrol Experiment* (Washington, D.C.: Police Foundation, 1974).

28) William G. Spelman, *Calling the Police: A Replication of the Citizen Reporting Component of the Kansas City Response Time Analysis* (Washington, D.C.: Police Executive Research Forum, 1981).

29) 미국 세관은 국경에서 밀수범을 체포하기 위해 수년 동안 "헤로인 핫라인"을 유지했다. 마찬가지로 Bureau of Alcohol, Tobacco and Firearms도 총기규제법의 요건을 적시하고 제보받기 위해 전화번호가 표시된 포스터를 완비하고 "범인을 무장 해제"시키기 위해 대대적으로 캠페인을 벌였다. 마지막으로, 경찰에서는 "사기, 낭비, 직권 남용"에 관한 정보를 경찰 간부에게 제공하도록 다양한 장치를 통하여 감시원들을 장려하였다.

30) M. H. Alderman, *Child Abuse and Neglect Reporting Laws* (Washington, D.C.: Herner & Co., 1979).

31) 가장 흔한 경우로는 법원의 보조자로 활동하는 피해자(목격자)의 증언이다. 그들의 영향에 대한 평가로는 Vera Institute of Justice, "Impact Evaluation of the Victim/ Witness Assistance Project's Appearance Management Activities," mimeo. (New York: Vera Institute of Justice, 1976). 연방정부의 증인보호 프로그램은 더욱 야심차다. 이 프로그램은 중요한 증인의 주거지를 옮기고 새로운 신분을 부여한다.

32) * 역자 주: 폭행, 협박, 권한 남용 등으로 부당하게 돈을 벌거나 뜯어내는 범죄를 통칭한다.

33) 이 전략이 여전히 IRS의 중요한 경제 관행이라는 점이 1982년 여름 케네디스쿨 간부 교육 프로에 참가한 IRS 고위 관리에 의해 확인되었다.

다시 말해, 이 간단한 검토는 보이지 않는 범죄를 다룰 때도 시민들로부터 정보를 유도할 수 있는 몇 가지 방법이 존재함을 보여준다. 그러나 가능성을 나열하는 것은 동시에 그 약점을 드러내는 것이다. 우리는 이러한 전략에 의해 촉진된 민간의 감시가 불규칙적이고 부적절한 사적 동기에 의해 이루어지며, 허위 혐의를 초래할 수 있다는 점을 우려한다. 사실상, 탐지의 부담을 민간에 맡기고, 민간 개인이 불만을 제기하는 것을 편리하고 심지어 유리하게까지 만드는 것은 정부의 감시가 결국 사적인 신고자의 변덕과 감정에 의해 좌우되게 한다는 것을 의미한다. 이는 정부가 감시의 부담을 더 많이 짊어지는 시스템보다 공정하거나 덜 침범적이라고 할 수 없으며, 오히려 덜 공정할 수도 있는 감시 시스템이 될 수 있다(물론, 강도나 폭행 같은 길거리의 노상범죄에 대해 민간 개인의 신고에 의존하는 것에 대해서도 유사한 반대가 제기될 수 있다. 그리고 실제로, 이러한 사건에서 혐의는 범죄가 발생했는지에 대한 법적 문제와 무관한 이유로 사적 개인에 의해 제기되거나 철회되는 경우가 종종 있다). 그러나 피해자와 목격자가 처음부터 신고할 동기가 약한 "보이지 않는 범죄"의 경우에는 이러한 반대는 더욱 의미가 있을 것 같다.

"보이지 않는 범죄"를 탐지하기 위한 **세 번째 방법**은 범행을 신고하는 자에 대한 보상을 단순히 확대하는 것, 즉 정보원을 모집하는 방법이다. 결국 유료의 "제보자(tipsters)"와 정보원의 유일한 차이는 정보원은 법집행기관과 계속적 관계를 유지한다는 점이다. 계속적 관계는 중요하다. 정보원이 민간인인 시민의 지위를 잃고 정부에 고용되는 것을 의미하기 때문이다. 정보원은 자신이 세상을 관찰하는 대가로 경찰로부터 이익을 취하는 반면, 다른 사람이 공평무사하거나 무고하다는 추정을 할 수 없게 한다. 게다가 그는 속임수를 이용하고 기만적 방법으로 활동한다. 그는 관찰의 대상자나 관련자에게 경찰과 자신의 관계를 숨긴다. 따라서 정보원의 이용은 범행이나 범인에 관한 정기적 보고가 이루어지는 은밀한 순찰 활동과 같다고 볼 수 있다.[34)]

잠시 논의를 멈추고 법집행기관과 계속적 관계를 유지하기 위해 정보원이 가져야 하는 몇 가지 지위를 생각해 볼 필요가 있다. 그에 대한 간단한 답은 그들이 범죄에 관한 정보의 계속적 흐름을 제공할 지위에 있어야 한다는 것이다. 즉 그들은 보통 형사사건에서 증거로 사용되는 기록을 담당하는 자일 수도 있고(예를 들면 통화 기록, 은행 기록, 여행 기록 등), 범행의 결과물을 볼 수 있는 직업(전당포 주인이나 세무사)에 종사할 수도 있다. 또 그들은 범행이 계획되거나 행해지는 곳에 살거나 거기서 일하는 경우도 있으며(성매매 발생

---

34) Michael R. Bromwich, "The Use and Control of Informants" mimeo. (Cambridg, Mass.: Kennedy School of Government, Harvard University, 1980).

지역의 호텔직원, 범인이 자주 드나드는 나이트클럽의 바텐더, 범죄인의 소추에 관여하는 경찰관), 상습범과 가까울 수도 있다(예를 들면, 거물급 조직범죄자의 정원사, 은행강도의 어릴 적 친구, 마약거래자의 아저씨 등). 또한 그들은 스스로 더불어 범행을 모의하는 공모자가 될 수도 있다. 이러한 리스트에서 주목해야 할 중요한 사실은 열거된 것 중 많은 지위가 '범행'에 대한 정보가 아니라 잠재적 '범인'과 연관되기 때문에 가치가 있다는 점이다. 범행과의 연관성이 아니라 범인과의 친분관계로 정보원을 모집하는 것은 경찰 감시의 침범성이라는 관점에서 보면 한계선을 크게 넘는 것이 된다. 그러나 바로 이 점이 정보원을 모집하는 중요한 이유가 되는 것 같다.

정보원은 "보이지 않는 범죄"를 밝혀내는 데 있어서 중요한 역할을 할 수 있고, 실제로도 그렇다. 마약, 도박, 성매매 같은 "피해자 없는 범죄"에서 그들의 역할이 중요하다는 점은 익히 알려져 있다.[35] 그들은 또한 아직 실행되지 않은 범행의 모의를 밝혀내는 일에도 깊이 관여한다. 대체로 그들은 화이트칼라 범죄, 정치부패, 공갈, 경찰의 가혹행위 그리고 사법방해를 밝혀내는 데 있어서 중요한 역할을 할 수 있다. 그들이 아직 이런 영역에서 광범하게 이용되지 않았다는 것은 그들이 부적절해서라기보다 종래의 인습 때문일 것이다. 우리는 지금까지 통상 정보원이라고 하면 지하 세계에서 데려온 존재로 생각했다. 그 결과 유독성 폐기물을 생산 처분하는 업체의 소유주나, 구조적으로 시민의 기본권을 해칠 수 있는 부서의 경찰관이나, 거액의 프로젝트를 다루는 정치인이나 공직자와 같은 계층에서 정보원을 모집하는 것을 이상하게 생각했다. 그러나 우리가 "화이트칼라 범죄", "경찰의 가혹행위", "공직자의 부정부패" 등에 법을 집행하기 위해서 정보원을 이용하려 한다면 이들 영역이라고 그 이용을 막을 이유는 없다.

"보이지 않는 범죄"에 대한 법집행에서 정보원의 강화는 동시에 취약점이기도 하다. 범인이나 범행과 가깝다는 이유로 선발되는 정보원은 많은 것을 보고 들을 지위에 있다. 그들은 보이지 않는 많은 범죄를 보게 된다. 반면에 불법하지 않은 것도 많이 보게 된다. 그들의 지위를 (수사요원과 계속적 관계에 있는 정보원보다 특정한 범죄에 불만을 가진 목격자와 좀 더 유사하게) 특정한 범행이나 범인의 관찰에 한정하지 않으면, 그들의 감시를 받을 행위나 사람의 범위가 매우 확대될 것이다. 게다가 그들은 경찰을 위해 활동하면서 사생활의 침범, 대화의 도청, 우정의 이용 등 지켜야 할 경계선을 쉽게 넘을 것이다. 이처럼 그들의 감시 범위는 매우 광범위하다. 그들의 감시가 얼마나 철저한지는 감시원이 얼마나

---

35) Malachi Harney and John C. Cross, *The Informer in Law Enforcement* (Springfield Illinois: Charles C. Thomas, 1960). See also Mark H. Moore, *Buy and Bust: The Effective Regulation of an Illicit Market in Heroin* (Lexington, Mass.: D.C. Heath and Co., 1977), and Wilson, *The Investigators*.

많이 이용되고, 얼마나 적극적으로 활동하느냐에 따라 결정된다. 이러한 점에서 경찰이 경제적 대가의 면에서 위장요원을 이용하는 것보다 적은 비용으로 많은 정보원을 활동하게 하는 점은 주목할 필요가 있다. 정보원은 주위에서 일어나는 일을 잘 알고 경찰이 주는 대가를 생각하며 풀타임으로 일하지만, 보수는 파트타임 근무자처럼 받기 때문이다. 전형적으로 그들은 소액의 보수를 불규칙적으로 받다가 특별히 가치 있는 정보를 제공하면 거액의 보너스를 받기로 한다. 이러한 약정은 경찰로서는 매우 달가운 것이다. 결국 정보원들은 항상 기만적이며, 때로는 단순한 관찰 차원을 넘어 범행의 교사에까지 관여한다. 이처럼 감시의 도구로서 그들의 가치는 그들의 침범성과 관련되어 있다(침범성과 과도하게 관련되어 있다고 보는 사람도 있을 것이다).

법집행기관이 "보이지 않는 범죄"를 탐지하는 **네 번째 방법**은 위장요원에 의존하는 것이다. 그들이 수동적 관찰자일 때는 정보원과 비슷하다. 그러므로 지위나 침범성에 대한 앞의 분석은 이들에게도 비슷하게 적용된다. 양자의 주된 차이는 비용에 관한 것이다. 정보원처럼 일선의 위장요원을 이용하기 위해서는, 경찰은 풀타임 보수를 지급해야 할 뿐만 아니라 그 요원의 지위 확보에 드는 비용까지 지급해야 한다(예를 들면, 바텐더가 되기 위해 교습을 받거나 범인과의 관계를 열어가는 데 드는 비용 등). 따라서 투입되는 비용에 따라 위장요원의 감시활동이 정보원의 활동보다 광범위하지 못하고 철저하지 못할 수도 있다.[36)]

그런데 위장요원의 역할 중 더욱 일반적인 것은 수동적인 감시가 아니라 범행을 적극적으로 부추기는 일이다. 수동적 감시에 드는 시간과 노력을 절감하기 위해 경찰은 그들이 지켜보는 상황에서 범행을 실행하게 한다. 교사는 범행을 적발하거나 순찰하는 기법이라기보다는 수사의 도구로 생각되는 경향이 있다. 실제 어떤 이는 위장활동이 허용되는 범위를 범죄가 발생했거나 막 발생할 "상당한 이유"가 있는 상황으로 국한하려 한다. 그러나 문제는 교사의 기법이 수사의 방법으로만 아니라 순찰의 방법으로도 이용될 수 있고 또 이용되고 있다는 점이다. 예를 들면 위장요원은 때때로 장물거래, 위장기업, 마약거래 등을 꾸며 낸다. 누가 장물을 팔려고 물건을 내밀지 또는 어리숙한 사람을 공격할지 사전지식이 없는 상태에서 야간에 공원을 배회하고, 도와주겠다고 달콤하게 제안하며, 헤로인을 사라고 권하기도 한다. 대체로 이러한 활동을 합리화하는 수사적 전제가 일부 존재하기도 하지만, 사생활 침범은 물론이고 모든 면에서 이러한 작전에 드는 비용은 정당화되

---

36) Brenda Gruss, "The Detection and Investigation of Crime By Citizens, Informants, Undercover Agents, and Undercover Operations: A Comparative Perspective," mimeo. (Cambridge, Mass.: Kennedy School of Government, Harvard University, 1981).

기 어렵다. 그러나 수사적 전제는 많은 경우에서 "상당한 이유"의 원칙이 통상적으로 요구하는 것보다 훨씬 넓고, 특정되어 있지도 않다.

위장활동은 피해자 없는 범죄와 공모적 범죄에 대한 법집행에서 대단히 중요한 역할을 할 수 있고 실제로도 중요하다. 그들은 공갈, 정치적 부정부패, 경찰의 독직 폭행, 세금 포탈, 유독성 폐기물 범죄 같은 영역에서 중요한 역할을 할 수 있다. 그러나 법집행 기법으로서 갖는 그들의 장점은 다른 한편 침범성의 관점에서 보면 단점이기도 하다. 그들은 기만과 교사에 의존한다는 점에서 지극히 침범적이다. 반면에 그 비용 때문에 그들의 감시활동은 정보원의 활동에 비해 광범위하지 못하다. 위장활동의 이용을 "상당한 이유"가 충족될 수 있는 상황으로 제한하는 것이 바람직하기는 하다. 그러나 만일 그러한 제한을 한다면 이 기법은 "보이지 않는 범죄"를 탐지하는 방법으로는 쓸모가 없게 될 것이다. "보이지 않는 범죄"의 주된 문제는 바로 그러한 범죄를 탐지해 내는 것이므로 위장활동에 그러한 제한을 가하면 "보이지 않는 범죄"에 대한 법집행은 무기력해질 것이다.

지금까지 우리는 "보이지 않는 범죄"를 탐지하는 기법에 대해서 논의했다. 필연적으로, 이에는 범죄를 찾아내기 위해 시행하는 광범위하고 철저한 수색이 포함되고, 범죄자를 중심으로 감시망을 조직하며, 기만을 이용하고, 목격자에게 동기를 부여하고, 범죄인을 부추기는 것이 포함된다. 즉 이러한 전략은 질적으로 침범적 특성을 내포하고 있다. 이러한 일에는 안타깝게도 분노하는 피해자나 목격자가 없다. "보이지 않는 범죄"가 발생할 것 같은 지역에 강하게 행해지도록 특별히 설계된 공개적 순찰로는 피해자의 손실을 완전히 보상할 수 없다. 피해자나 목격자를 동원하는 노력이 어느 정도 성과가 있지만 그 성과는 미약하고 간헐적이다. 따라서 순찰 기능은 불가피하게 정보원이나 위장활동 쪽으로 방향을 돌리게 된다. 그러한 기법은 침범적이지만, "보이지 않는 범죄"에 관한 정보를 발굴해 낼 별다른 방법이 있을 것 같지는 않다.

범죄순찰의 기능이 정보원과 위장활동에 크게 의존하기 때문에 수사의 기능 또한 이러한 기법에 꽤 크게 의존하게 될 것이다. 실제로 정보원과 위장활동은 범죄의 "탐지"와 "수사"의 구별을 모호하게 한다. 즉, 이 두 가지는 거의 동시적이다. 결국 "보이지 않는 범죄"에 대한 법집행 노력은 가장 침범적인 집행방법에 의해 지배될 것 같다. 정보원과 위장수사는 이미 세상에 꽤 널리 퍼져 있다.

"보이지 않는 범죄"에 특별히 침범적인 조치가 필요하다면, 이러한 범죄는 법집행 방법의 선택에서 지침이 된 그간의 법원칙에 대한 도전이다. 그와 동시에 이들 범죄는 우리를 고통스런 선택에 직면하게 한다. 특히, '공정한 법집행'과 '사생활 보호'라는 두 원칙 간의 균형에 관한 우리 나름의 가정을 위태롭게 한다. 어느 원칙도 경시될 수 없다. 우리는 이들 범죄에 대한 미흡한 법집행의 수준을 받아들이거나(따라서 법집행의 공평성 원리를 위반할 뿐만 아니라 이들 범죄의 높은 수준과도 연관되는 중대한 손실을 용인하거나), 아니면 고도의 침범성을 받아들이지 않을 수 없다.

더욱 복잡한 문제가 있다. "보이지 않는 범죄"에 대응하기 위해 필요한 여러 기법과 방법은 노상범죄의 공략에도 도움이 된다. 실제로 철저한 공개적 순찰, 시민을 동원하는 특별한 노력, 정보원과 위장활동 등은 이제 노상범죄에 대한 통제에도 모두 이용되고 있다. 사실 우리는 전통적인 감시방법을 통한 노상범죄에 대한 법집행의 수준과 품질이 우리의 기대에 훨씬 못 미친다는 것을 깨닫게 되었다. 강도, 폭행, 살인, 강간 등 공공장소에서 낯선 사람들 사이에 범해지는 일부 중대한 범죄는 전통적 방법으로는 예방되지도 해결되지도 않는다.[37] 좀 더 사전적 대응 방법을 이용해야 좀 더 나은 성과를 거둘 수 있을 것이다.

이러한 어려움을 감안할 때 우리는 "보이지 않는 범죄"의 도전에 대응하기 위해 세 가지 방법 중에서 하나를 선택할 수 있을 것이다. 먼저, 그러한 범죄에 대해서 법을 집행할 가치가 없다고 보고 책에서 지워버리거나 무시함으로써 저절로 사라지게 할 수 있다. 이러한 방법은 많은 "피해자 없는 범죄"의 해결책으로 그동안 추천되었다. 이는 또한 공모, 주거침입 절도용 도구의 소지, 총기의 소지 등과 같은 "생성 중인 범죄"에 대해서도 일반적으로 추천되었다. 어쩌면 이것이 현명할 수도 있다. 그러나 이러한 범죄 중에 공갈, 사법방해, 경찰의 가혹행위, 유독성 폐기물의 불법 처분 그리고 세금 포탈이 포함될 때는 문제가 어려워진다.

이들 범죄를 단지 무시하는 것으로 우리 사회를 충분히 방어할 수 없다면 제2의 대응책이 강구될 수 있을 것이다. 중대한 "보이지 않는 범죄"에 효과적으로 법을 집행하면서 동시에 그와 양립할 수 있는 최소 침범의 원칙을 제안하는 것이다. 이 원칙은 모든 경우에

---

37) 강도사건 해결률은 현재 20% 미만이다. See Greenwood, et al., *The Criminal Investigative Process*.

침범적 조치를 금하는 것도 아니고, "상당한 이유"가 있는 경우에만 제한적으로 허용하는 것도 아니다. 구체적 시간과 구체적 장소에서 범해지는 다양한 범죄에 따라 개별적으로 그러한 조치의 허용 여부를 판단하도록 하자는 것이다. 해당 범죄가 심각해 보일수록 침범적 조치에 대해서 관용적이게 될 것이다. 이것이 현재 우리의 암묵적 정책인 것 같다.

보다 급격한 제3의 대응책은 통상의 노상범죄에까지 최소 침범성 원칙을 확장하여 실질적으로 경찰의 감시조직에 관한 우리의 기존 관념을 변경하는 것이다. 이는 집중적 순찰, 시민을 동원하는 특별한 노력 그리고 정보원과 위장활동의 이용 등을 모든 범죄에 대처하는 우리의 통상적 노력의 일부로 인정하고 이를 합리적이고 효과적이며 적절한 것으로 받아들이는 것이다.

우리는 아직 "보이지 않는 범죄"의 도전과 일반적 정책 노선에 관련되는 이들 침범적 수사기법에 대응할 준비가 부족하다. 우리는 일부 또는 모든 범죄에 침범적 집행방법을 이용하거나 이용하지 않을 때 어떤 문제가 있을지 충분히 생각해 보지 않았고 또 실제 기록된 실제 사건으로 경험한 바도 없다. 우리는 이 분야에서 발전할 "보통법"을 신속히 마련해야 한다. 그러기 위해서는 법집행기관이 다양한 범죄를 대상으로 일부 수사기법을 시행하도록 허용하고 장려하기까지 해야 한다. 동시에 우리는 개별 사건뿐만 아니라 전체적 성과의 면에서도 무슨 일이 일어나는지 파악하기 위해 그러한 경험을 문서화하는 작업을 시작해야 한다. 끝으로, 우리는 그러한 기법의 이용으로 위태로워질 중요한 사회적 가치가 훼손되지 않도록 하면서, 그러한 경험을 분석하고 침범적 방법과 중요한 사회적 가치 사이에 존재하는 연결고리의 진정한 성질을 분석해야 한다.

이러한 이론체계는 법원을 통해 수립하기보다는 형사사법제도와 관련되면서도 법원의 감독을 받는 행정기관이 담당하는 것이 빠르고 효과적일 것이다. 실제로 이 분야의 모든 중요한 논점이 처음부터 헌법원리에 의해 해결되어야 한다거나 해결될 것으로 생각하기보다는, "보이지 않는 범죄"와 침범적 법집행 방법을 일단 (그 해결책은 헌법적 의미가 있을 수 있는) 행정적 문제로 보고, 사실의 수집과 정책의 개발에 관한 대부분의 부담을 행정기관에 맡기는 것이 좋을 것이다. 그 행정기관은 맡겨진 책임을 완수하기 위해 광범위한 사회적 이익, 즉 시민의 자유, 공정하고 합리적이며 효과적인 법집행 그리고 정의에 대한 이익을 대변해야 할 것이다. 경찰기관이 이러한 제도를 현재 잘 대변하고 있다고 믿는 사람은 없겠지만, 침범적 법집행 방법을 규제하는 기존 정책과 실제 경험을 모두 검토하는 경찰기관 감독위원회 또는 검토위원회를 구성할 수는 있을 것이다. 이러한 위원회가 설치되면 법원에 의존하는 것보다 빠르고 확실하게 관련 정책을 발전시킬 수 있을 것이다.

요컨대, 침범적 법집행 방법의 이용을 성급하게 규제하려는 충동을 저지해야 한다. 또한 법원을 주요 정책 수립 기관으로 의존하려는 유혹도 뿌리쳐야 한다. 그 대신, 이러한 방법을 관리하는 체계적인 실험을 허용하여 무엇이 진정으로 문제인지 파악하고 경험을 바탕으로 정책이 수립되도록 해야 한다.

제3편

위장

- 사생활 침범의 숨은 비용 -

샌포드 레빈슨
(Sanford Levinson)

위장
- 사생활 침범의 숨은 비용 -

샌포드 레빈슨(Sanford Levinson)[1]

영화 스팅(Sting)을 생각해 보자! 그 영화에서 폴 뉴먼과 로버트 레드퍼드가 분장한 주인공들은 로버트 쇼가 분장한 도박사를 속이는 "사기극"을 꾸민다. 그들은 로버트 쇼를 속이기 위해 실제와 똑같은 시카고 도박장을 가짜로 만든다. 눈에 비치는 상황은 전부 가짜고 관객은 그 사실을 안다. 하지만 로버트 쇼는 모르고 속는다. 그는 어빙 고프먼이 말하는 "통상적 외관(normal appearances)",[2] 즉 보통의 겉모습을 믿었기 때문에 커다란 대가를 치른다.

이제 스탠리 밀그램의 유명한 사회과학 실험을 생각해 보자! 두 사람이 심리실험실에 들어온다. 한 사람은 "선생"으로, 다른 한 사람은 "학생"으로 정해진다. 실험자는 그 실험이 학습에 관한 처벌 효과와 관련된 것이라고 설명한다. "선생"은 "학생"이 질문에 대답을 잘못할 때마다 "학생"에게 점점 강한 전기 충격을 가한다고 믿는다. "학생"은 실제로는 충격을 받지 않지만 순진한 "선생"을 속이기 위해 그때마다 맹렬히 고통을 호소하는 역할을 한다. 이런 속임수 게임은 복종의 심리학에 관한 지식을 위한 것으로 인정되고 있다.[3]

---

1) 텍사스대학교 로스쿨 교수(헌법판례집 편집자). 스탠포드 법대 졸업, 법학박사(하버드대학교 로스쿨).

2) Erving Goffman, *Relations in Public* (New York: Basic Books, 1971), pp. 238-333.

3) Stanley Milgram, *Obedience to Authority: An Experimental View* (New york: Harper&Row, 1974) pp. 3-4.

끝으로 낯익은 장면, 즉 TV 화면에 자주 나타나는 장면을 생각해 보자! 흰옷 입은 아랍 "족장"이 호텔 방에 앉아서 선출직 공직자들에게 자신의 미국 입국 문제를 얘기하면서 도와주면 돈을 주겠다고 한다. 이러한 제안에 의회 의원들은 자신만만한 태도로 돕겠다고 약속한다. 물론 이 "족장"은 아랍인이 아니라 FBI 요원이다. ABSCAM 수사 작전은 사기극의 또 다른 예다. 이는 부패한 공직자를 적발할 수 있기에 그 정당성이 인정되고 있다.

그러나 뉴먼과 레드퍼드가 피해자를 속이지 않고 두들겨 패서 복수했다면 어떻게 될까? 또 밀그램의 실험에서 "학생"이 실제로 전기 충격을 받아, 기만적 실험의 한 측면이 진실과 상당히 같게 된다면 어떻게 될까? 끝으로, 그 "족장"이 어느 공직자의 자녀를 납치해서 석방 대가로 그 공직자가 공적 신뢰를 배신하는지 시험하려 했다면 어떻게 될까?

아마도 우리는 이렇게 바뀐 상황에 대해서는 다른 느낌을 받을 것이다. 왜 그런지는 물어볼 만하지만 아무튼 말이다. 동일한 목적을 달성하기 위해 물리적 폭력을 이용하는 것이 기만(속임수)을 이용하는 것보다 더 반대되어야 할까? 시셀라 복은 그렇게 생각하지 않는다.

> 기만과 폭력은 인간에 대한 의도적 공격이다. 둘 다 사람을 의지에 반하여 행동하게 한다. 폭력을 통해 피해자에게 발생하는 해악은 기만을 통해서도 대부분 발생할 수 있다. 그러나 기만은 사람을 더 교묘하게 통제하는데, 이는 행동뿐만 아니라 믿음에도 작용하기 때문이다. 힘으로는 감히 정복할 자가 없던 오셀로(Othello)조차 속임수에 넘어가 자신과 데스데모나를 파멸시켰다.[4]

오셀로 몰락의 원인인 이아고(Iago)는 동기 유무를 막론하고 악의의 문학적 화신으로 자리잡게 되었다. 사회가 사기극을 용인하고 때로는 사기꾼과 동일시까지 하려는 의도는 부분적으로는 피해자를 비인간화하고 사기의 정당화가 내포하는 의미를 무시하려는 의도에서 비롯된다. 그러나 모든 사기 게임에서는 맥락에 상관없이 피해자와 사기꾼 모두 서로의 만남으로 상처를 입는다. 그리고 필자가 이후에 더 자세히 다룰 위장요원의 경우에는, 우리는 요원, 피해자, 사회에 미치는 피해를 고려하는 윤리규범과 공공정책이 모두 부족하다. 우리는 침입자들이 다른 사람의 사생활에 침입하고 결국 신뢰를 배반하도록 허용하는 것이 법적, 윤리적으로 어떤 의미를 갖는지에 대해 그동안 제대로 검토하지 않았다.

---

4) Sissela Bok, *Lying* (New York: Pantheon, 1978), p.18.

1 │ 공적 자아와 사적 자아

사기의 핵심은 피해자의 인식이 실제 상황과 일치하지 않는다는 것인데, 이는 사기꾼만이 알고 있다. 예를 들어, 위조문서, 모조보석, 가짜 주소 등과 같이 상황이 실제와 다르게 보이도록 조작될 수 있다. 더 중요한 것은 대부분의 사기 게임에서 사람들은 자신을 위장한다는 것이다. 그들은 범죄자, 정치적 지지자, 의사, 친구 등이 아닌 데도 그런 척한다. 사기꾼의 '거짓' 정체성을 '진짜' 정체성과 구별하는 능력은 아이러니하게도 우리 자신의 다중 정체성에 대한 인식에 달려 있다. 우리가 다중 정체성을 세상에 드러내는 공적 자아와 몇몇 소수에게만 보여주는 사적 자아로서의 자신에 대한 감각을 연관시키지 않으면, 사기의 환상을 인식하고, 받아들이고, 심지어 감탄하기까지 할 수는 없을 것이다.

체호프의 『개를 데리고 다니는 여인』에 나오는 주인공에 대한 묘사에는 공적 자아와 사적 자아의 차이에 대한 통렬한 인식이 담겨 있다.

> 그는 혼자서 다른 사람을 판단하면서, 자신이 보는 것을 믿지 않고, 모든 사람은 언제나 마치 밤의 어둠 속에서처럼 비밀리에 재미있는 진짜 삶을 산다고 생각했다. 모든 개인의 사생활은 비밀을 기반으로 하고, 바로 그러한 이유로 문명인은 개인의 사생활이 존중되기를 강하게 원한다.[5]

찰스 프리드는 사생활에 대한 분석에서 이와 비슷한 인식을 기초로 하는데, 그 분석은 사랑과 우정의 가능성에 관한 것이다. 그는 다음과 같이 말한다.

> 친구나 연인이 되기 위해서는 그 사람과 어느 정도 친밀하지 않을 수 없다. 친밀이란 (모든 사람과 나누지 않으며 또한 아무나와 나누지 않을 권리를 가지는) 자기의 행동이나 신념 또는 감정에 관한 정보를 나누는 것이다. 그러한 권리를 부여함으로써 사생활은 우정과 사랑에 쓰이는 도덕적 자본을 만들어 낸다.[6]

---

5) Anton Chekhov, "The Lady with the Little Dog," quoted in John Bayley, "The Novelist as Pedagogue," *New York Review of Books*, December 3, 1981, p. 19.

6) Charles Fried, *An Anatomy of Values* (Cambridge: Harvard University Press, 1970), p. 142.

통상 우리는 서로 비밀을 공유하는 두 연인을 보면 미소를 짓는다. 그러나 우리가 모르는 그러한 "행동이나 신념, 감정"이 우리를 파멸에 빠뜨릴 수 있다고 한다면 우리는 결국 필자가 자유주의적 정치 사조의 저변에 있는 피해망상증(paranoid)이라고 부르는 이론적 전통에 직면하지 않을 수 없다. 그러한 전통에는 공적 사회화와 감시로부터 사적 페르소나와 공간을 분리하는 데 커다란 고통이 따른다.[7]

고전적 자유주의에서 (보장되지는 않지만) 묘사되는, 사회적 이미지 속에서 철저히 분화된 각 개인은 각자 자기의 이익을 극대화하려 한다. (공권력이 뒷받침하는) 확립된 기관이 없으면 각 개인은 생명, 자유 또는 재산에 불안을 느끼고 타인을 두려워할 충분한 이유를 갖게 된다. 게다가 홉스의 『리바이어던』에서 지적한 바와 같이 "투쟁의 성질은 반대의 보장이 없는 동안에는 언제나 실제의 투쟁이 아니라 알려진 투쟁적 기질에 내재한다."[8] 여기에서 "알려진 투쟁적 기질"이란 무자비한 이기심을 말한다. 홉스에 따르면 평화적 행위도 믿을 수 없다. 왜냐하면 양같이 순해 보이는 이웃이 당신을 잡아먹으려는 늑대의 기질을 행동으로 옮길 때조차 평화적인 것처럼 교묘하게 위장할 수 있기 때문이다. 그러한 세계에 있어서 "홉스가 말하는 존재들 상호 간의 관계는 감성을 잃은 도구주의에 이끌리게 된다."라고 엘슈타인은 단언한다.[9]

자유주의 국가는, 특히 미국에 사는 우리가 라울이나 노치크는 물론이고 홉스나 로크로부터도 영향을 받았다고 생각하는, 인간의 본성을 순화하기 어려운 것으로 보는 이러한 견해를 받아들여 시민의 약탈적인 면을 억제할 제도적 장치를 만들어 내려고 한다.[10] '우정', '사랑', '친밀' 등의 용어는 자유주의 정치에는 낯선 개념이다. 자유주의 정치는 공동사회나 동포애, 심지어는 '공익'에 대해서조차 어떤 일관적 관념을 갖고 있지 않다. 그러나 대다수 자유주의자는 우정과 사랑이 비정치적 영역에서는 가능하다고 믿는 것 같다. 실제로, 자유 국가가 제공하는 사회적 안정이 풍요한 사생활을 만들어 낼 수 있다고 한다.

---

7) See Ronald Dworkin, "Liberalism," in Stuart Hampshire, ed. *Public and Private Morality* (Cambridge, England: Cambridge University Press, 1978), pp. 113−143.

8) Thomas Hobbes, *Leviathan* (London: Basil Blackwell, 1960), p. 82.

9) Jean Bethke Elshtain, *Public Man, Private Woman: Women in Social and Political Thought* (Princeton: Princeton University Press, 1981), p. 109.

10) 이것은 물론 미국 헌법의 한 해석방법이다. See, e.g., (James Madison), Federalist No. 51: "만약 천사가 인간을 다스린다면 정부에 대한 내외적 통제는 필요하지 않을 것이다. 인간이 인간을 통치하는 정부를 구성하려 할 때 가장 어려운 문제는 이것이다. 즉 먼저 정부가 피치자를 통제하게 하고, 이어서 자신을 통제하게 하는 것이다." Jacob Cooke, ed., *The Federalist* (Middletown, Conn.: Wesleyan University Press, 1961), p. 349.

그러나 왜 우리의 사적 심리와 공적 심리가 서로 달라야 하는가? 만일 우리가 사적 관계에서 진정한 친밀을 얻을 수 있다면 어째서 공동사회의 구성원으로는 적어도 일정한 정도의 친밀을 얻지 못하는가? 만일 우리 이기주의의 한계 때문이라면 왜 우리는 보다 소수의 사람을 신뢰해야만 이러한 한계가 극복되리라고 생각하는가? 만일 우리가 낯선 사람의 내면에 있는 "비밀스러운 자아" 때문에 그들로부터 받은 외면적 인상을 믿지 않는다면, 우리와 매우 가까운 사람의 외면적 인상에 대해서는 왜 더 크게 신뢰하는가? 그들도 우리의 "비밀스러운 자아"를 적들에게 폭로함으로써 우리를 배신하지 않을까(그리고 물론, 우리의 비밀스러운 삶이 실제로 우리를 두려워하고 우리의 비밀을 알고 싶어 하는 적들을 해치는 데 바쳐진 경우는 아닐까)?

이런 피해망상적 견해로 말미암아 자유 사회는 비밀리에 파괴를 획책하고 있을지 모르는 자의 사생활에 침투할 필요성을 깨닫게 되었고, 침투자로 선정된 자의 속임수를 정당화하게 되었다. 1950년대에 인기 있던 TV 드라마인 필브릭의 "나는 세 가지 삶을 살았다."라는 프로에는 두 가지 도덕률이 있다. 겉으로 보기에 믿을 만한 사람도 사실은 바로 악의 핵심인 공산주의자일 수 있다. 따라서 이쪽도 그의 가면을 벗기기 위해 위장 수단을 이용하는 것은 어쩌면 당연한 시도다.[11] 이러한 생각은 매우 단순하지만 지금도 폭넓게 지지되고 있다.

그러나 정보제공행위에 대한 대다수 분석에서는 크게 다른 행동들을 동일한 범주에 놓고 고려한다. 위장 작업에 대한 우리의 도덕적 평가는 우리가 의미하는 정보제공행위가 어떤 종류의 것이냐에 따라 좌우된다. 이를 설명하기 위해 먼저 전형적 정보제공자인 유다에 대한 서로 다른 3가지 관점을 제시한다.

2 | 정보제공자의 유형

복음서에는 유다가 뚜렷한 이유 없이 예수를 배신하기로 결심하고 로마 당국에 누가 예수인지 알려주고 대가를 받기로 했다고 기록되어 있다. 유다는 최후의 만찬에서, 나중에

---

11) See generally Victor Navasky, *Naming Names* (New York: Viking Press, 1980), for a treatment of the role of (and attitude toward) informers in the 1950s.

그의 행동으로 나타나는 것처럼, 예수를 배신하려 했음에도 그 사실을 부인했다.

필자가 흥미를 갖는 것은 유다의 심리상태가 아니라 예수와 유다의 관계 그리고 정보 제공자인 유다의 유형에 따라 그 관계가 어떻게 영향을 받는지 고찰하는 것이다. 또한 필자는 자신의 배신자가 누구인지 알았음을 추정하게 하는 예수의 행동으로 인하여 제기되는 문제는 무시하기로 한다. 이 문제는 '그들의 관계에서 더 진정으로 속인 사람은 예수인가 유다인가'라는 질문에 답하기 매우 어렵지만 말이다.

(1) 밀고자로서의 정보제공자

먼저 유다가 배신하기로 결심한 직후 예수를 로마 당국에 넘겼다고 가정해 보자. 그랬다면 아마 '최후의 만찬'은 없었을 것이다. 이 경우는, 한 사람이 다른 사람에게 갖는 생각을 바꾸어 그를 배신하려고 행동한 것이다. 그러나 유다가 애당초 예수에게 자기 자신에 관하여 거짓말을 했다고 볼 근거가 없다. 즉, 배신행위 이전에 있었던 그들 사이의 교류는 진정으로 우정과 사제 관계에서 나온 것이었다.

친구가 절대로 서로의 관계를 배신하거나 그에 준하는 행위를 하지 않으리라고 기대하는 것은 현실적이지 않다. 마이클 월처가 지적했듯이, 다원사회에서 삶의 핵심은 우리의 관계가 모두 불확실하다는 것을 인식하는 것이다. 월처에 따르면 "'다원주의자'는 해야 할 일이 두 개 이상인 사람으로서, 언제든지 서로 다른 의무 중에서 어느 하나를 선택해야 할 수 있다."[12] 우정의 마지막 행위는 정보제공자가 자기의 행동과 이유에 대해 솔직하게 밝히는 것이라고 예상할 수 있다. 밀고를 당한 사람은 물론, 프리드의 용어에 의하면, 그가 비밀의 도덕적 자본을 잘못 투자했다는 것을 깨닫게 될 것이다. 그러나 앞으로 보는 바와 같이, 더 나쁜 경우도 있다.

요컨대, 이러한 해석에 의하면 유다는 예수의 비밀을 받아들이는 동안은 그에게 충실했다. 그가 예수의 비밀을 로마 당국에 알리기로 했다는 것이 예수를 속였음을 의미하지는 않기 때문이다. "밀고자"로서의 정보제공자와 위장요원 사이에는 대단히 중요한 차이가 있다.

아래에서 자세히 검토하는 바와 같이, 더욱 복잡한 것은 유다가 자발적 증인으로서 하는 역할과 '강요된' 증인으로서 하는 역할의 차이다. 예를 들어, 만일 로마 당국이 그를 증인으로 소환해서 '증언하지 않으면 처벌하겠다.'고 했다면 어떻게 되겠는가? 여기서는 유다가 해야 할 일보다 혐의의 핵심인 "대상 인물"의 측근에게 폭로하는 내용의 증언을 요

---

12) Michael Walzer, *Obligations* (Cambridge, Mass.: Harvard University Press, 1970), p. 205.

구하는 "상태"에 더 초점이 맞춰진다. 사생활과 그 보호에 대한 그 어떤 분석도 증언의 특권 문제를 피해 갈 수 없다.

(2) 이중적 자아로서의 정보제공자

위에서 본 예수와 유다의 관계에 대한 관념을 로마 당국이 다음과 같이 지시하는 경우와 비교해 보자. "우리는 예수를 처벌할 증거가 더 필요하다. 돌아가서 그의 사명에 관하여 대화해서 더욱 확실한 유죄의 진술을 확보해라." 유다는 예수에게 돌아와 자기의 일을 수행했을 것이다. 그는 이제 사실상 과거와 다른 존재, 즉 예수를 잡으려 하는 국가의 정보원이 아닌 것처럼 행세할 것이다. 유다는 예수를 속이지 않을 수 없을 텐데, 이는 첫 번째 모델의 사례와 다르다. 그는 (복음서에서 어느 정도 암시하는 바와 같이) 사기극에 가담하지 않을 수 없게 된다.

유다는 위장요원으로서 '이중적 자아'의 역할을 떠맡지 않을 수 없게 될 것이다. 제자 중 한 사람이 자기를 배신하리라는 예수의 말씀에 대해 "아니요."라고 흔드는 머리와 "나는 아니지요?"라고 말하는 입술 또한 "이것이 바로 그들이 필요로 하는 증거다. 아마도 그들은 나에게 은화 30닢을 줄 것이다."라고 생각하는 의식과 연계되어 있었을 것이다. 이러한 각본에서 유다는 어쩌면 다음과 같이 생각했을지 모른다. "예수는 아직 로마 당국에 트집 잡힐 만한 아무런 말도 하지 않았다. 당국이 관심 있는 쪽으로 대화의 주제를 유도해야 할 것 같다."

여기서 상황의 민감성은 부분적으로는 유다가 처음에는 제자로서 성실했다는 데서 비롯된다. 유다와 예수의 관계는 한때는 진실했다. 실제로 유다는 이러한 종전의 우정 때문에 최후의 만찬에 초대되었다(오로지 그와 예수만 실제로 그것이 "최후의 만찬"이라는 것을 알고 있었다). 이러한 해석에서 배신은 앞서 묘사된 태도의 그것과 전혀 다르다. 그리고 유다로부터 악의 냄새도 처음 경우와 다른 식으로 풍겨 나온다.

유다가 국가의 정보원으로서 하는 역할에서 얼마나 더러운 냄새가 나는가? 만약 예를 들어, 사회혁명가로서뿐만 아니라 "누구든지 내게 올 때는 자기 부모나 처자나 형제자매나 심지어 자기 자신마저 미워하지 않으면 내 제자가 될 수 없다."[13]라고 하는 것처럼 통상의 계율과 극히 어긋나는 말을 했다고까지 소문이 나 있고 대중으로부터 열광적 환호를 받는 예수라는 인물의 정체에 흥미를 가진 지방신문인 「예루살렘 타임즈」를 위해서 유다가 '그의 일'을 했더라도 우리는 똑같이 역겨움을 느낄까? 침투와 기만에 대한 우리의 태

---

13) Gospel of St. Luke, Chapter 14, Verse 26.

도가 국가의 개입 정도에 따라 이처럼 변하는 것을 볼 때, 왜 이러한 차이가 생기는지 자문해 보지 않을 수 없다.

(3) 완전히 거짓된 자아로서의 정보제공자

유다에 대한 두 번째 모델에서 그는 적어도 한 때는 진정한 제자였다. 그러나 만일 전혀 그렇지 않았다면 어떻게 되는가? 만일 당국이 예수를 조사해야 할 반란자라고 생각하고서 유다를 고용하여 예수를 관찰하고 그 혐의를 입증할 증거를 수집하도록 예수의 추종자들 속에 잠입시켰다면 어떻게 되겠는가? 공적 자아와 비밀스러운 자아 사이에 마찬가지의 괴리 현상이 있지만 그 관계는 처음부터 진실하지 않은 점일 것이다. 앞의 두 경우 모두 예수가 자기를 배신한 유다를 제자로 생각할 사유는 충분했다. 그러나 이 마지막 예에서는 유다는 진짜 제자가 아니다. 그는 단지 제자인 것처럼 행세했을 뿐이다. 배우들은 무대에 오르고, 조명을 어둡게 하고, 우리가 그들과 "가상"의 공통 게임(불신의 자발적 중단이라고도 알려진 것)에 들어간다는 정보를 제공함으로써 그들이 맡은 배역에 대한 단서를 제공한다. 사기극이 연극과 구별되는 것은 "공통 게임"이 없다는 점이다.[14]

3 | 사회적 반란자로서의 정보제공자

위 세 유형의 정보제공자 중 하나를 사회정책으로 채택하는 것이 갖는 의미는 무엇인가? 제1유형은 건전한 상식에 비추어 자발적으로 배신하기로 결심한 것으로 생각되는 한, 커다란 윤리적·법적 문제는 거의 발생하지 않는다. 과거의 동료를 넘기거나 불리한 증언을 하도록 정부가 과도하게 압력을 가하면 통상 역겹게 생각될 것이다. 그러나 국가가 A의 자발적 폭로를 막으면서까지 B의 비밀을 보호해야 한다고 주장하기는 매우 어려울 것이다.

---

14) See, e.g., the extraordinary book by Robert Daley, *Prince of the City* (Boston: Houghton Mifflin, 1978), detailing the acts (and acting) engaged in by New York detective Robert Leuci. Also worth reading, though without the moral recognition that makes Daley's book exceptional, is Ron Shaffer and Kevin Klose, *Surprise! Surprise! How the Lawmen Conned the Thieves* (New York: Viking Press, 1977), a study of a Washington, D.C., "sting" operation.

정부나 기타 기관이 의도적으로 이중적 자아를 이용하는 제2와 제3유형의 정보제공자는 우정과 사랑 그리고 신뢰를 크게 배반한다. 이러한 이용은 도덕적으로는 폭력을 사용하는 것과 마찬가지다. 사실, 이는 일종의 고문이다. 때로는 폭력도 필요하다는 비평화주의자의 주장처럼 어쩌면 그 같은 정보제공자의 이용이 필요한 경우도 있을 수 있다. 그러나 우리는 그 경우에도 법적으로뿐만 아니라 그 밖의 방법으로도 그 이용이 남용되지 않도록 필요한 안전장치를 확고하게 마련해야 한다.

고프먼이 지적한 바와 같이, 우리 삶에 대한 안전은 근본적으로 "통상적인 외관"을 신뢰할 수 있는 능력에 의존한다. 그러므로 이러한 신뢰 능력에 대한 공격은 치명적일 수 있다. 예를 들면, 한 여인이 어스름 저녁에 길을 가다 남자가 따라 오는 걸 느낀다. 그녀가 돌아보니 신부가 손에 묵주를 쥐고 있다. 그녀는 긴장을 풀고 성직자로부터 은총을 받기 위해 걸음을 늦춘다. 그러나 그 남자는 "신부인 척했음"을 드러내며 그녀를 숲속으로 밀어 넣고 강탈한다. "신부의 강탈"은 우리가 강도범으로 통상 생각하는 자의 강탈보다 훨씬 더 큰 사회적 혼란을 초래한다. 신뢰받는 외관에 대한 우리의 기존 관념이 무너지기 때문이다. 만일 "강탈하는 경찰관"이 "강탈하는 신부"에 가담한다면 사회는 통상 강도범으로 생각되는 자에 의한 경우보다 훨씬 더 큰 혼란에 빠질 것이다. 위장은 총보다 위협적일 수 있다. 교묘한 위장은 총의 위협 앞에서나 어쩔 수 없이 내놓을 것을 빼앗아 갈 수도 있다.

위의 예는 폭력적 범죄에 관한 것이지만, 도둑은 유형의 재화보다는 무형의 정보를 노릴 수도 있다. "강도"는 그러한 정보를 얻기 위해 개인의 사생활 영역에 침투하는 것 이상도 이하도 필요하지 않을 수 있다. 여기서는 위장이 총보다 더 효과적일 수 있다. 왜냐하면 사람은 명백한 적, 심지어 총을 휘두르는 적보다 친구나 연인으로 추정되는 사람에게 더 빠르고 완전하게 자신을 노출할 수 있기 때문이다. 위장요원을 이용하는 이유 자체가 귀중한 정보를 얻기 위해서는 개인적 공간을 침범하는 것이 유용하다는 인식에서 비롯된다.

위장요원 중에서 민감한 요원은, 뛰어나게 임무를 수행하는 경우에도, 자기에게 부여된 역할의 성질을 인식하기도 한다. 예를 들어, 뉴저지 버겐 카운티 마약단속반 소속의 델라니 경위를 생각해 보자.[15] 그는 자신에게 뇌물을 주려는 시도를 추적하기 위해 11개월 동안 "지하 세계의 스파이"로 활동했다. 그는 뇌물을 주려는 자가 있다고 상관에게 보고한 후 '지하 세계에 침투하기 위해' '상관의 지시를 받고 부패한 경찰관으로 위장'하기 시

---

15) See, Robert Hanley, "Bergen Policy Story: 11 Months as an Underworld Spy," a story which appeared on page one of the New Jersey section of the Sunday *New York Times*, I believe, in the summer of 1976. When I clipped the story, I forgot to include the specific citation, through all quotes came from the Xerox of the original story.

작했다. 그의 활동은 매우 성공적이었다. 몸에 도청기를 부착하고 "어마어마한" 대화를 녹음한 것이다. 그렇게 침투해서 확보한 증거로 뉴저지주 여러 범죄조직원을 감옥으로 보냈다.

그러나 델라니의 감정은 매우 착잡했다.

> … 델라니 경위는 자신이 개인적 차원에서는 피해자를 배신했다는 감정, 즉 그가 공개적으로 밝힌 "낯설고 기묘한" 감정으로 고통을 받은 것 같다…
> "나는 그들과 친구처럼 지냈다. 그들의 부인과 아이들과 이야기도 나누면서…"
> 그의 불편한 심정은 그도 동의하듯이 일부는 어린 시절 고향 첼시에서 심어진 밀고행위에 대한 혐오감에 기인하고 또 일부는 그의 아일랜드적 기질에서 오는 감상주의에 기인한다.[16] 그러나 무엇보다도 그는 자신의 기만행위로 체포된 사람들이 받게 될 인간적 아픔 때문에 고통을 받은 것 같다.

델라니의 불편한 감정은 어쩌면 전혀 거짓된 자아인 제3유형의 행위 때문일 것이다. 그의 그러한 감정은 피터 버거의 말이 옳다는 것을 보여준다. "만일 하나의 보편적 진실로 원초적 도덕원리가 있다면 그것은 '친구를 그의 적에게 넘기지 말라'는 것이다."[17] 버거의 이 말은 그 자체로는 매우 단순하지만 본래 용기 있고 공복 의식이 강한 델라니 같은 경찰관이 느끼는 마음의 동요를 설명하는 데 도움이 될 것이다. 아마도 그는 제2유형의 정보제공자, 즉 진짜로 친구를 배신한 자가 느끼는 것보다 더 나쁜 기분을 느꼈을지도 모른다.

---

16) 여기서 감상주의가 무엇을 의미하는지는 불확실하다. 아마도 아일랜드와 영국 간의 깊고 처절한 충돌로 영국에 협력하는 아일랜드인에 대한 깊은 혐오감이 형성되었을 것이다. See, for example, the novel by Niam O'Flaherty, *The Informer*, (New York: Alfred A. Knopf, (1925) which was later made into a classic John Ford movie of the same name.

17) Peter Berger, "Now, 'Boat People' from Taiwan?" *New York Times*, February 14, 1978, p. 35.

델라니 경위가 암흑가의 스파이로 활동한 것은 전적으로 사법부의 감독 없이 이루어졌다. 그가 부패한 경찰로 위장하고, 피해자들의 가족 식사에까지 침투하도록 궁극적으로 결정한 것은 버겐 카운티 경찰국 관계자들이다. "사생활을 침해하는 공식적 수사 행위가 헌법상 허용되기 위해서는 보통 영장 요건을 충족해야 한다."라는 미국 제4차 수정헌법의 원칙에도 불구하고,[18] 그러한 수사행위가 사채업과 관련된 서류와 같은 물리적 증거가 아니라 오로지 정보(그리고 자기부죄진술)를 얻기 위해 위장요원이 침투하는 경우에는 영장 요건이 적용되지 않는다.[19]

사실, 영장 요건의 적용이 없다는 것은 이야기의 절반에 불과하다. 제4차 수정헌법은 영장 없는 수색도 "합리적"이어야 한다는 최소 요건을 정한 것으로 해석될 수 있어서 이것을 반대해석하면 "불합리한" 수색은 불법이라는 것이 된다. 그러나 법원은 영장에 대한 전면적 요구뿐만 아니라 일반적인 합리성 요구를 부과하는 것에도 그다지 적극적이지 않았다.[20] 만일 버겐 카운티의 경찰이 전화 도청으로 구술정보를 확보하려 했다면, 그 도청이 관련 정보를 얻어낼 "상당한 이유"가 있다는 법관의 영장이 필요했을 것이다. 그러나 델라니 경위가 그 업무에 파견될 때 (전체적으로 보면 영장 요건에 해당하는 "상당한 이유"가 있었음에도 불구하고) "합리성"조차 정식으로 요청되지 않았다. 왜 그렇게 되었는가?

먼저 *Lopez v. United States* 사건에서 밝힌 브레넌 대법관의 강력한 반대 의견을 보자. 이 사건은 연방 요원이 휴대용 녹음기로 피의자의 진술을 녹음한 사건이다. 다수 의견에 따라 녹음된 증거의 제출이 허용되어 브레넌의 의견은 배척되었지만, 그는 다음과 같은 논리로 전자적 감시에 특별한 문제가 있음을 강조했다.

---

18) *United States v. White*, 401 U.S. 745, 781 (1971) Harlan, J., dissenting).

19) See generally Gorge Dix, "Undercover Investigations and Police Rulemaking," *Texas Law Review 53* (1975), 203-94, for a comprehensive review of the legal literature in regard to control of undercover investigations. See also especially Geoffrey Stone, "The Scope of the Fourth Amendment: Privacy and the Police Use of Spies, Secret Agents, and Informers," *American Bar Foundation Research Journal* (1976), 1193-1271. Three more general studies of the fourth Amendment are Anthony Amsterdam's magisterial "Perspectives on the Fourth Amendment," *Minnesota Law Review* 58 (1974), 349; Lloyd Weinreb, "The Generalities of the Fourth Amendment," *University of Chicago Law Review* 42 (1974), 47; and James White, "The Fourth Amendment as a Way of Talking About People: A Study of Robinson and Matlock," *1974 Supreme Court Review* (1974), 165.

20) See especially Weinreb. I owe my initial recognition of this point to Prof. Larry Yackle.

> 기관원에 의한 전자적 감시는, 감청 기구를 몸에 지녔든 벽이나 침대에 숨겼든 간에, 엿
> 듣거나 위장과는 질적으로 차이가 있다. '후자는 사생활을 심각하게 침범하지 않는다.
> 엿듣는 자에 의해 대화가 새어나가거나 정보원에 의해 배신당하거나 상대방의 신분에
> 관하여 속을 위험성은 어쩌면 인간사회에서 필연적일 수 있다. 이는 우리가 말할 때마
> 다 반드시 부담하는 위험이다.' 그러나 전자적 감시가 작동되면 그러한 위험성은 크게
> 변한다. 이런 종류의 도청으로부터 안전한 것은 없으며 그 위험을 완화할 방법도 없으
> 므로 결국 진정한 사생활은 조금도 남아 있지 않게 된다.[21]

브레넌 대법관은 그가 위장이나 기만의 이용을 허용한 이유의 근거를 제시하고 있지
않다. 어쩌면 그는 영장 없이 행하는 수사 관행에 너그러운 법원의 태도가 너무 확고하게
굳어져서 이의를 제기하기 어렵다고 생각했을 수 있다. 그래서 그는 개인적 위장과 전자
적 감시의 "질적 차이"에 근거해서 공박한 것이다. 필자는 전자적 감시에 대한 그의 혐오
에 대해서 이의를 제기하거나 그들 사이에 질적 차이가 없다고 주장할 생각은 없다. 브레
넌 대법관의 분석은 거의 전적으로 전자적 침범의 유무에 초점이 맞춰져 있다. 그러나 그
것이 아무리 중요하더라도, 그의 분석이 만들어 낸 법적 또는 윤리적 차별화의 근거로 삼
기는 어렵다.

브레넌 대법관이 한 말은 *Hoffa v. United States* 사건 판결[22]에서 인용되었다. 그 판
결은 "전화로 도청하지 않은 정보제공자"에 관한 연방대법원 판결 중 가장 중요한 판결이
다. 연방대법원은 테네시주 내슈빌의 노조위원장이 관련된 그 사건 재판에서 호파의 주위
에 법무부 정보원으로 침투했던 운송조합 간부 파틴의 증언을 증거로 받아들였다. 다수
의견은 호파가 파틴을 그의 호텔 방에 기꺼이 맞아들인 점에 주목했다. 적어도 "은밀"이
라는 단어가 정보원의 신분을 비공개하는 것으로 정의되지 않는 한, "파틴은 강제로 또는
몰래[23] 그 호텔 방에 들어간 것은 아니다." 그런데 만일 "은밀"을 "신분을 비공개하는 것"
이라고 정의한다면 법원의 감독을 받지 않고 위장요원을 이용할 자유는 사실상 끝장나게
될 것이다. 물론 파틴은 환영받았다. 호파가 그를 전부터 신뢰하는 친구로 생각했기 때문
이다. 그것은 즉 제2유형의 정보제공자이다. 스튜어드 대법관은 다수 의견으로 연방대법
원은 "제4차 수정헌법은 범죄인의 잘못된 믿음, 즉 범죄인이 신뢰하고 비리를 털어놓아도

---

21) 373 U.S. 427, 465−466 (1963) (Brennan, J., dissenting).

22) 385 U.S. 293 (1966)

23) *Id*, at 302

상대방이 그 비리를 누설하지 않을 것이라는 믿음까지도 보호한다."[24]는 어떠한 주장도 만장일치로 배척했다고 자신 있게 기술하면서 이러한 기본 전제에 대법원이 동의한다는 증거로서 브레넌 대법관이 로페즈 사건에서 반대 의견으로 제시한 논거를 들었다.

같은 날 *Lewis v. United States* 사건[25]도 선고되었다. 이 사건에서 위장한 연방요원은, 피고인 루이스에게는 낯선 자인데, 평범한 마약 구매자인 것처럼 가장했다. 그는 루이스의 집에 초대되었고 그곳에서 마약 거래가 이루어졌다. 호파 사건과는 달리, 위장요원과 그에게 '속은 자' 사이에는 이전에는 아무런 인간관계도 없었다. 호파 사건에서 반대 의견을 제시했던 워런 대법원장이 작성한 판결문에서 법원은 루이스의 유죄를 인정했다. "여러 형태의 범죄를 탐지할 때 정부는 미끼를 쓰거나 요원의 신분을 감출 수 있다."[26] 여기서 제3유형의 위장요원은 호파 사건과 달리 "우정"을 들먹이지 않았다. 그리고 루이스는 거래하기 위해 곧바로 그를 집으로 초대했다. 워런 대법원장의 의견은 다음의 점에서 전적으로 옳다. "만약 우리가 이 요원의 기만이 헌법상 금지된다고 판결하면 이는 '어떤 방식으로 위장요원을 이용하든, 그 자체로 위헌이다.'라는 원칙을 선언하는 것이나 사실상 마찬가지가 된다."[27] 워런과 연방대법원은 그러한 원칙이 선언되는 것을 원하지 않았다.

위장요원의 허용 범위에 대해 비판적인 분석가들조차 루이스 판결의 결과에는 동의하는 것 같다. 낯선 자가 '자신은 원래 범죄인이다.'라고 명시적 또는 묵시적으로 기만하여 진술한 것을 이유로 "프라이버시가 침해당하지 않으리라는 '합리적' 기대가 무너졌다고 할 수 없다. 그러한 속임수를 허용해도 경찰은 결국 낯선 사람에게 범행에 더불어 참여하겠다고 하는 자에 대해서만 첩보활동을 전개한다."[28] 이러한 논거는 다음의 두 조건이 충족되는 경우에만 설득력이 있을 것이다. 첫째, 범죄행위의 개념에 대한 우리의 견해가 일치해야 한다. 둘째, 위장요원은 어떤 사람이 법을 계속 위반하려고 한다는 점만 알고 그

---

24) *Id*, at 302–303

25) 385 U.S. 206(1966). 그날 판결된 제3의 사건인 *Osborn v. United States*, 385 U.S. 323 (1966)에 대해서도 언급이 필요하다. 이 사건은 정보제공자와 피고인 사이의 대화를 녹음한 테이프가 증거로 허용되는지에 관한 것이다. *Osborn* 사건이 다른 두 사건과 다른 점은 연방지방법원이 구체적 범행의 증거가 포함된 선서진술서(affidavit)가 제출되자 그러한 녹음을 허락하였다는 점이다.

26) Id, at 209. '워런' 대법원장은 다음과 같이 Model Penal Code §2.10, comment, p.16 (Tent. Draft No. 9. 1959)를 인용하고 있다. "특히, 불법한 주류나 마약의 거래에 대한 법집행에 있어서 '미끼' 없이 증거를 획득하기란 거의 불가능하다. 범죄에 가담하는 자들은 그러한 거래를 즐기고 따라서 불평하는 사람(증인)이 사실상 없기 때문이다. 경찰이나 수사요원이 마약 구매자로 위장하는 것이 현실적으로 필요하다. … 그러므로 법은 기만이나 설득 중에서 허용되는 것과 허용되지 않는 것을 구별하기 위해 노력해야 한다." *Id*, at 210, ft. 6.

27) *Id*, at 210.

28) White, *supra note 18*, at 230.

밖의 점에 대해서는 들은 것이 전혀 없어야 한다. 그런데 첫째 조건은 소위 정치범 문제를, 그리고 둘째 조건은 그렇지 않았다면 범해지지 않았을 함정이나 '범행 제조'의 문제를 야기한다.

대법원이 전자적 감시에 관한 제4차 수정헌법의 역할에 대해 토의를 계속해 왔지만[29] 로페즈 사건 판결의 반대 의견에서 잘못 전개된 브레넌 대법관의 견해는 이제 하나의 원칙으로 수용된 것 같다. 범죄혐의자의 사생활에 침투하려는 경찰은 그러한 결정에 앞서 영장이나 심지어 "합리성"조차 필요하지 않은 것처럼 보인다.[30]

위장요원이 관련된 일부 말썽 많은 사건이 "함정이론"이라는 제목으로 다루어져 왔다. 그러나 함정이론은 요즘 연방대법원에 의해 해석되는 것처럼 범죄를 범하려는 자의 주관적 기질과 주로 관련된다. 확실히, 위장요원을 반대하는 이유 중 하나는 '내버려뒀으면 범행하지 않았을 자를 부추겨 범행하게 할 수 있다.'라는 우려 때문이다. 그러나 호파 사건이나 루이스 사건 또는 델라니 경위 사건 같은 경우에 그러한 염려는 거의 없다. 만일 그러한 사건에서 어떤 종류의 위장요원이든 그 이용을 반대하는 주장이 있다면 그 논거는 틀림없이 함정 문제와 무관한 다른 염려 때문일 것이다. 생각건대, 그러한 논거는 기만적이지 않은 인간관계 자체의 중요성일 텐데 이는 바로 브레넌 대법관의 분석에 의해 그 기반이 날카롭게 비판된 바 있다.

5 │ 브레넌 대법관의 재등장

브레넌 대법관 분석의 일부 문제점과 이를 무비판적으로 반복하는 연방대법원 다수 의견의 문제점은 여러 유형의 정보제공자를 구분하지 않는다는 점이다. 그렇다고 브레넌의 주장이 전적으로 잘못되었다는 것은 아니다. 단지 모든 형태의 정보제공자를 한꺼번에 취급했다는 점을 지적하는 것이다.

---

29) See particularly *U.S. v. White*, 401 U.S. 745 (1971).

30) '조지 딕스'가 지적하는 바와 같이, "만약 상당한 이유의 요건이 엄격하게 적용되면 범집행기관은 그들이 위장수사를 시작하기 전에 대상자를 체포할 과거 범죄에 대한 근거가 필요할 것이다. 이러한 비현실적 상황은 '경찰에 요구되는 증거의 기준은 수사의 진척에 따라 증가해야 한다.'라는 매력적인 관념과 일치하지 않는다. 체포의 근거는 체포 전에 할 의도가 명백한 수사에 대해서는 요구되지 않아야 한다." "Undercover Investigations," *Texas Law Review*, p. 223, footnote 34.

예수에게 과거와 같은 충성을 거부한 제1유형의 유다의 경우로 돌아가 보자! 아무리 친밀한 동료라도 그가 끝내 충성을 다할 것이라고는 절대 믿을 수 없다는 것이 인간사회의 철칙이라고 하는 점에 대해 필자는 브레넌 대법관과 의견을 같이한다. 그러한 믿음은 월처가 강력히 주장하는 다원적 충성의 복잡성을 부인하는 것이 될 것이다. 나아가 사생활에 대한 A의 기대를 법적으로 보호하는 것은 필연적으로 A의 절친한 친구가 아니라 또 다른 존재이고자 하는 B의 자율적 선택을 해치게 된다. 실제로 자신을 절친한 사람에게 드러내 보일 때조차 우리가 안심할 수 없는 이유 중 하나는 우리를 배신하지 못하게 막는 것이 한편으로는 자유인으로서의 그의 지위를 침범하는 것이기 때문이다. 만일 우리가 반사회적인 정체를 드러내면, 그들도 우리처럼 결국 우정보다 시민정신의 요청 쪽을 선택할지 모른다.

따라서 필자는 트라멜 사건(Trammel v. United States)[31]에 대한 최근의 대법원 판결에 찬성한다. 그 판결에서는 피고인에게 배우자의 진술이 자발적인 경우에도 불리한 증언을 막을 수 있게 하는 전통적 부부 특권의 일부를 배척하였다. 배우자인 증인은 피고인에게 불리한 증언을 거부할 특권을 여전히 갖고 있지만, 그 특권의 행사 여부는 이제 배우자의 결정에 달려 있다.

신뢰한 자에게 증언 특권을 통제하게 하는 논거가 있다. 우리는 친근한 관계가 아님에도 불구하고 비밀스런 문제에 대해 토의가 필요한 변호사와 의뢰인, 의사와 환자와 같은 관계가 장려되기를 바란다. 그러한 경우에는 변호사나 의사에게 증언의 자율성을 인정하지 않는 것이 합당할지 모른다. 왜냐하면 그들은 어마어마한 비밀을 공개하지 않을 진정한 충성의무는 갖고 있지 않을 수도 있기 때문이다. 그러나 이러한 실용주의적 논리는 결혼생활에 관해서는 적합하지 않은 것 같다. 결혼 관계에서는 "친밀 자체"가 관심사이기 때문이다. 배우자를 보호하려는 자발적 욕망이 사라지면 그 관계도 사라진다.

게다가 미국법은 대체로 침범적인 국가의 증거 요구로부터 친밀한 관계를 보호하는 데에 별 관심이 없다. 자기 어머니에 대해 증언하도록 라스베가스의 대배심에 소환된 16세 여성 마셜을 생각해 보자. 그녀는 증언을 거절하며 "네 부모를 공경하라."[32]라는 성경 구절을 인용했다. 당시 법무부는 그녀를 법정모독죄로 기소하는 방안을 검토했지만, 결국 기소하지 않았다.

친구, 연인, 가족, 동료 등 강요가 없으면 침묵할 사람에게 불리한 증언을 강제할 필요가 있다고 하면서, 사생활 침범에는 분개할 수 있는가? 그러한 증언에만 의존하지 않는

---

31) 100 S. Ct. 906 (1980).

32) See Wayne king, "Girl Refuses to Testify Against Mother Before a Grand Jury in Las Vegas," *New York Times*, March 12, 1981, p. 10.

이유 중 하나는, 그러한 증인은 쉽게 '기억이 없다.'라고 하는 경향이 있기 때문이다. 그러므로 어쩌면 개인적으로 충성 부담이 없는 위장요원을 더 믿을 수 있다. 연인이나 친구를 증인으로 소환하는 것은 그 자체로 위장요원의 이용을 비난하는 자들이 강조해 온 관계적 가치(relational values)에 별로 관심을 두고 있지 않음을 드러낸다.

필자의 관심은 말하자면 비자발적 유다처럼 주로 증인으로 소환된 사람에 대한 것이다. 즉 필자는 제1유형의 유다 같은 자발적 배신자로 인해 피해자가 된 자를 보호하는 데에는 별로 흥미가 없다. 그러한 "배신"은 결국 비밀의 침범이라는 관념과 필연적으로 연관되는 행동의 '종국적 결과'라기보다 오히려 동일성 인식의 진정한 위기를 나타내는 것이다. 우리에게 자신을 솔직히 밝힌 동료들이 내리는 자율적 결정은 침투자가 내리는 결정과는 종류가 다르다.

조지 딕스는 "사람은 그가 개인적 관계를 맺거나 타인에게 그 관계에 관한 정보를 공개할 때, 상대방의 모든 관련특성(relevant characteristics)을 아는 것에 이해관계가 있다."라고 주장한다.[33] 그러나 우리는 보통 누군가와 (잠재적) 친구가 되기로 정하기 전에 그들을 심문하지 않는다. 마찬가지로, 우리가 사람들에 대해 갖는 첫인상에 실망하고, "관련특성"을 발견한 후 우정의 제안을 철회하는 경우가 자주 있다는 것도 분명하다. 우리가 친밀해질 것인가를 고려하는 사람들에 대해 모든 것을 알아야 하는 것은 아니다. 사실, 그들이 "모든 것"을 우리에게 말할 가능성은 낮으며, 우리도 동시에 자기의 개인적 비밀이라는 자본을 투자하지 않는 한 그러할 가능성은 더욱 희박하다. 대신 우리는 만남에 어느 정도 선의가 존재할 것이라고 가정할 필요가 있다. 낯선 사람이 우리의 이상적인 기대에 부합하리라고 가정할 권리는 없지만, 우리에게 자신을 드러내는 사람이 적극적으로 악의를 품고 그 만남을 자기의 악의를 실현하는 수단으로 이용하지 않을 것이라고 믿을 권리는 있다.

이러한 선의(또는 적어도 "악의 없음")에 대한 추정은 침투자를 이용하는 행위에 의해 약화된다. 이러한 추정은 국가에 의한 것처럼 신문기자 등 "사적인" 당사자들에 의해서도 깨지기 쉽다. 그 주요 행위자 중 하나가 언론이다. 따라서 신문기자들은 중요한 정보를 캐내기 위해 종종 조립라인의 노동자, 순진한 소비자, 바텐더 등으로 위장해 왔다.[34] 이러한 활동이 제1차 수정헌법에 의해 언론의 자유로 보호되는 반면, 경찰의 위장수사에 관한

---

33) Dix, "Undercover Investigations," p. 211.
　* 역자 주: Dix의 이 말은 사람들이 관계를 형성하거나 정보 공유를 할 때 상대방에 대해 잘 아는 것이 필요함을 강조한다.
34) See Deirdre Carmody, "Exposure of Corruption Raises Questions About Reporters' Masquerading," *New York Times February 23*, 1978. p. A16.

제4차 수정헌법의 주장을 기쁘게 받아들일 수 있는 사람은 법률가뿐이다. 비법률가는 이러한 구분이 실정법 외에 어떤 근거로 정당화되는지 즉각적으로 의문을 제기할 것이다. 한 가지 답변은 국가권력은 특별하지만, 그러나 우리의 사회가 진정으로 다원주의 사회라면 위장한 침투자들이 초래하는 딜레마는 비밀경찰이 야기하는 특정한 문제와 완전히 동일시될 수는 없다는 것이다.

사회가 신뢰와 친밀의 가치(그리고 가능성)를 일반적으로 뒷받침하지 않는다면 경찰에 의하든 민간인에 의하든 침투는 불가능하게 될 것이다. "가장 친한 친구"가 밀고자로 밝혀진 것과 관련하여 베트남전에 참전한 반전 용사는 "여전히 많은 사람을 믿지 않습니다. 재판 전보다 훨씬 더 많은 것을 혼자 간직하고 있습니다."[35]라는 반응을 보였다. 이러한 반응이 전형적인 것인지 의문이지만, 침투자의 침투 성공은 피해자의 비편집증에 의존한다. 심지어 냉혹한 마피아들도 놀라울 정도로 사람을 신뢰하는 것으로 밝혀지고 있다. 그렇다면 범죄를 통제하기 위해 침투에 공식적으로 의존하는 사회에서는, 적어도 그 사회가 신뢰나 친밀이라는 사적 영역에 가치를 부여한다고 표방하는 한 논리적 이분법이 필연적으로 존재한다. 일반 대중이 사람을 외양만으로 믿을 수 없다는 것을 알게 되면 될수록 성공적인 침투에 필요한 신뢰를 끌어내기는 어렵게 될 것이다(성교 기타 위법하거나 사회적으로 오점이 되는 행위 등 보다 극단적인 신뢰 관계의 "표시"가 필요할지 모른다). 사람들은 이러한 상황을 개탄할지도 모른다. 그 이유는 물론 범죄에 대한 통제가 더 어려워지기 때문이 아니라 사회 자체에 더욱 심대한 타격을 주게 되기 때문이다.

6 | 흠 없는 증거법 체계

제4차 수정헌법을 '위장요원의 배치에는 사전에 수색영장이 필요하다.'라고 (확대)해석함으로써 위장요원의 이용을 더 강력히 규제해야 한다는 주장이 있다. 필자도 위장요원의 규제를 지지한다. 그러나 이에 관한 논의를 너무 쉽게 결론 내는 것은 아닌가 하는 생각이 점점 강해진다. 제4차 수정헌법의 가치와 권리를 분리된 별도의 관점에서 생각하는 것이 변호사에게 어떤 이익이 되든, 공적인 토의는 전체적인 관점에서 정보를 얻어 행해져야

---

35) Quoted in Dix, "Undercover Investigations," pp. 211–212, footnote 9.

한다. 제4차 수정헌법은 더 넓은 헌법적 가치 구조의 일부이며, 사생활을 더 충분히 보호하지 못하는 것은 이러한 더 일반적인 구조의 결함에 대한 반응일 수 있다. 따라서 필자는 이 문제의 진정한 원흉이 제5차 수정헌법과 그의 강요된 자백에 대한 보호(protection against compelled self-incrimination: 자기부죄금지특권)의 범위일 수 있다고 주장하려 한다. 이 두 수정헌법 간의 상호 연관성을 이해해야만 각 수정헌법에 대해 설득력 있는 견해를 발전시킬 수 있다.

연인이나 친구 또는 동료가 연관된 사람에게 불리하게 증언해야 하는 상황에서 우리가 그들을 보호하지 못하는 이유 중 하나는 그러한 증언이 유죄판결을 위해 필요한 경우가 많기 때문이다(그런데 앞서 본 바와 같이 사람들이 유다의 역할을 싫어하기 때문에 위장요원의 이용이 장려되고 있다). 그러한 증언이 필요한 이유는 비교적 간단하다. 미국의 형사사법제도상 우리는 피고인에게 직접적으로 범죄행위를 암시하는 증거에 대해 설명하라고 할 수 없기 때문이다. 실제로 배심원은 피고인이 자기방어 차원에서 증언하지 않아도 그 점을 이유로 부정적 추론을 도출할 수 없다.[36]

사회는 그 자신에 대한 범죄를 증명할 권한이 있다. 그러나 제5차 수정헌법은 범죄혐의를 가장 잘 아는 당사자 본인이 협조를 거부하면 직접 질문할 수 없도록 규정하고 있다. 특히 그에 따른 비용에 필자가 제시하는 중요한 사회적 가치에 타격을 주는 증거 수집 방법이 포함되는 경우 이를 지지할 합당한 사유가 있는가? 필자는 그렇게 생각하지 않는다.

자기부죄금지특권을 지지하는 가장 설득력 있는 이유는 신체적·심리적 가혹행위 같은 부적절한 심문방법을 방지하는 것과 관련된다. 두 번째 이유는 역사적으로 공무원들이 종교적·정치적 노선과 관련된 견해를 묻는 경향이 있었기 때문이다. 그러나 이 두 가지 우려는 강력한 자기부죄금지특권이 아닌 다른 방법에 의해서도 처리될 수 있다. 말하자면 현재의 실정법상 제5차 수정헌법 자체는 사생활을 보호하는 조문이라고 할 수 없다. 왜냐하면 국가는 형사소추를 면제해 주고 대답을 매수함으로써 가장 고통스러운 자기부죄의 질문에 대답하도록 강제할 수 있기 때문이다(기술적으로, 그 대답이 "자기에게 죄를 부과하지 않게 만든다").[37]

누군가에게 자신을 유죄로 만들도록 강요하는 것은 인간의 존엄성에 대한 모독이라는 주장이 있다. 그러나 홉스주의적 사회관에 입각하지 않는 한, 필자는 이 주장을 완전히 이해할 수 없다. 실제로 그처럼 냉혹한 견해를 받아들이더라도, 홉스주의자든 롤스주의자든

---

36) See *Griffin v. California*, 380 U.S. 609 (1965).

37) See *Ullman v. United States*, 350 U.S. 422 (1956); *Kastigar v. United States*, 406, U.S. 441(1972).

합리적인 사회의 설계자들이 증언을 강제하는 일반적 관행을 이기적인 동료들로부터 자신을 보호하기 위한 수단임을 인정하지 않는 이유는 명확하지 않다.

나는 켄트 그린월트의 최근 주장에 동의한다. 그는 "적절한 근거에 의해 의심을 받는 경우에도 묵비권을 인정하는 근거는 … 자비라는 개념에 있다. 이 권리는 대부분의 사람들이 가진 좁은 관심사를 양보하는 것으로 보아야 하며, 그 좁은 관심사를 지지하거나 더 넓은 관심과 협력의 규범을 거부하는 것으로 보아서는 안 된다."라고 주장한다.[38]

그러나 더욱 중요한 점은 제5차 수정헌법의 인간 존엄성에 대한 비용이 그 자체로 매우 크다는 것이다. 더구나 제5차 수정헌법은 1964년 몰리 대 호건 사건(Molly v. Hogan)에서만 적용되었다.[39] 소위 1966년의 "정보제공자 판결 3부작"인 호파, 루이스 그리고 오즈번 사건의 판결은 가장 유명한 미란다(Miranda v. Arizona) 판결[40]을 포함하여 연방대법원이 제5차 수정헌법을 더욱 넓게 해석한 뒤에 연이어 나왔다. 연방대법원이 제5차 수정헌법에 따라 연방경찰과 주 경찰 모두에 대해 단일한 통일 기준을 강조한 것은 위장활동에 대한 억제가 일부 주에게 추가적인 타격이 될 것임을 인식한 것이었다. 이는 이들 주가 최근에야 수정헌법의 범위 안으로 들어온 지 얼마 되지 않았기 때문이다.

그린월트 교수는 미란다 판결의 이면에 있는 다음과 같은 부분에 주목한다. "법집행자는 여전히 많은 사건에서 진술을 강요할 이점을 갖고 있을 뿐만 아니라 대개 우리가 바라는 존엄과 존경의 기준에 훨씬 못 미치는 … 정보제공자의 배치와 같은 수사전술을 이용할 수 있다."[41] 그에 대응하여 그는 제5차 수정헌법에 의해 현재 부과되고 있는 각종 제한, 특히 피고인의 공판전 묵비권 행사를 참고하지 못하도록 하는 것을 완화해야 한다고 주장한다. 나아가 그는 다음과 같은 몇 가지 중요한 안전책이 구비된 공판전 신문을 보호하려 한다.

---

38) Kent Greenawalt, "The Right to Silence," *William and Mary Law Review* 15 (1981), 50.

* 역자 주: Greenawalt는 묵비권, 즉 자신에게 불리한 질문에 답하지 않을 권리가 중요한 이유를 "자비"라는 개념으로 설명한다. 여기서 "자비"란, 어떤 사람이 불리한 상황에 처했을 때 그를 보호하고 배려하는 의미이다. 그의 주장은 다음과 같다. (1) 사람은 자신이 의심을 받을 때, 불리한 상황에서 자신을 방어할 권리가 있어야 한다, 이는 공정성을 지키기 위한 기본적인 권리다(의심을 받을 때의 보호). (2) 묵비권은 단순히 개인의 이익(좁은 관심사)만을 지키기 위한 것이 아니라, 사회 전체의 공정성과 정의를 지키기 위한 것이고 따라서 개인의 권리를 인정하는 것이 사회의 더 넓은 이익에 기여할 수 있다(좁은 관심사와 넓은 관심사). (3) 개인의 권리를 존중하는 것이 다른 사람들과 신뢰와 협력을 기반으로 한 사회를 만드는 데 필요하다, 그러므로 묵비권은 단순히 개인의 방어 수단이 아니라, 공동체의 건강한 관계를 유지하는 데 필수적이다(협력의 중요성). 요컨대, 그는 묵비권이 단순한 개인의 이익을 넘어, 더 넓은 사회적 가치와 공정성을 지키기 위해 중요하다고 주장한다.

39) 373 U.S. 1 (1964).

40) 384 U.S. 436 (1966).

41) Greenwalt, "The Right to Silence," p. 68.

피의자 신문은 범죄를 범했다고 인정할 만한 "상당한 이유" – 이는 현재 체포를 가능하게 하는 사유이다 – 가 있을 때 행해야 한다. 더 철저한 신문에 앞서 중립적인 치안판사가 상당한 이유가 있는지 결정해야 한다. 억압이나 기만적 조작을 방지하기 위해 경찰의 단독적 신문이 행해져서는 안 되고, 치안판사에 의해 또는 치안판사 앞에서 행해져야 하며, 피의자는 변호인의 조력을 받아야 한다. 발생한 일에 대한 해석이 잘못되지 않도록 기록이 정확하게 유지되어야 한다. 이러한 단계마다 묵비권이 인정되어야 한다. '그러나' 묵비한 사실은 공판정에 불리한 증거로 제출될 수 있다. 피고인이 공판에서 증언하지 않고 침묵하면 판사는 배심원에게 그 침묵에 반하여 추정하게 할 수 있다.[42]

그린월트 교수의 논문은 인간의 존엄성을 보호하면서도 범죄를 해결해야 하는 형사사법제도의 어쩔 수 없는 부분인 일종의 타협을 고려한 것이다. 정말로 중요한 "거래", 즉 주와 연방 경찰이 범행을 저질렀다고 볼 "상당한 이유"가 있는 자를 엄격히 통제된 조건 하에 직접 신문할 수 있게 하고 그 대가로 위장수사의 속성인 기만에 의해 침해되는 사람들 간의 가치를 더 강력히 보장하는 거래가 필요할 수 있다(그린월트 교수가 이러한 거래를 지지하는지와 무관하게 필자는 이 문제에 친구나 연인, 가족으로부터 강제로 얻는 증언의 범위를 확대하며 이를 확실히 지지한다).

현재의 사회 분위기에서는, 제4차 수정헌법의 강화에는 아무것도 주어지지 않으면서 제5차 수정헌법의 약화만 적극 수용될 수 있다는 두려움에서, 그러한 거래의 제안에 대해 사람들이 경계심을 가질 수 있다. 그러나 정치적 입장이 어떠하든, 법에 반영된 가치를 포함한 우리의 현행 공적 가치체계는 '사회에 가해진 범죄의 증거를 사회에 제공하는 문제'와 '개인의 사생활 및 서로의 신뢰를 보호하는 문제'에 대하여 아직 적절한 해결책을 제시하지 못하고 있다. 제한 없는 경찰 수사를 지지하는 사람들이 그들의 생각을 재검토하기를 바란다면, 마찬가지로 법집행에 대한 일부 전제 조건을 재검토하는 일에 망설여서는 아니 된다.

---

42) *Ibid*, p. 51.

제 4 편

누가 정말로 피해를 보는가?

- 새로운 위장수사기법의 몇 가지 문제점 -

게리 마르크스
(Gary T. Marx)

누가 정말로 피해를 보는가?
- 새로운 위장수사기법의 몇 가지 문제점 -

게리 마르크스 (Gary T. Marx)[1]

ABSCAM, MILAB,[2] BRILAB[3]과 같은 최근의 연방 수사 방식과 장물가게나 미끼수사팀처럼 지방경찰이 운영하는 수사 방식은 경찰의 전통적 위장수사 방식이 변하고 있음을 보여준다. 은밀한 법집행 활동은 지난 십여 년 사이에 그 범위가 확대되고 형태도 변했다. 지방 단위 경찰이 위장수사로 체포한 사건이 15년 동안 거의 두 배나 증가했다. 이는 부분적으로는 마약범죄에 대한 수사가 증가했음을 의미지만, 조직범죄 대책에 대한 연방정부의 지원, 새로운 증인보호 프로그램, 장물가게나 기만수사팀의 활동 등이 변화를 촉진했기 때문이다. 조직범죄와 화이트칼라 범죄에 대한 관심이 증대됨에 따라 FBI는 종래 선서했던, 요원들의 위장수사 활동을 금지한 후버(J. Edgar Hoover) 국장의 정책을 중단했다. 1978년부터 1981년 사이에 FBI의 위장수사 활동 예산이 100만 달러에서 480만 달러로 늘어났다. 정치부패, 보험사기, 노동착취 등의 범죄에 대한 FBI의 최근 수사는 매스컴으로부터 큰 관심을 받고 있다. 게다가 법집행기관뿐만 아니라 다른 정부 기관도 회계감사와 일

---

1) MIT(메사추세츠 공과대학교) 사회학 교수. 「항의와 편견」 등의 저자. 법학박사(UC 버클리).

2) * 역자 주: Military Bribery Investigation Laboratory의 줄임말로, FBI가 군대와 관련된 계약 및 거래에서 발생하는 뇌물수수 및 부패 사건을 조사하기 위해 전개한 위장수사 방법을 말한다. 군 관계자들이 연루된 비리를 수사하는 데 중점을 두었다.

3) * 역자 주: Bribery in Labor의 줄임말로, FBI가 노동조합과 보험업계에 관련된 부패 사건을 대상으로 전개한 위장수사 방법이다. 노동조합 인사들이 특정 보험 계약을 위해 뇌물을 주고받은 사례를 적발하려는 것이 목적이었다. MILAB과 마찬가지로, 특정 집단 내부의 부패를 겨냥했고 위장수사를 통해 증거를 수집했다는 점에서 ABSCAM 수사 방식과 유사하다.

반감독절차의 일환으로 위장 전술을 점점 더 많이 이용하고 있다.

물론, 위장 전술은 20세기 들어 이미 성매매와 정치부패 범죄에 이용되기 시작했다. 그러나 경찰 내부에서는 이러한 활동이 중심이 아니라 부차적인 것으로 보는 경향이 있었다. 이러한 전통적 위장수사 행태는 새롭고 더욱 복잡한 형태 그리고 경찰에 요구되는 강조점과 태도가 변화함에 따라 보완되고 있다.

위장수사 작업은 엄선된 엘리트 집단이 수행하는 중요하고도 혁신적인 전술이라는 인식이 강해지고 있다. 대도시 경찰국에서는 위장수사팀과 같은 특수수사팀에 들어가기 위한 경쟁이 치열하다. 위장수사를 새로운 기법으로 사용하는 전술팀이나 특별팀에 속한다는 것은 명예뿐만 아니라 전문 직업인으로서의 명성을 높여 준다. 위장수사기법은 화이트칼라 범죄와 노상범죄 그리고 (통상적 수사 대상인 그러한 행위의 제공자를 넘어) 성매매의 소비자로까지 확대되었다. 후자의 예는 성매매여성으로 가장하여 성매매하는 사람을 체포하는 위장수사팀의 여경이나 마약을 단순히 구매하는 차원을 넘어 판매를 권유하는 경찰에서 볼 수 있다. 과거에는 수사관 혼자서 위장하고 범법자를 체포하였으나 이제는 기술적 도움이나 여러 요원과 고도로 조직되고 세련된 팀워크 방식에 의한 대량 검거 방법으로 보완되며 대체되고 있다. 정보원은 정보와 소개 그리고 작전에의 빈번한 참여 등 위장수사에서 중심이 되었다. 최근의 복잡한 위장수사 작전은 저간의 사정을 잘 모르는 정보원들에 크게 의존한다. 그런데 그들은 자신이 경찰 작전의 일부라는 사실을 알지 못하므로 통상적으로 경찰 작전에 부과되는 법적 행정적 제약에 구속되지 않는다.

상대방과 더불어 범행하는 소위 합의적 범죄(consensual crimes) 중에서 성매매나 도박 같은 범죄에 대해서는 위장거래가 그 일에 동의하는 성인으로 국한되었다. 그러나 다른 유형의 합의적 범죄에 대한 최근의 위장수사 활동(경찰이 장물업자로 가장하여 장물거래에 관여하는 것과 같은 활동)은 제3자를 희생시키는 결과를 초래할 수 있다. 과거의 위장수사 활동은 범죄가 발생한 뒤에 대상인물을 정하여 수사하는 방법으로 이용되었으므로 이미 존재하는 용의자를 체포하는 것이 수사의 목적이었다. 그러나 오늘날에는 범위가 확대되어 아직 발생하지 않은 범죄를 예상하는 노력의 일환이 되었고, 이 경우 피의자가 아직 존재하지 않고, 따라서 범죄의 억제가 중요한 목적이 되고 있다.

위장수사 활동의 본질과 범위에 변화가 생긴 이유를 한마디로 말할 수는 없다. 많은 요인이 관련되고 그들이 서로 복잡하게 작용하기 때문이다. 전체적으로 볼 때, 기만적 방법이 증가함에 따라 사람을 힘으로 통제하는 강압적 수단은 점차 퇴조하고 있다. 의학, 교육, 형사사법 등 다양한 분야에서 합리적인 조직, 계획 그리고 사전 예방의 가치 등이 점차 중요시되고 있다.

형사사법의 개혁에 관심이 있는 사람에게 가장 흥미 있는 이슈 중 하나는 위장수사의 증가가 경찰의 우선순위 변경과 과거의 권한 남용 행태에 대한 제한 요청과 연관성이 있다는 점이다. FBI가 새로운 화이트칼라 범죄와 조직범죄에 우선순위를 둠으로써 합의적 범죄와 노련한 범죄자에 대처하기 위한 전술로 위장수사의 이용이 점차 많아지게 되었다.

시민권 옹호주의자들은 계속되는 권한 남용과 그간 거둔 성과를 일부 양보하는 데 초점을 맞추어 경찰 개혁에 상당한 진전을 이루었다. 경찰이 일하는 법적 여건은 최근 수십 년간 크게 변했다. 경찰에 새롭게 가해지는 법적·정책적 제약들이 쉽게 과장되는 사이에 경찰 활동의 조건이 변한 것은 분명하다. 헌법에 보장된 시민의 권리는 과거보다 더 존중되고 있다. 대법원 판결과 새로운 입법 그리고 관련 부서의 정책이 경찰의 정보수집 조건 — 그 정보수집이 압수수색이나 전자식 감시에 의하든, 체포 후의 억압적 심문에 의하든 — 을 제한해 왔다. 그에 따라 경찰은 범인을 체포하고 유죄판결을 받아 내기 위해 사건을 더 분명하게 구성해야 하는데, 법원은 체포에 이용되는 법외적 기법(extralegal techniques)[4]에 그다지 관용적이지 않다.

증거능력배제법칙(exclusionary rule)이나 미란다(Miranda), 에스코비도(Escobido) 등의 판결에 대한 경찰의 반응은 두 가지로 나타났다. 하나는 관련 부서나 법원의 지침을 위반하지 않으려고 적극적인 업무 수행을 회피하는 것이었다. 다른 하나는 그러한 지침에 적극적으로 대처하기 위해 매우 기발한 방법을 채택하는 것이었다. 그러한 대처는 기만수사팀, 위장한 장물가게 운영, 사생활 침투 등을 포함하여 정보원이나 위장수사 방법의 이용을 점차 확대하는 것이었다. 만약 위장수사요원이 직접 범행의 당사자가 되거나 범죄의 진행과정이 생생하게 비디오로 녹화되어 있다면 증거배제법칙이나 피의자에 대한 신문, 수색, 증언 및 유죄 인정 등에 별다른 문제가 없게 될 것이다(ABSCAM 사건처럼). 그리고 범죄가 전개되는 상황을 녹음한 비디오를 법무부 차관보(assistant attorney general)나 검사가 모니터링할 수 있고 수사관이 함정수사에 가까운 행위를 할 시 불러서 경고할 수 있으면 더욱 좋을 것이다.

강압적 방법의 이용이 제한됨에 따라 기만적 방법의 이용이 증가했다. 범죄가 발생한 후에 전개되는 수사에 제약이 가해지자, 경찰의 관심이 범죄가 발생하기 전에 미리 대비하는 쪽으로 집중되었다. 압수수색하거나 폭력이나 중범죄에 가담하거나 위장수사의 일부로 강압적으로 설득하는 등 경찰이 직접 할 수 있는 활동 조건이 제한되자 책임의식이 경

---

4) * 역자 주: 법적 절차나 규범을 따르지 않고 수행되는 행동이나 방법을 의미한다. 이는 법의 테두리를 벗어난 기법이지만 불법적 행위는 아니다. 예를 들면, 정부나 기관에서 공식적인 법적 절차를 따르지 않고 비공식적으로 문제를 해결하거나 의사결정을 할 때 이용될 수 있다.

찰보다 약한 일반 시민(사정을 아는 정보원과 우연히 제보하는 정보원, 민간인 탐정 등)을 더 많이 이용하게 되었다는 것을 의미한다. 따라서 경찰에 의해 개인의 자유와 권리가 존중받게 된다는 것은 어떤 면에서는 법집행기관이 이용하는 정보원이나 민간인 등에 의해, 시민이 광범위하게 조종되는 대가에서 나오는 것일 수도 있다. 즉 경찰은 스스로는 적법하게 할 수 없는 것을 어쩌면 다른 사람에게 맡겨서 하고 있다.

경찰에 대한 개혁이 요구되자 아이러니하게도 위장수사 방법이 확대되었다. 이는 개혁에 따른 예기치 않은 부산물이고, 자연히 학문적 관심의 대상이 되었다.[5]

경찰 부서가 더욱 관료화되며 현대적 운영 기법이 도입되었다. 예를 들어, 책임성을 확보하고 때로는 수요를 예측하고 창출하기 위한 수단으로 성과 측정을 중시하게 되었다. 소수 인종과의 갈등 그리고 정치적·문화적으로 환멸을 느끼는 사람들과의 갈등으로 경찰이 범죄 정보를 얻거나 시민들로부터 불만을 접수하거나 증언을 얻기가 더 어렵게 되었다. 이것도 정보나 증인을 확보하기 위해 정보원이나 위장수사 활동에 더 많이 의존하게 됨을 의미한다.

새로운 범죄의 문제도 중요하다. 지난 10여 년 동안 길거리에서 노상범죄가 증가하자 이들 범죄를 통제하기 위해 더 나은 방법이 모색되었다. 마약류의 증가와 정교한 국제적 유통 네트워크의 구축 등으로 조직범죄의 활동이 확대되자 그에 대처하기 위해 더욱 확대되고 정교한 위장수사가 촉진되었다.

연방정부의 새로운 재정지원과 위장수사 활동에 대한 지침 외에 기술혁신도 관련이 있어 보인다. 매우 침범적이고 설치하기 쉬운 감시 기술의 발달로 위장수사 활동이 한층 촉진되었다. 위장수사가 무엇에 의해 변화되었든, 중요한 정책적 문제가 현안이 된 것은 분명하다. 포괄적인 경찰 정책과 신뢰성 등을 책임지는 입법기관이나 법원, 경찰 간부 그리고 정책분석가들은 이러한 문제에 적절히 대처하지 못했다.

위장수사의 장점과 성공은 잘 알려져 있다. 예를 들면 뇌물이나 마약 같은 범죄에서 공개적 방법으로는 체포할 수 없는 범죄인을 위장수사 방법을 이용하여 체포할 수 있었다. 또한 매우 잘 조직되고 숙련된 조직범죄나 특히 공갈 집단 등이 관련된 범죄에 대해서도 효과가 있었다. 거리에 있는 사람 누구나가 경찰일 수 있다는 사실이 전파되면 범죄를 예방할 수 있고 시민에게 안전감을 줄 수 있다. 위장한 수사관이 범행의 직접당사자가 되면 유죄판결을 얻어낼 확률이 높고 게다가 비디오로 녹화된 증거까지 제출되면 확률이 더

---

5) See, e.g., Sam Sieber, *Fatal Remedies* (New York: Plenum, 1981).

욱 높아질 것이다. 그리고 ABSCAM 수사처럼 복잡한 위장수사 활동을 법원이 합법이라고 인정함으로써 말썽 많은 여러 문제에 대해서도 관심을 돌릴 수 있게 되었다.

최근 진행된 위장수사에 대한 언론의 호의적 보도 태도와 이러한 작전의 비밀성(그로 인해 요원들이 실수나 남용 및 비용을 간과하거나 상대적으로 위장하기 쉬운 점 등)을 감안할 때, 이 전술에 대한 일반 대중의 인식은 장점을 과대평가하고 단점은 과소평가하는 것 같다. 어떤 행태가 합법적이라고 하여 그것이 곧 그 이용의 근거가 될 수는 없다. 그것이 갖는 윤리적·실제적·경제적·사회적 의미가 모두 고려돼야 한다. 필자는 위장수사의 긍정적인 면을 부정하거나 위장수사가 어느 면에서 금지돼야 한다는 것이 아니라, 일반 대중의 관심을 제대로 받고 있지 못하는 그 수사의 단점, 손실 및 위험성에 대해 논하려 한다. 또한 위장수사가 왜 공개수사에 비해 말썽의 소지가 크고 결과 자체보다는 많은 제약과 집중적 감독이 필요한지 밝히려 한다.

위장수사에서 발생하는 의도치 않은 결과를 파악하고 상호 경쟁적 가치들과 거래의 비용을 가늠하는 일은 연구와 정책의 분석에서 중요한 과제이고, 이에 관해서는 아직 해야 할 일이 많다. 이해관계에 있는 문제를 파악하는 것이 중요한 첫 번째 단계이다. 필자는 이러한 쟁점이 수사의 대상, 정보제공자, 경찰, 제3자 그리고 사회 전반에 미치는 영향에 관하여 고찰하고자 한다.[6]

1 | 수사 대상에 대한 속임수, 강박, 유혹

유럽의 학자들은 위장수사의 대상에 관한 고찰에 있어서 미국 경찰에 허용되는 위장수사를 통한 범죄 제조 조건에 놀라는 경우가 많다. 미국의 법과 법원은 이에 대해 아주 관

---

6) 여기의 논의는 법위반자와 법집행자의 묵시적 상호의존적 형태에 대한 필자의 관심이 계속되게 한다. See also the following: "Thoughts on a Neglected Category of Social Movement Participant: Agents Provocateurs and Informants," *American Journal of Sociology*, September 1974, pp. 402-442; "Double Agents," *New Republic*, Oct. 18, 1975, pp. 8-13; "External Efforts to Damage or Facilitate Social Movement," in *The Dynamics of Social Movements*, Mayer Zald and John McCarthy, eds, (Cambridge, Mass.: Winthrop, 1979), pp. 94-125; "The New Police Undercover Work," *Urban Life and Culture*, January 1980, pp. 400-46; "Ironies of Social Control: Authorities as Contributors to Deviance through Escalation, Non-Enforcement, and Covert Facilitation," *Social Problems*, February 1981, pp. 221-46; "Types of Undercover Operation and Activities" (Paper delivered at Hastings Center Conference on Undercover Activities, Hastings-on-Hudson, N.Y. 1981); "Undercover Police Tactics," *Encyclopedia of Crime and Justice*, forthcoming.

대하다. 호파(Hoffa), 루이스(Lewis), 오즈번(Osborne), 러셀(Russell), 햄프턴(Hampton) 그리고 트위그(Twigg) 사건7)에 대한 최근의 일련의 판결이 이를 지지한다. 법원은 경찰의 객관적 방법보다 범법자의 주관적 범죄 성향이 연방 차원의 수사에서 함정 여부를 정하는 핵심 요소라고 본다. 정부가 개입하지 않았다면 범죄가 발생할 수 없었다는 사실은 어떤 사람이 범행할 의사가 있다고 생각되는지와 법적으로는 통상 관련이 없다고 한다. 그러나 행위의 동기를 이해하거나 부족한 법집행 예산에 관한 지침을 수립하기 위해서는 경찰 요원의 행위와 관련되는 문제는 매우 중요하다. 전술이 합법적이라고 해서 그 이용이 반드시 윤리적인 것은 아니다. 덧붙여 말하면, 위장수사 작업은 그를 둘러싼 비밀성 때문에 위법한 방식으로 이용되기 쉽다. 이 장에서는 위장수사의 대상이 안고 있는 쟁점을 고찰하기로 한다.

요원들이 하는 행동의 세 가지 유형, 즉 지나친 속임수의 이용, 강박의 이용, 과도한 유혹의 제공이 특히 중요하다. 비밀요원의 행위가 이러한 속성을 띠면 피의자가 자기 의사에 따라 자율적으로 그리고 그 행위의 위법성을 충분히 인식하고 행동했는지 의문이다. 하나씩 살펴보기로 하자.

(1) 속임수

통상적 속임수 형태는 세 가지다. 첫째, 불법적 행위가 매우 매력적이고 사회적으로 합법적인 목표를 달성하는 데 필요하다고 제의한다. 둘째, 행위의 불법성을 숨기거나 위장한다. 셋째, 옳고 그름을 판별할 능력을 약하게 만들거나 이미 약해진 대상을 선택한다. 첫째의 경우에 대상 인물은 어떤 구실로 행위를 하도록 유혹된다. 설정된 목적은 합법이고 바람직하며 위법성은 부차적이다. ABSCAM 수사 중 가장 논란이 많은 필라델피아 사건에서 피고인들은 그들의 개입이 시에 컨벤션 센터를 유치하거나 다른 재정적 이득을 가져올 수 있다는 말을 들었다. 그리고 그들이 돈을 받지 않으면 그 사업이 필라델피아로 오지 않을 것처럼 믿도록 유도되었다. 슈와르츠(Schwartz)와 자노트(Jannotte)에 대한 필라델피아 사건 판결에서 풀럼(Fullam) 판사는 '피고인들 중 누구도 돈을 요구하지 않았고, 이는 둘 다 어떤 대가도 필요하지 않았음을 보여준다.'라고 지적한다.8)

---

7) *Hoffa v. U.S.* 385 U.S. 293 (1963); *Lewis v. U.S.* 385 U.S. 323 (1966); *Osborn v. U.S.* 385 U.S. 323 (1966); *U.S. v. Russell*, 411 U.S. 423 (1973); *Hampton v. U.S.* 425 U.S. 484 (1976); *U.S. v. Twigg*, 588 F. 2d 373 (3rd Cir. 1978).

8) John Fullam, "Memorandum and Order," U.S. District Court for the Eastern District of Pennsylvania, *U.S. v. Harry P. Jannotte, George Schwartz*, no. 80－166, November 1980.

또 다른 예를 보면, 프로 스포츠팀의 첫 흑인 임원이던 로미 루드(Rommie Loudd)는 플로리다를 연고지로 하는 미식축구연맹(WFL)의 올랜도(Orlando) 팀을 조직했다. 그는 리그가 실패하자 파산했다. 그러자 모르는 사람이 팀을 재건하는 데 백만 달러를 제공하겠다고 전화했다. 전화한 사람은 아주 돈 많은 친구들을 거래에 끌어들이겠다고 하면서, 그러기 위해서는 루드가 무엇보다 먼저 마약으로 그 후원자들의 기분을 맞춰 줘야 한다고 했다. 루드는 처음에는 제의를 거절했으나 결국 전화한 사람(위장수사요원)을 두 명의 마약판매자에게 소개했다. 이 일로 루드는 전과가 없었지만 장기 징역형을 선고받았다. 녹화 테이프에는 수사요원이 동료에게 "그를 누구보다도 감쪽같이 속였지."라고 하는 말이 녹음되어 있었다.[9]

물론, 법의 무지가 법 위반의 변명이 될 수는 없다. 그러나 아무런 위법도 없다는 정부요원의 유도로 불법에 이르게 된 경우에는 (적어도 윤리적으로는) 상황이 다른 것 같다. 이 경우는 위장수사요원이 어떠한 불법도 발생하지 않는다고 피의자가 믿도록 구실을 만들어 낸 것이기 때문이다.

몇 건의 ABSCAM 수사에서 피고인들은 특별한 약속을 하지 않아도 돈을 벌 수 있는 것처럼 믿도록 유도되었다. 뉴저지주의 윌리엄스(Harrison Williams) 상원의원 사건의 비디오테이프를 보면 핵심적 정보원이 상원의원에게, 그가 자진해서 말한 것처럼 하기 위해 "당신은 말이죠. 당신이 얼마나 거물인지 그에게 말해야 하고 그에게 — 나 없이는 어떤 일도 안 된다. 문을 열 수 있는 사람은 나밖에 없다. 이 일을 할 사람은 나밖에 없고 영향력을 행사할 수 있는 사람은 나뿐이다. 내가 보장한다. — 라고 말하세요."라고 명백하게 코치했음을 알 수 있다. 그러면서 그 상원의원은 다음과 같은 말로 아무 문제도 없다는 확신을 받는다. "이건 더 이상 진전되지 않아요. 전부 말뿐이고 다 허풍입니다. 그냥 대충 지나가는 거라고요. 당신이 할 일은 그저 연기하고 폼을 잡는 것뿐입니다."[10]

ABSCAM 사건의 일부 피고인은, "아랍식 사고방식"이나 "아랍인의 사업방식"에 맞춰, 고위층에 친구가 많은 것처럼 투자자들을 믿게 해야 한다는 말을 들었다. 그렇게 하기 위해서는 비록 피고인들이 돈을 받는 대가로 위장수사요원에게 어떤 의무를 부담하지는 않지만 적어도 투자자로부터는 돈을 받아야 했다. 이 경우 핵심적 요소는 외관 즉 겉모습이었다. 필라델피아 사건에서 받은 돈은 뇌물로 받은 것이 아니라 개인적으로 자문해 준 대가처럼 보

---

9) *Newsweek*, Nov. 15, 1976.

10) Nat Hentoff, *Village Voice*, Dec. 31, 1980. Hentoff는 11월부터 1월까지 이어진 일련의 논문에서 ABSCAM 수사에 의해 제기된 시민의 자유라는 이슈에 대해서 깊이 고찰하고 있다. 대체로 이러한 이슈는 언론매체로부터는 피상적 관심만 끌었을 뿐이다.

이도록 상황이 설정되었다.[11] 즉, 피고인들이 부정하게 행동하도록 요구받은 것이 아니었다.

또 하나 말썽의 소지가 있는 상황은 판단능력이 부족한 사람에게 기만적 방법을 사용하는 것인데, 판단능력이 부족한 사람이란 정신적으로 박약하거나 미성년이거나 극심하게 압력을 받거나 궁핍하거나 정신력이 약화된 사람(예컨대 금단현상이 있는 중독자) 등을 말한다. 이런 사람은 권유에 넘어가기 쉽고 보통의 시민보다 옳고 그름을 구별할 능력이 크게 떨어진다. 위장수사요원이 수사 수단으로 대상 인물을 판단능력이 부족한 상태로 만들거나 그러한 상태를 강화하려 할 수도 있다. 톰슨 의원은 금품제공 유혹을 처음에는 거절했다. 그러나 결국 돈을 받고 말았는데 기략이 뛰어난 수사요원이 그에게 술을 주고 나서 그렇게 되었다(그 의원이 알코올 중독자인 사실을 알아낸 것이다).

(2) 강박

범행의 참여가 자유로운 선택보다는 협력관계가 깨질 것에 대한 두려움에서 비롯될 수도 있다. 특정한 사기범죄 상황이나 폭력의 위협을 통해 원하는 것을 얻는 데 익숙한 사람을 정보원으로 고용할 때 이러한 강박적 요소가 내재하는 것 같다.

예를 들어, FBI 요원 2명과 무장 강도 전과자가 도박 및 성매매 업소를 알래스카에서 위장 운영하는 작전에 투입되었다. 이는 파이프라인 프로젝트로 인하여 해당 지역에 유입이 예상되는 조직범죄에 대처하기 위한 계획 중 일부였다. 요원들은 작전의 중심이 될 술집에 자금을 지원하고 참가자를 적극 모집했다. 요원 한 명은 조직의 '해결사'로 위장하고 일부 참가자를 협박하고 괴롭히는 고압적 역할을 수행한 것으로 보인다.[12]

수도 워싱턴에서 시작된 이른바 위장사건에서 전직 미연방 검사보였던 도널드 로빈슨(Donald Robinson)은 정보의 대가로 범죄단체의 사람들 – 그는 이렇게 생각했지만 사실은 경찰이었다. – 로부터 돈을 받은 혐의로 기소되었다. 그는 함정수사라는 이유로 결국 무죄가 선고되었다. 로빈슨은 처음에는 그들의 접근을 거절했으나 끈질긴 전화 공세와 부인에 대한 협박 전화 그리고 실종 처리될 것이라는 협박 등에 굴복하여 가담하게 된 것이다.[13] 강박이 유혹과 혼합되면 범행에 가담할 유인이 매우 강해질 수 있다.

---

11) Fullam, "Memorandom and Order."

12) *Los Angeles Times*, Nov. 17, 1977.

13) *Newsweek*, Nov. 15, 1976; John Lardner, "How Prosecutors Are Nabbed," *New Republic*, Jan. 29, 1977, pp. 22−25.

(3) 유혹

최근의 위장수사는 성서에 나오는 "주기도문" 중 일부를 다음과 같이 바꾼 것과 같다. "우리를 유혹에 빠지게 하시고 다만 악에서 구하소서." 유혹은 강박이나 속임수와는 다른 이슈를 야기한다. 매우 매력적인 유혹에 빠져서 범했더라도, 그 행위가 범죄인 것은 그러한 유혹 없이 범한 행위가 범죄인 것과 마찬가지다. 오히려 문제는 그 전술의 기반이 되는 가정과 그러한 수사기법의 정당성 그리고 부족한 예산이 유혹하는 데 쓰여야 하는가 등이다.

이러한 유혹 전술을 지지하는 사람은 통상, 세계는 분명히 범죄인과 범죄인 아닌 시민으로 나뉜다고 가정한다. 범죄인은 기회가 생기면 죄를 범하지만 범죄인 아닌 일반 시민의 도덕성은 유혹이 있어도 흔들리지 않는다고 가정한다. 많은 비판자가 이러한 가정에 대하여 상황적 요소인 위법성의 중요성을 이유로 의문을 제기한다. 탈선에 이르는 동기형성에 관하여 의견이 일치하지 않음을 보여주는 유명한 일화가 있다. 한 남자가 멋진 술집에서 한 여자를 만나서 "1만 달러를 줄 테니 나와 더불어 호텔 방까지 가겠소?" 하니까 여자가 동의한다. 그러자 남자가 다시 여자에게 10달러면 호텔 방에 올 것인지 묻는다. 여자는 격분하여 "어림없는 소리! 도대체 나를 뭘로 보는 거야?"라고 한다. 남자는 "이봐요, 우리는 호텔에 가는 건 합의했고, 이제 값을 흥정하고 있는 것 아닙니까?"라고 한다. 이 이야기에서 어느 편을 드느냐에 따라 탈선이 고유한 속성인지 조건부 속성인지 견해가 갈릴 것이다.

물론, 많은 것이 범죄의 유형에 달려 있다. 어떤 경우에는 범죄인과 비범죄인의 경계가 은밀한 유혹으로 아주 쉽게 흐려질 수 있다. 알 카포네(Al Capone)는 기자의 질문에 "이봐요! 따지고 보면 아무도 완전히 정직하지 않아요."라는 말로 이러한 통찰력을 (비록 지나친 표현이지만) 예리하게 포착했다. 또는 ABSCAM 수사의 핵심 인물인 와인버그(Mel Weinberg)의 영원히 남을 말로 달리 표현하면, "커다란 꿀단지를 내다 놔봐요. 모든 파리떼가 몰려들 거요."

모든 사람이 가격이 있다거나 유혹에 넘어갈 수 있다는 말은 분명 사실이 아니다. 또한 파리를 유인하기 위해 꿀단지를 열어 놓았다거나 파리를 잡기 위해 *끈끈이*를 설치한 것과 같다는 식의 표현도 지나치다. 그러나 범죄인이 아닐 것으로 생각되는 자의 은밀한 범행이 위장수사 방법으로 밝혀질 수 있는 범죄유형이 있는 것도 분명하다. 성매매, 미성년 음주, 마리화나 복용, 사소한 교통법규 위반, 정기근무평정의 부정 등이 그러하다. 예컨대, 건축물 준공검사관이나 물품 구매담당자는 어차피 건축 허가증을 발행하거나 물품을 구입해야 할 경우에도 그 발행이나 구입의 대가로 뇌물을 받을 수 있다. 즉, 다 아는 바와 같이 상인이나 제조업자는 물건을 싸게 구매하기 때문에 텔레비전이나 전축 같은 소비재를 크게 할인하여 판매해도 별다른 문제가 없다. 특정한 위장수사로 체포할 수 있는 숫자는 놀라울 정도로 많다. 국가가 은밀하게 범죄의 기회를 제공하는 일은, 위법성이 야기되기 쉬운 상황에서는, 범죄와 범인의 유형에 대한 명확한 우선순위에 따라야 한다. 경찰은 공정성을 유지하는 한편 부족한 예산을 효율적으로 사용해야 하므로, 사건처리의 용이성보다 사안의 중대성이 경찰을 통제하는 주요 기준이 되어야 한다.

앞서 행해진 중대한 범법행위나 범죄혐의의 패턴이 문서로 잘 정리된 경우에는 비밀 테스트 방법이 적절하게 이용될 수 있다. 또한 사전에 비밀 테스트 방법이 이용될 수 있다고 예고한 후에 특별한 신뢰나 유혹을 받기 쉬운 직위에 있는 사람을 테스트하는 것도 적절할 수 있다. 그러나 일단 예산이 확보되고 수사기법이 발전하면 그러한 방법은 남용될 수 있다. 하느님이 욥(Job)에게 한 시험은 적절한 것일 수 있다. 그러나 사람에게 타인을 테스트하는 것이 적절하기 위해서는 신중하고 구체적인 여러 조건이 필요하다. 어떤 용의자가 실제 범법행위를 하고 있는지 알아내기 위한 수사와 어떤 개인이 범법행위를 하도록 유혹될 수 있는지를 알아내기 위한 수사 사이에는 커다란 차이가 있다. 경찰이 새로 이용하는 일부 위장수사 작업은 이 점을 간과하고 있다. 여기서는 하느님이 욥을 시험할 때의 질문인 "과연 그는 부정한가?"가 "과연 그는 부정할 수 있는가?"의 질문으로 바뀌게 되는 것이다. 바로 이 점이 경찰의 재량 문제와 관련된다. 한정된 예산에 비추어 볼 때, 경찰 당국은 유혹하지 않아도 드러나는 통상의 범죄에 수사의 초점을 맞추지 않고 경찰이 만드는 기회로 야기되거나 비밀전술로 밝혀낼 수 있는 범죄에 얼마나 관심을 기울여야 할까? 셔먼 사건(Sherman v. U.S.) 판결에서 프랑크푸르터(Frankfurter) 판사가 밝힌 바와 같이, "인간의 본성은 매우 약한 것이어서 경찰의 범죄 조장행위가 없어도 아주 쉽게 유혹에 넘어갈 수 있다."[14]

유혹이 제공되지 않더라도 대부분의 복잡한 행위에는, 사업가나 의회 의원 또는 연구가의 행위든 아니든, 위장수사에 의해 위법행위로 밝혀질 수 있는 법률적 회색지대가 있기 마련이다. 관료 체제에서 많이 볼 수 있는 "장부조작"은 위법하거나 적어도 내부 방침에 어긋난다. 그러나 그러한 것이 없으면 조직의 기능은 상당히 위축될 것이다.

조직에서 앞서가는 사람은 법규를 위반하거나 우회, 왜곡하거나 까다로운 관료적 행정 절차를 회피하는 식으로 일을 처리하는 경우가 많다. 법규는 보통 추상적이어서 서로 모순적이거나 여러 가지로 해석될 여지가 있다. 관료들 사이에 너무도 잘 알려진 바와 같이,

---

14) Sherman v. U.S., 356 U.S. 369, 372(1974).

조직체 내에는 감독자가 누군가를 비난할 때만 이용되고 다른 때는 그냥 지나쳐 버리는 법규가 많다. 그러한 경우에 인사 기록에 있는 도덕성이나 복종의무 위반 같은 위규 내용을 액면 그대로 받아들일 수 없다. 이처럼 은밀한 정보수집 방법을 이용하는 것은 비록 거기에 어떤 유혹이 없어도 그 자체로 문제가 될 수 있다.

2 | 정치적 대상 선정과 결과의 남용

동기 부여의 변덕스러움과 복잡성을 차치하더라도, 수사 대상이 어떻게 선정되고 수사 결과가 어떻게 사용되는지에 대한 의문이 제기될 수 있다. 위장수사는 피해자의 고소로 시작되는 전통적 수사와는 아주 대조적이다. 전통적 수사에는 수사의 개시 측면에서 볼 때, (경찰이 주도권을 갖는) 위장수사에 없는 특별한 제약이 있다. 수사가 공개적이고(수사가 진행되고 있다는 사실과 수사에 동원되는 수단에 비추어), 고소인이라는 이해관계인이 존재하기 때문에 경찰은 마음대로 재량권을 행사할 수 없다. 그러나 위장수사에서 수사관은 체포, 폭로, 위협 또는 정보 유출을 통한 명예 훼손 등의 방법을 통해 사람들을 강력하게 통제할 수 있다. 따라서 위장수사는 공개수사에 비해 정치적으로나 사적으로 남용 가능성이 훨씬 크다고 할 수 있다.

지난 10여 년을 살펴보면 정치적 신념만으로 체포할 수 없는 과격한 행동주의자를 위장수사를 통해 마약 등 다른 사유로 체포한 사례가 많다. 로스앤젤레스에서 경찰조직의 개혁에 깊이 관여하여 경찰과 사이가 좋지 않았던 시장의 수석비서관이 품위손상을 이유로 체포되는 의심스런 사례가 있었다. 그는 그 일로 자리에서 물러났다.

은밀한 유혹을 거절한 사람도 피해를 볼 수 있다. 경찰이 벌이는 위장수사 작업에 일단 피의자로 관련되면 그의 명예에 검은 구름이 밀려온다. 비밀리에 녹화되거나 녹음되어 일반에 공개되면 무비판적인 사람들은 그가 죄를 지었다는 인상을 받게 된다. 위장수사 전술은 확고한 주관이 없는 사람에게 인격 살해의 도구를 제공할 수도 있다.

정식으로 기소할 의도 없이 수사가 진행될 수도 있다. 충분한 증거가 없거나 대상자가 제의를 거절하거나 경찰의 부적절한 공무수행 등으로 말미암아 소추할 수 없는 사건에서도 수사 대상자는 수사 사실이 보도되면 타격을 받을 수 있다. 아무런 제약 없이 국민의 도덕성을 자의적으로 조사하는 것은 결과에 관계 없이 인신공격의 도구가 된다. 그러한 문제는 여론에 민감한 정치인에게 특히 심각하다. 경찰은 일부 형법의 광범위한 규정(예컨대, 공모)으로 인하여 가이드라인이 없으면 누구를 수사할지 폭넓은 재량을 갖는다. 이처럼 관행적인 재량으로 인하여 수사의 배후에 있는 정치적 의도가 은폐될 수도 있다.

예컨대, 전자적 감시나 비밀기록의 접근 같은 사생활 침범적 수사전술처럼 위장수사에서도 협박이나 강박이 이용될 수 있다. 수사요원이 어떤 범법자에 관하여 정보를 수집했더라도 그가 적법한 방법(다른 정보의 제공이나 범인의 신고 등)이나 위법한 방법(뇌물 공여 등)으로 그 수사요원에게 협조를 계속하면, 앞서 수집된 정보는 그 범법자의 재판자료로 이용되지 않고 그냥 자료철에 보존되기도 한다.15) 이러한 형태의 강압적 방법이 어느 정도로 행해지고 있는지 파악하기는 매우 어렵다. 위장수사 경찰과 협박받는 자 모두에게 침묵을 지키는 데에 공동의 이익이 있기 때문이다.

일부 주에서는 공무원에게 불법행위를 신고할 의무를 부과하고 있는데 그 경우 공무원은 두 가지 시험에 봉착한다. 뉴욕시 건설국 직원 하나는 건축계획서를 건네주면 돈을 주겠다며 위장수사요원이 접근했으나 뇌물을 거절했다. 그러나 그 직원은 뇌물이 제공되려 했다는 사실을 신고하지 않았다는 이유로 정직처분을 당했다.16) 비록 적법한 징계라 하더라도, 이런 조치는 전통적인 도덕성 테스트를 새로이 극한까지 몰고 가는 것이다. 부정에 대한 혐의가 있어서가 아니라 단지 뇌물은 반드시 신고해야 한다는 규정을 준수하는지를 테스트하기 위해 누구나 위장수사 활동의 일환인 기회 부여 계획의 대상이 될 수 있다면, 이러한 경찰 활동은 분명히 남용될 수 있다. 즉 이러한 기법은 골치 아픈 존재라고 생각되는 직원을 제거하기 위한 도구로 이용될 수도 있는 것이다.

---

15) 중요한 인물의 파일을 가진 J. Edgar Hoover는 이러한 기술을 잘 이용하는 대가였다. 워터게이트는 공표를 위한 취재보다는 공갈, 정치적 영향력 행사에 대한 자료를 수집하기 위한 노력으로 이해되고 있다. 한 충격적인 예에서 Southern Bell Company 중역들이 지방공무원에게 요금인상에 동의하도록 압박하기 위해 도청자료를 이용했다 (George O'Toole, The Private Sector: Rent-a-Cops, Private Spies and the Police-Industrial Complex [New York: W.W. Norton, 1978], p. 70). William Parker는 내무국의 핵심 "헤드헌터"로 그리고 나중에는 경찰국장으로서 LA 경찰국과 그 주변 정치상황을 통제하기 위해 그러한 전술을 사용했다고 한다. 비밀의 신비는 뭔가 감출 것이 있는 사람들 사이에 두려움을 전파하는 강력한 통제 요인이 될 수 있다. Parker는 아마도 자기에게 이익이 되는 방향으로 그 일을 한 것 같다. Joseph Woods("The Progressives and the Police: Urban Reform and the Professionalization of the Los Angeles Ploice" [Ph.D. diss, University of California at Los Angeles, 1973], p. 420)는 "신문보도는 Parker가 몇몇 공적 인물에 관하여 무서운 사실을 알고 있고 그의 비밀 목록은 그와 법무부가 정치적 간섭을 받지 않도록 했다는 것을 암시했다."고 한다. 경찰 같은 관료조직이 어떤 사람에게 언제든지 사용할 수 있는 부정적 정보를 보유하고 있는 것은 주된 (그리고 연구되지 않은) 형태의 내부통제 방식이다. 한 경찰관은 "그것은 마치 심판이 두 개의 규율집을 갖고 어느 것을 적용할지 가르쳐주지 않는 경기와 같다."라고 한다. (Sonny Grosso and Philip Rosenberg, Point Black [New York: Avon, 1979], p. 189).

16) *New York Times*, May 17, 1979.

3 │ 경찰에 미치는 영향

위장수사는 참여하는 경찰에게 큰 위험이며 유혹이다. 정보원의 경우와 마찬가지로, 상황의 비밀성, 불법한 행위의 묵인 그리고 통상적인 고소인의 부존재는 경찰을 부패와 남용으로 유도할 수 있다. 비밀작전은 수사요원에게 사건을 쉽게 만들거나, 기소하기 어려운 피의자에 대해 보복하거나, 피해를 주거나, 영향력을 행사하는 방법을 제공할 수 있다. 함정수사, 협박, 폭로 등의 문제는 대상에 대한 부분에서 살펴보았다. 여기서는, 경찰에 미치는 직접적 영향에 초점을 맞추기로 한다.

경찰 업무의 특성인 고립, 비밀 유지, 재량권, 불확실성, 유혹 그리고 의심의 필요성은 (1) 경찰과 지역 사회 간의 나쁜 관계, (2) 공식적인 부서 정책과 충돌하는 경찰 하위문화의 존재, (3) 경찰 스트레스 증상 등을 설명하는 데 자주 사용된다. 이러한 특성은 위장업무의 경우 더욱 두드러지며, 위장업무는 다양한 문제를 일으킬 수 있는 다른 요소들도 포함하고 있다. 발각에 따른 신체적 위험 외에도, 장기간 위장 역할을 수행하는 경찰에게는 심각한 사회적 및 심리적 결과가 뒤따를 수 있다.

위장수사 상황은 일상적인 순찰이나 수사업무보다 훨씬 더 유동적이고 예측하기 어려운 경향이 있다. 위장수사요원에게 많은 재량이 부여되고 그에 따라 규칙이나 절차의 명확성이 떨어진다. 위장수사 작전을 수행하는 데 소요되는 비용은 종종 상당하며, 따라서 실수나 실패로 인한 재정적 손실은 일반적인 수사보다 훨씬 더 크다. 수사의 비밀 유지 필요성으로부터 협력 문제가 악화되고 실수의 위험성이 커질 우려가 증폭된다. 위장경찰이 서로에게 법을 집행하거나 자신에게 법이 집행되게 하기도 한다. 이러한 일은 때로 비극적 결과를 초래한다.

위장수사요원은 일반 경찰에게 제약이 될 수 있는 제복, 배지, 눈에 띄는 감독자, 고정된 근무 장소, 라디오 무선전신 호출기, 틀에 박힌 업무 등에서 벗어난다. 자신이 경찰임을 일깨우는 중요한 상징들에서 멀어지는 것이다.

위장수사요원의 활동은 일반적인 경찰 업무와 달리, 주로 범죄자들과만 연관되며, 요원은 항상 속임수를 수행한다. 따라서 수사요원의 업무 생활에서 범죄 환경과 역할 모델이 지배적 위치를 차지하고 범죄인으로 행세할 것을 요구받는다. 범죄인들과 뒤섞여 어울릴 수 있고 그들에게 동료로 인정받을 수 있는 능력이 성패의 핵심이다. 이것은 또한 요원이 자신에게 업무를 잘 수행하고 있다는 신호로 받아들여진다. 개인적 친밀관계가 형성됨에 따라 요원은 죄책감을 느낄 수 있고 그가 연출하는 기만적 역할 속의 본질적 배신감으로 인해 양가감정(ambivalence)을 가질 수 있다.[17] 또한 업무에는 강한 긴장이 필요하다. 요원은 항상 "근무 중" 상태에 있어야 한다. 한편 일부 요원은 업무 자체가 거의 만성이 되어 그의 역할에 따르는 일종의 권력감과 불법행위에 접할 수 있는 보장 상황을 즐기는 상태에 빠지기도 한다.

비밀요원이 다른 접촉으로부터 고립되고 이질적인 범죄단체의 구성원으로부터 동료로 인정받아야 하는 점은 예기치 않은 결과를 초래할 수 있다. "범죄자 행세하기"는 경찰의 역할에 대한 냉소와 양면성을 증가시키고, 기관을 위해서든 부패한 목적을 위해서든, 불법적이고 비도덕적인 수단의 이용을 쉽게 합리화할 수 있다. 보니것(Vonnegut)은 그의 소설 『마더나이트(Mother-Night)』[18]에서 "우리는 우리가 가장하는 바로 그 존재가 되므로, 무엇으로 가장할지 조심해야 한다."라고 경고한다. 경찰은 자신들이 통제하려던 바로 그 악행의 소비자나 공급자가 될 수 있다.

이에 해당하는 좋은 사례로는 오토바이 폭주족과 어울리며 1년 반 동안 "은밀한 위장 작전"에 참여한 캘리포니아 경찰관을 들 수 있다. 그는 일찍이 손 볼 수 없던 거물급 마약 밀매자 등 많은 사람을 체포하는 데 결정적 역할을 했고, 그 "눈부신 공로"로 표창까지 받았다. 그러나 그 과정에서 그는 마약과 술에 중독되어 걸핏하면 큰소리치고 싸우다가 결국 가정이 파탄났다. 작전이 끝났을 때, 그는 본래의 경찰 임무에 부적합 판정을 받아 사직했고, 마침내 은행강도를 하다 체포되어 징역을 살았다.[19]

또 다른 예는 시카고 경찰관에 관한 것인데 그는 포주로 가장하여 성매매 조직에 침투하는 위장수사 작전에 참여했다. 그는 그 작전이 끝난 후에도 포주 활동을 계속하다 결국 경찰에서 해고됐다.[20] 보스턴 지역 마약반의 엘리트 요원도 마약중독자가 되어 퇴역 후에 장애연금으로 살고 있다.[21]

---

17) * 역자 주: 양가감정(兩價感情)이란 복잡한 감정상태를 설명하는 용어로 심리학에서 흔히 쓰인다. 예를 들어, 어떤 사람을 사랑하면서도 동시에 미워하는 것처럼, 특정 대상이나 상황에 대해 상반된 감정이나 태도를 동시에 느끼는 상태를 의미한다.

18) * 역자 주: 이 소설은 제2차 세계 대전을 배경으로, 전쟁 중 나치 독일의 선전 방송 진행자로 활동한 미국인 하워드 W. 캠벨 주니어의 이야기를 그리고 있다. 캠벨은 그가 미국의 스파이 활동을 하기 위해 나치의 방송 진행자로 연기했을 뿐인지, 아니면 진정으로 그 역할이 그의 일부가 되었는지에 대해 갈등한다. 그는 자신이 미국을 위해 봉사했다고 주장하며 자신의 행동과 진정한 자아 사이에 선을 긋고 싶어 한다. 하지만 그가 저지른 행동의 본질은 진실과 거짓 사이에 얽혀 있고, 자신의 의도가 선하더라도 그 행동의 결과에 책임을 져야 한다는 점이 강조된다. 이 소설은 자아와 정체성, 도덕적 책임에 대해 질문을 던지며, 우리가 누구인지와 우리의 행동이 어떻게 우리의 본질을 형성하는지를 탐구한다. 또한 진실과 거짓 그리고 그 사이에서 인간이 어떻게 자신을 합리화하는지 분석한다. 우리가 선택하는 행동이 결국 우리의 정체성을 형성한다는 메시지를 전하고 있다.

19) Lawrence Linderman, "Underground Angels," *Playboy*, July 1981, pp. 134-36, 142, 220-235, 244.

20) Chicago Daily News, Sept. 24, 1975.

경찰의 부패는 (특히 도박이나 마약의 경우) 경제적 대가가 매우 크면서도 발각될 위험성은 적을 수 있다. 아이러니하게도, 경찰의 효율성과 부패 가능성은 함께 가는 경우가 많다.[22] 경찰의 감독관이나 범법자 모두 위장수사하는 경찰이 실제로 무엇을 선택할지 탐지하기 어려울 수도 있다. 비밀 활동의 문제점에 대한 인식은 J. 에드가 후버가 선서한 요원들이 그러한 역할을 맡는 것에 반대했던 이유를 설명하는 데 도움이 된다. FBI의 뛰어난 청렴성에 대한 명성은 부분적으로 후버가 요원들이 비밀 활동에 자주 연루되는 경찰 기관에서 직면하는 유혹에 맞닥뜨리지 않도록 했던 그의 고집 덕분이다.

윤리적 법적 문제가 야기되지 않더라도 예산 낭비와 비극적 결말을 맞을 수 있다. 수사 활동의 비밀성, 여러 법집행기관의 중복, 활동의 속성 등으로 말미암아 경찰은 서로에게 법을 집행하는 경우도 있다. 화이티드(Whited)가 기술한 사례에서 보는 바와 같이 그야말로 희극으로 끝나는 사례도 종종 있다.[23] 이 사건에서 여자처럼 생긴 남자 A가 화장을 짙게 하고 동성애자 전용 술집에서 만난 남자 B와 산책을 한다. 유혹적인 대화를 주고받다 위장수사 중인 경찰관 A가 B를 체포하려 한다. A는 결국 그의 동반자 역시 비밀경찰로서 그를 체포하려 한 것을 알게 된다. 그러나 다른 경우에는 결과가 훨씬 심각하여 위장수사 중인 경찰이 다른 경찰의 총에 맞거나 살해되는 경우까지 있다. 최근 뉴욕의 한 지역에서만 비밀역할을 수행하거나 사복근무 중이던 흑인 경찰관 8명이 그들을 범법자로 오인한 다른 경찰관의 총격을 받았다(5명은 치명상을 입었다).[24]

4 | 정보원[25]

정보원이 시스템을 악용하는 것도 주된 문제 중 하나이다. 정보원이 야기하는 이러한 문제는 자주 발생하고 그 내용도 심각하여 정보원의 위장수사 시스템에서 가장 취약한 고

21) Boston Globe, Oct. 26, 1979.
22) See, e.g., Peter K. Manning and Laurence Redlinger, "Invitational Edges of Corruption: Some Consequences of Narcotics Law Enforcement," in *Politics and Drugs*, Paul Rock, ed. (New York: E. P. Dutton/Society Books, 1977), pp. 279-310; Robert Daley, *Prince of the City* (Boston: Little, Brown, 1978).
23) Whited, *Chiodo* (Chicago: Playboy Press, 1974).
24) New York Times, July 30, 1978.
25) * 역자 주: 마르크스 교수는 정보제공자(informer)라는 용어를 대체로 경찰에 고용된 정보원(informant)이란 제한적 의미로 쓰고 있는 것 같다.

리가 된다. 그러나 대부분의 비밀작전은 정보, 기술 조언, '고객', 연락처, 요원 자신의 나쁜 평판을 믿게 하는 소개[26] 등을 위해서 범죄적 환경에서 어느 정도 정보원에게 의존하지 않을 수 없다. 이를 위해 비싼 대가를 치를 수도 있다. 정보원은 특별한 위험에 직면하기도 하고 이득을 취할 특별한 기회를 맞기도 한다.

최근 일부 사건에서는 권한이 수사 당국에 크게 위임되었다. 정보원이 '잠재적 대상자에게 범죄 기질이 있다.'라고 주장하면, 그 정보원에게는 지목한 대상자를 추적할 수 있는 라이선스가 부여될 수 있다. 그러한 주장의 진위는 파악하기 어려울 때가 많다. 정보원을 통제하는 요원은 통상적으로 기만이나 은폐 등과 직업적으로 관련 있는 사람들에게 의존한다. 정보원이 거짓말할 요인이 있으면, 실제 사건에서 종종 그러하듯이, 문제가 더 심각하게 된다. 정보원은 기소의 회피, 마약이나 금품 제공의 약속, 경쟁자나 적을 처벌하려는 욕망 등으로 다른 사람의 범법행위를 탐색할 강한 요인이 있을 수 있다. 이는 바로 정보원이 대상 인물의 비리를 허위로 주장할 수 있고 법이나 내규상 제한을 무시할 수도 있음을 의미한다. 자기의 이익 때문이든 더 깊은 심리적 동기 때문이든, 일부 정보원은 변화를 겪으며 열성적인 슈퍼 경찰이 되어, 금지된 방법을 이용해 범죄자를 만들어 내거나 찾아내게 된다.

ABSCAM 수사에서 사기 전과자('풀먼' 판사에 의해 "원형적이고 비도덕적인 떼돈 벌이의 마술사"라고 묘사된 자)는 2년간 지속된 수사에 협조한 대가로 징역 3년형을 면제받고 현금 133,150달러를 받았다. 법무부의 내부 메모에 따르면 그는 "ABSCAM 수사의 기소 여부에 따라 최종적으로 일시금이 지급된다."라고 명시되어 있다. 젠레트 하원의원에 대한 재판에 증인으로 출석한 정보원은 위장수사 활동의 대가로 20만 달러 이상 받을 것으로 기대했음을 인정했다. 그는 또한 그의 공적에 관한 책을 출간하기로 하고 15,000달러를 선불로 받았다.[27] "사기꾼의 책"이 큰돈을 벌 수 있는 (영화나 순회강연으로 버는 것은 말할 것도

---

26) * 역자 주: 위장한 경찰 요원이 범죄 세계에 처음 접근할 때는 그가 '부패한 경찰'이라거나 '전과자'라는 등 나쁜 평판이 있어야 범죄인들이 더불어 범행할 만하다고 생각하고 그를 받아들인다. 이 경우 중간에서 다리를 놓고 그렇게 소개해 줄 사람이 필요하다.

27) Fullam, "Memorandum and Order"; Irving Nathan, "ABSCAM − Production of Supplemental Information to Defense Counsel" (memorandum: Washington, D.C.: Justice Department, Jan. 6, 1981); Stephen Kaufman and Daniel Rezneck, "Post−Hearing Memorandum in Support of Defendant Frank Thompson, Jr.'s Motion to Dismiss the Indictment on Due Process Grounds," March 1980, *U.S. v. Frank Thompson Jr. et al.*, no. CR−80−00291 (Pratt, J.): *Boston Globe*, July 18, 1980. 이중 요원의 고전적 형태에서 와인버그가 받은 보상의 일부는 그가 의도된 기만의 목적을 넘어 정부를 기만한 데서 유래한 것 같다. 그는 20억 달러 상당의 도난당한 예금증서를 되찾는 데 도움을 준 대가로 15,000달러를 받았다. 그러나 그 증서는 위조되었고 실제 도난당하지 않았으며 오히려 와인버그의 지시로 제작되었음을 암시하는 증거가 있다. 그러고서 그는 보상금을 받기 위해 그 증

없고) 시대가 되어 정보원이 범죄를 극적으로 탐지할 인센티브가 더욱 많아졌다.

브로커나 중간자(middlemen)[28]가 작전에 개입되면 진실과 준법에 이르는 다리는 더 취약해진다. 중간자는 그들이 경찰 작전에 가담하고 있다는 사실을 모를 수도 있다. 예를 들면, 장물 위장거래 작전에서 '새로 생긴 가게에서 장물 값을 잘 쳐 준다.'라는 소문을 내기 위해 거리의 부랑자를 고용한다. 그 정보원은 내막을 모른 채 체결하는 계약마다 수수료를 받는다. 그는 장물을 파는 사람으로부터도 수수료를 받을 수 있다. 여러 ABSCAM 수사에서 가장 문제의 소지가 많았던 것 중 하나가 바로 중간자의 역할이다.

예를 들어, 그러한 중간 브로커 중 하나인 실베스트리(Joseph Silvestri)는 아랍 족장이 부동산에 6천만 달러를 투자하게 도와주면 중개 수수료로 6백만 달러를 받을 수 있다고 믿도록 분명히 유도되었다. 그 돈을 받는 조건은 모든 일이 잘 진척되게 정치인들의 협조를 얻는 것이었다. 그가 공직자로부터 "협조"를 얻기 위해 매우 넓게 그물을 던진 것은 그리 놀랄 일이 아니다.[29] 이러한 우회적 경로를 따를 때 대상자의 과거 전력이나 성향에 관한 중간자의 말은 신빙성이 더욱 의심스럽게 된다. 아마도 이 점이 ABSCAM 수사에서 매우 유혹적인 조건으로 접근한 대상자 중에서 겨우 절반 정도만 걸려든 이유를 설명하는 데 도움이 될 것이다.

정보원 그리고 좀 더 넓은 범위의 중간자는 선서한 공무원보다 정식으로 부담하는 책임이 작으며 법이나 내규의 제약을 덜 받는다. 한 노련한 위장수사요원은 다음과 같이 토로하였다. "내막을 모르는 정보원이 더 좋다. 왜냐하면 그들은 우리가 할 수 없는 것, 즉 합법적으로 함정에 빠뜨리는 일을 할 수 있기 때문이다." 이런 경우 경찰은 정보원에게 불법적으로 행동하라며 연루될 필요가 없다. 그러나 그러한 구조적 상황은 정보원이 관찰 대상에서 면제되고 기만 수법이 교묘하며 정보원에게 강한 유인이 있는 등 이유로 인하여 감독하기가 매우 어렵다. 정보원을 감시하는 주요 수단은 비디오나 녹음기다. 그러나 핵심적이면서 잘 알려지지 않은 문제점은 녹음되지 않은 곳에서 무슨 일이 있었는가 하는 것이다. 테이프에 수록된 사실은 어느 정도 꾸며진 것일까? 정보원이나 중간자는 함정이나

서를 "되찾은" 것이다. (Jack Anderson, United Features Syndicate, May 28, 1981).

28) * 역자 주: 중간자(middleman)란 범죄행위의 직접적 실행자나 최종 수혜자가 아닌, 거래나 소통 과정에서 중간 역할을 하는 사람들을 가리킨다. 예를 들어, 금제품을 거래하는 과정에서 구매자와 판매자를 연결해 주거나, 범죄조직 간의 소통을 돕는 역할을 하는 사람이 이에 해당한다. 중간자는 범죄의 직접적 행위자가 아니지만, 범죄 활동을 가능하게 만드는 중요한 역할을 한다. middleman은 통상 intermediary와 혼용되지만. 후자의 범죄개입 정도가 약하다며 구별하는 학자도 있다.

29) Nick Kotz, "ABSCAM's Loose Cannons," New Republic, Mar. 29, 1980, pp. 21-25, citing the account of *Newsday* correspondent Anthony Marro.

증거 조작에 관여하기 좋은 위치에 있다. 더구나 정보원은 상황에 따라 법집행 요원의 역할을 벗어나 스스로 위법행위를 할 수도 있다.

정보원과 그를 감독하는 자의 관계에서는 후자가 전자를 강박하는 경우가 흔한 것 같다. 감옥에 보내겠다거나 정보원으로 활동한 사실을 공표하겠다고 위협하는 등 일종의 제도화된 협박을 가하면서 수사에 협조하는 동안은 기소를 유보하는 것이다. 그러나 잘 알려지지 않았지만, 반대 상황이 전개될 수도 있다. 자신의 범죄행위를 숨길 수 없을 때는, 노련한 정보원이나 유리한 위치에 있는 정보원이 오히려 감독자를 조종하거나 압박할 수도 있다. 이러한 두 가지 경우 모두 마땅한 대응책이 없다.

그러한 관계는 다른 방식으로 이용될 수도 있다. 정보원은 법에 따라 선서한 위장수사요원을 비밀리에 "버릴" 수도 있다. 경찰에 관한 정보가 오히려 범법자들 사이에서 거래될 수도 있다. 또 정보원은 같은 정보를 여러 기관에 팔아먹기도 하는데, 그럴 경우 다른 기관과 계약한 사실을 숨긴다. 이 경우 상대방의 정체를 모르는 여러 기관의 위장수사요원들이 서로 충돌할 수도 있다.

정보원으로부터 협력을 얻는 대가로 그들의 법 위반을 묵인해야 할 경우도 있다. 그러나 그 상황이 "통상적인 묵인"의 선을 넘어 정보원의 범죄에 악용될 수도 있다. 중요한 사건에서 경찰은 자기 방식대로 활동하는 사기극의 대가들과 거래하는 것이 필요할 수 있다. 그러할 경우 그들은 경찰과 대등한 위치에 서게 된다.

건설업계의 조직 범죄를 수사하는 비밀작전인 "프론트 로드 작전"에서 위장 역할을 맡은 보험 전문가는 약 30만 달러의 수수료를 받았고, 가치 없는 보험 "이행 보증서"를 발행한 것으로 보인다. 위장을 위해 그는 뉴햄프셔 보험그룹의 대리인으로 인증되어 보증서를 발행할 권한을 부여받았다. 그러나 이 작전은 아무도 기소하지 못한 채 끝났다. 고비용이 소요된 이 사건의 문제점은 정부를 상대로 소송이 제기되어 비로소 알려지게 되었다.[30] 소송이 제기되지 않아 우리가 알지 못하는 사건은 얼마나 될까?

---

30) New York Times, May 18, 1979. 비밀작전의 숨은 비용에는 교환되는 재화와 돈이 포함될 수 있다. 시애틀의 한 사건에서 판사는 비밀요원으로부터 컬러 TV와 스테레오를 구입한 술집 고객에게 그것들을 되돌려줄 필요가 없다고 판결했다. 그것은 실제로 도난된 것이 아니며 경찰이 보조금을 통해 구입한 것이었다. 정부가 9건의 ABSCAM 수사에 지출한 특수활동비 50만 달러의 사용 내역도 명확하지 않다. 1981년 말까지 회수된 돈은 5만 달러이다(New York Times, Sept. 18, 1981). 유사한 맥락에서, FBI 공작원이 "꾸며진 범죄"의 일환으로 코네티컷 브리지포트의 경찰 총경에게 뇌물로 준 5,000달러가 어떻게 처리되어야 하는지에 대해 논란이 있었다. 그 총경은 그 돈을 소지하고 있던 전과자를 체포하고 FBI의 도청장치를 압수했다. 얼마 후 FBI 요원이 나타나서 그 공작원을 석방하고 장비와 돈을 반환하라고 요구했으나 거절당했다. FBI는 계속해서 그 돈의 반환을 요구했으나, 브리지포트 시장은 그 돈을 불우 아동에게 크리스마스 선물로 줄 장난감을 사는 데 쓰라고 명령했다(New York Times, Aug. 21, 1981).

ABSCAM 수사에서 한 정보원은 자기의 역할과 웨스트코스트의 사업가들을 기만하기 위해 만들어진 위장 조직인 압둘 회사(Abdul Enterprises, Ltd.)를 이용했다. 그 사업가들이 정보원에게 속은 것을 알고 FBI에 고소했으나 그 정보원은 1년 반 동안 활동을 계속했다. FBI는 ABSCAM 수사가 공표될 때까지 그 정보원의 범죄를 은폐하고 아무런 조치도 취하지 않은 것이다.[31]

위장수사 업무에서 제공되는 면책의 형태를 보자. 이 사건에서 면책은 오로지 진행 중인 수사의 비밀을 보장하기 위한 수단으로 단지 잠정적인 것이었다. 수사가 끝난 후, 정보원은 기소되었다. 그러나 그것으로 피해자들에게 가해진 피해와 보상이 충분하지 않다는 점을 미루어 짐작할 수 있다. 정부는 기회를 제공하는 데 도움을 주고, 다음에는 다른 사람들에 대한 경고에 필요한 일에 참여하지 않음으로써 피해자들의 피해를 간접적으로 유발했다. 더욱 문제가 되는 것은 정보원이 경찰을 협박하여 영구히 면책되게 할 수 있는 사건이다. 이러한 것은 재판절차와 언론을 통해 경찰요원이나, 비밀정보원, 작전의 기술, 사업계획, 기밀정보 등 더러운 사기술과 위법성이 폭로될 때 발생한다.

관련 사례의 하나로 '연방 증인보호 프로그램'에 따라 새로운 신분이 부여되고 활동 장소에 재배치되는 사람이 범죄를 저지르기도 한다. 이러한 사람도 소추될 수 있지만 소추 사실만으로 정부가 간접적으로 연루되어 초래되는 피해자의 피해를 줄이지는 못한다. 게다가 나중에 범한 범죄에 대한 소추가 확실하지도 않다. 이는 그 증인이 알고 있는 것 때문에 그를 계속 이용할 필요가 있거나 그 범행의 성격 때문이기도 하다. 예를 들면, 보호받는 증인이 가짜 신임장을 이용하여 (어린이의 양육비를 포함한) 악성 채무를 만들어도 법무부는 아마도 그들의 신분을 밝히려 하지 않을 것이다. 재배정된 증인은 다른 장소로 계속 옮겨질 것이다. 그레이엄(Graham)이 드는 사례에서는, 계속 발행하는 악성 채무로부터 증인을 보호하기 위해 오클라호마에서 미네소타로, 다시 노스캐롤라이나로 거처를 옮기며 증인에게 새로운 신분을 부여하고 있다.[32] 전과자에게 가짜 신분을 부여하고 그를 의심받지 않는 공동체에 이주하게 도움으로써 야기되는 윤리적·실제적 결과에 대해서는 그간 관심이 거의 없었다.

---

31) *New York Times*, June 4, 1980.

32) Fred Graham, *The Alias Program* (Boston: Little, Brown, 1977) See also the poignant case of Tom Leonhardt. 그의 전처와 그들의 두 자식 그리고 그녀의 새 남편인 형사사건의 증인은 증인보호 프로그램에 의해 거주지가 재배정되었다. 레온하트(Leonhardt)는 그의 자식들을 찾는데 8년간 힘든 세월을 보내야 했다. 이 이야기는 레슬린 월러(Leslin Waller)의 *Hide in Plain Sight* (New York: Dell, 1980)와 같은 이름의 영화에서 접할 수 있다.

　　위장수사에 관하여 가장 잘 알려지지 않은 측면 중 하나는 제3자에 대한 피해다. 수사의 비밀성과 파급효과의 부수성 때문에 제3자에 대한 피해는 대부분 일반 대중의 주목을 받지 못하고 있다. 피해자가 고소하거나 피해 보상을 청구할 수 없는 경우도 있다. 피해가 노출되지 않으면 문제는 더욱 늘어난다.

　　제3자의 피해 형태 중 첫 번째는 이미 살펴본 바와 같다. 정보원들이 맡은 역할에 대해 보호받으며 범죄를 저지른다. 그러나 그 범죄가 수사와 관계가 없다. 두 번째는 법집행을 위한 역할과 직접 관련되어 발생한다. 가장 분명한 사례는 경찰이 교사하거나 방조하여 발생한 범죄가 피해자와 관련되는 경우다. 그러한 일은 콜로라도 레이크우드 사건처럼 부수적으로 발생할 수도 있는데 그 사건에서 두 청년이 지방의 한 "장물거래 가게" – 실제는 경찰이 만들어 놓은 것이다. – 가 훔친 차를 사들인다는 사실을 알게 되었다. 그들은 몇 대의 차를 훔쳐 그 "가게"에 팔았다. 그들은 (위장수사 중인) 경찰에게 남의 집에서 훔친 45구경 권총을 보여주었다. 그 후 그들은 다시 차를 훔치는 과정에서 그 총으로 차주인을 쏴 죽이고 훔친 차를 경찰이 운영하는 그 "가게"에 팔았다. 그들은 이런 짓을 반복하다 체포되었다.[33]

　　한 통계에 의하면, 경찰이 운영하는 장물가게에 팔 목적으로 훔친 장물 중에서 피해자에게 되돌아가는 비율은 대략 절반 정도라고 한다.[34] 이는 사람들이 피해를 신고하지 않

---

33) *National Law Journal*, Oct. 20, 1980. 물론 그러한 비밀 활동은 그것이 없으면 발생할 수 있는 범죄를 방지하기 때문에 제3자가 희생되지 않도록 보호한다는 주장도 있을 수 있다. 그러나 이는 감치나 무력화를 통하는 경우에만 그러하다(예컨대, 사기 작전으로 체포된 자들이 교도소에 수감되어 있는 동안에 알 수 없는 비율의 일부 사람들은 희생되지 않을 수 있다). 이러한 주장에 대등하게 관심을 기울이기는 어렵다. 콜로라도에서의 사건과 같은 사건들이 실제로 수없이 존재하기 때문이다.

34) Department of Justice, *What Happened* (Washington, D.C.: U.S. Government Printing Office, 1979), p. 4. 높은 회수율은 허상일 뿐이라는 증거서류까지 제출되었다. 예를 들면, 비밀요원이 원소유자에게 되돌려질 물건만 구입하게 유도할 수 있다는 것이다. 경찰이 운영하는 장물가게의 피해자에 대한 효과를 충분히 이해하기 위해서는 다음과 같은 것을 알아야 한다. 즉 (1) 절도범은 자신이 훔친 물건 중 몇 퍼센트나 그 가게에서 구매해 줄 것인지 예상하며 훔치는가 (2) 그러한 장물 중 실제로 몇 퍼센트나 그 가게에서 구입되는가 (3) 장물로 팔린 것 중 몇 퍼센트가 회수되는가와 같은 것이다. 첫째 질문에는 가장 어려운 측정의 문제가 있다. 그러나 많은 사건에서 장물을 구매할 가게를 염두에 두고 훔치는 것은 확실해 보인다. 예컨대 지방경찰과 연방 관세청이 시행한 텍사스 엘파소 장물작전은 JRE 아파트 복합정비 및 수리점이라는 위장점포를 개설했다. 그 기만작전이 시행되던 그 해에 거의 200만 달러의 장물이 구입되었다. 이 작전에 주로 기여한 사람은 한 남자와 그의 여자 친구였는데 그들은 5개월여의 기간 동안 자동차 17대, 트레일러 5대가 딸린 4개의 트럭 운송장구 그리고 트레일러 2대 분의 장물을 팔

거나 다른 물건과 구별될 만한 특징이 없기 때문일 수도 있다. 잃어버린 물건을 돌려받더라도 그들이 피해자가 되는 과정에서 받은 고통에 대해서 "경찰의 개입"을 이유로 특별보상이 필요하다는 주장이 제기될 수도 있다.

보안상의 이유나 준법(컴플라이언스)을 위해, 위장 작전에 협력하라는 요청을 받은 시민이나 기업이 동의에 필요한 정보를 충분하게 듣지 못할 수도 있다. "프론트로드 작전"의 정보원도 분명히 이에 해당한다. FBI 요원들은 보험회사에 그를 채권 발행권을 가진 보험 대리인으로 인증해 달라고 요청하면서, 그가 전직 경찰관이자 "올곧은 사람"이라고 말하고, 이름도 가명을 사용했다. 보험회사는 그가 범죄경력이 있고 징역 9년과 벌금형을 면하기 위해 정보원이 되었다는 말을 듣지 못했다. 이 정보원의 비리로 1979년 5월 현재 보험보증회사인 New Hampshire Insurance Group을 상대로 5개 주에서 손해배상소송이 제기된 상태다. 회사 관계자는 건설회사에 가짜 이행보증서를 발급한 그의 행동으로 인하여 보험 중개인과 회사가 6천만 달러가 넘는 사업상 손실을 입었다고 한다. 시카고의 한 보험회사 사장은 "FBI가 한 짓은 수치스러운 것이다. … 그들은 우리를 망하게 했다."라고 했다. 그는 현재 4천만 달러짜리 소송을 하고 있다.[35]

인간이 상호 의존하는 연결망은 촘촘하며, 속이려는 목적으로 그중 한 부분을 가볍게 여기면 보이지 않는 반향으로 손상이 초래될 수 있다. 작은 가게들이 경찰이 운영하는 전당포와 경쟁하다 피해를 보지는 않을까? 위장하기 위해 운영하는 경찰의 가게가 다른 사업자의 경쟁자가 될 수 있다. 이 경우, 경찰 요원은 기술이 노련한 데다 이윤을 남길 필요도 없으므로 소규모 업체보다 경쟁력이 월등할 것이다.

제3자에 끼치는 피해는 경제적인 것에 그치지 않는다. 가장 사적이고 미묘한 인간의 감정과 인간관계가 경찰의 기만으로 침해될 수 있다. 연방 요원이 기상정보 제공 업체인 Weather Underground에 침투하기 위해 어떤 여자와 관계를 발전시켜 나갔다. 그러다 그 여자가 임신했다. 그 여자는 상당한 망설임과 요원의 설득 끝에 낙태를 결심했다. 그 요원은 업무상 다른 곳으로 가야 해서 그녀와 관계를 끊었다. 그때까지도 그 여자는 남자의 신

아님겠다. 이 커플로부터 구입한 품목의 회수가치 총액은 575,909달러이다. (Catherine Cotter and James Burrows, Property Crime Program: A Special Report: Overview of The Sting Program and Project Summaries [Washington D.C.: Justice Department, January 1981]. 동일인으로부터 장기간에 걸쳐 그런 장물을 다량으로 사들이는 것은 확실히 미심쩍은 정책 같다. 작전은 얼마나 오래 지속되어야 하는가, 소추에 필요한 충분한 증거를 획득한 후에도 그로부터 얼마나 더 구매해야 하는가, 대상 인물이 불법거래를 거절할 경우에 몇 번이나 더 그에게 접근해야 하는가 등에 관한 문제는 정책적으로 거의 아무런 관심을 받지 못했으며, 지방 단위의 경우에 특히 그러하다. 대다수 경찰국에는 비밀 활동에 관한 지침이 아예 없다.

35) *New York Times*, May 18, 1979.

분이나 진정한 동기를 알지 못한 것으로 보인다.[36] 그 여자가 낙태하지 않고 아이를 낳아 그 아이가 나중에 자신이 어떻게 태어났는지 알게 되거나, 그 여자가 아이를 낳다 죽거나 정신이상이 되었다면 요란한 여론이나 소송사태가 뒤따를 것임을 상상하기는 어렵지 않다.

무고한 제3자에게 끼치는 또 다른 피해는 실명이 담긴 녹음테이프가 공개되어 일반 대중에 나쁜 이미지가 전파되는 것이다. ABSCAM 수사의 대상이 될 수 있다고 알려진 상원의원 3인의 경우가 그러하다. 이러한 수사가 거짓말, 허풍, 과장의 기질이 있는 자에 자주 의존하면 다양한 피해를 야기하고 잘못된 수사로 이어질 수 있다. 무고한 사람이 정보원의 잘못된 거명으로 여론 재판을 받은 후, "엄중히 조사해 보니 수사를 계속할 만한 증거가 없어 사건을 종결한다."라는 통지를 받았다고 치자. 과연 그것이 얼마나 보상이 되겠는가?

흔한 일은 아니지만 또 하나 문제가 있다. 이는 위장수사 작전에 우연히 접근하여 선한 동기에서 행동하다 경찰의 오해를 받는 "선한 사마리아인"에 관한 것이다. 예를 들면 보스턴의 한 사건에서 두 대학생이 여자의 비명에 범죄를 직감하고 그 상황에 개입했다. 그 일로 그들은 체포되어 폭행과 범인도피 방조 혐의로 기소되었다. "범죄"처럼 보였던 그 상황은 기만수사팀이 여자의 남자친구를 체포하려는 것이었다. 뉴욕에서 어느 목사와 의대생은, 그들의 주장에 따르면, 지갑을 드러내고 "술에 취한 척 쓰러져 있는 미끼"를 도와주려다 체포되었다.[37] 목사는 혐의를 벗었으나 굴욕감을 느꼈고 마음에 충격을 받았다고 했다. 그는 의식불명인 듯한 미끼를 도와주려다 13시간이나 구금되었다.[38]

이러한 일이 흔하지는 않겠지만 체계적 조사가 없는 점을 감안하면 극히 드물다고 할 수도 없을 것이다. 체포 실적을 올리거나 미끼를 보호하기 위해, 어떤 사람이 누워있는 미끼에 몸을 기울이거나 손을 대려 하면 경찰은 곧바로 행동에 돌입한다. 이는 범죄 의도가 전혀 없는 사람도 체포될 수 있음을 의미한다.

제3자의 간접적 피해는 위장수사가 보편화되고 경찰의 위장이 증가할수록 커진다. 경찰의 위장활동이 더욱 빈번해짐에 따라 제3자에 대한 간접적 피해가 발생할 수 있으며, 이는 경찰 사칭범의 증가로 이어질 수 있다. 위장활동이 일반화되었다는 사실이 대중에게 알려지면서 사칭범들은 역할 모델을 제공받고 그들의 초기 이야기[39]가 더 신빙성을 얻게

---

36) Cyril Payne, *Deep Cover* (New York: Newsweek, 1979).

37) 미끼수사팀 출신의 필라델피아 경찰관 4명이 용의자 8명을 강도 혐의로 함정에 빠뜨렸다는 이유로 최근 연방대배심에 의해 기소되었다. 이 중 한 사건에서 2명의 용의자는 미끼로 떨어뜨린 돈다발을 줍도록 도와주려고 허리를 굽히다 체포되었다고 주장했다. 그 경찰관들은 매우 공격적이어서 그들이 체포한 범인의 수가 중심상가에서 활동하는 다른 기망수사팀들이 체포한 범인의 수를 다 합한 것보다 많았다.

38) *New York Post*, Mar. 29, 1978.

39) * 역자 주: 사칭범들이 사기 행위를 시작할 때 상대를 설득하기 위한 첫 번째 단계에서 하는 거짓말을 뜻한다.

된다. 예를 들어, "대상자(mark)"를 은행직원들의 정직성을 비밀리에 시험한다는 명목으로 은행에서 돈을 인출하도록 설득하는 고전적 사기 수법은, 정부가 다양한 종류의 비밀 조사를 수행한다는 사실이 대중에게 알려지면서 더 그럴듯하게 여겨질 수 있다. 공식적 통계는 경찰 사칭의 범위가 크게 과소평가되어 있을 것 같다. 주로 성매매여성, 동성애자, 마약밀매자 등이 이러한 사칭범들의 먹잇감이 되는데, 그들은 피해받은 사실을 잘 알리려 하지 않기 때문이다.

6 | 효과성에 대한 평가

위장수사가 범죄에 어떤 영향을 미치는가를 평가하기 위해서는 특별한 범죄조직에 침투하거나 마약 환자로 위장하거나 용의선상에 있는 사람에게 타락할 기회를 제공하는 등 '이미 신원이 밝혀진' 인물을 대상으로 전개하는 수사와, 미끼를 던지거나 가짜 장물가게를 운영하는 등 아직 용의자가 '특정되지 않은' 폭넓은 시장을 상대로 전개하는 수사를 명확히 구분해야 한다. 전자에 있어서 위장수사는 사건의 해결 여부에 의해 평가된다. 중대한 범죄가 방지되었는가? 종래의 방법으로 불가능했을 유죄판결을 받아 냈는가? 이런 사건에서 목표는 범죄의 일반예방이 아니라 범죄인의 체포다. 이러한 범죄는 대개 피해자나 목격자가 사건을 신고할 수 있는 경우를 포함하며, 합의적 범죄와 같이 체포의 결과로만 정의되는 것이 아니다. 일반예방의 목적도 아울러 가지는 포괄적이고 일반적인 용의자 집단을 상대로 하는 수사보다 특정인을 상대로 하는 수사에서 위장수사가 미치는 영향을 분석하기가 더 쉽다.

기만 수사와 미끼 수사같이 한층 새로워진 형태의 위장수사 방식을 지지하는 사람들은 이러한 전술을 옹호하는 자들의 홍보 활동과 언론에서 무시되는 여러 검증되지 않은 부적절한 가정에 의존하고 있다. 언론은 실제로 이러한 새로운 조사 기법에 매료된 것 같다. 이러한 방식은 범죄와의 전쟁에서 최후적 수단으로 이용되는 작전이며 공모자들에 대처하기 위한 유일한 수단으로 알려져 있다. 갑자기 많은 사람을 체포하고 많은 재물을 되찾는 식의 극적 효과가 강조되면서 정작 그 문제점에 대해서는 별로 관심이 없다. 그러한 작전이 진행 중인 경우와 그 후의 범죄율에 어떤 변화가 있는가? 어떤 사람들이 체포되는가? 체포된 사람의 수와 회복된 재산의 양을 만일 같은 기간에 종래의 방법으로 달성할 수 있는 결과와 비교하면 어떤 차이가 있는가? 각각의 체포된 사람이나 회복된 재산의 가치를 종래의 방법으로 얻는 성과와 비교하면 어떻게 되는가? 얼마나 비용이 드는지를 계산할 때는, 신뢰도를 높이기 위해 소비되는 (많은) 시간과 계획이 노출되어 중도에 그만둬야 하는 헛된 노력도 그 비용에 포함시켜야 한다. 위장수사가 탄로나서 중단되는 작전은 체포 후에 중단되는 많은 작전보다 언론매체의 관심을 덜 받는다. 비밀리에 진행하는 수사에 내재된 탄로나기 쉬운 취약성도 비용의 일부로 추가해서 생각해야 한다.

기만수사팀이나 경찰이 운영하는 장물가게 등에 대한 연구는 제한적이고 별로 신빙성도 없다. 잘 알려진 뉴욕 경찰의 노상범죄팀(미끼작전 전담)의 분석에 의하면 그 팀의 체포 실적과 유죄율은 칭찬받을 만하나 그 팀이 "… 강도나 대규모 절도 범죄를 줄여가고 있다는 증거는 아직 없다."[40] 미끼 작전에 아주 많이 의존하는 버밍엄의 강도 전담팀에 대한 분석에서도 절도나 강도의 범죄율에 어떤 영향을 미치고 있다는 증거는 볼 수 없었다.[41]

"무슨 일이 생겼나?"라는 제목의 1979년 법무부 연구에서는 장물거래를 단속할 목적으로 1974년부터 전개한 속임수 작전 중 62건이 성공했다고 거창하게 주장한다.[42] 그러나 클로커스는 재분석에서 이들 자료의 내용과 해석에 심각한 의문을 제기한다. 그는 속임수 작전이 재산범죄율을 감소시켰다고 볼 통계적 증거가 없다고 결론짓는다.[43] 5년 동안 전개된 장물거래 단속에 대해 연방정부가 지원한 자금을 분석해 보면 장물 시장이나 재산범죄가 전혀 줄어들지 않고 있음을 알 수 있다.[44] 월시는 장물거래 작전에 참여한 경찰이 경험을 쌓았다는 면에서는 긍정적이지만, "정말로 무엇이 성취되었는지에 대해서는 심각한 의문"이 있다고 한다.[45]

일반적으로, 속임수를 이용한 작전으로 미성년자까지 체포하지는 않는다. 이는 시민들에게 좋지 않게 비칠 수 있다는 우려와 언론의 악평 - 수사요원들이 미성년자의 비행을 조장한다거나 무고한 사람을 범죄로 유도한다는 식의 - 에 대한 두려움 때문이다. 그러나 실제 재산범죄에서 미성년자가 차지하는 비율은 불균형적이다. 전국적으로 17세 이하

---

40) Abt Associates, *New York City Anti-Crime Patrol-Exemplary Project Validation Report* (Washington, D.C.: National Institute of Law Enforcement and Criminal Justice, 1974).

41) Mary Ann Wycoff, Charles Brown, and Robert Petersen, *Birmingham Anti-Robbery Unit Evaluation Report* (Washington, D. C.: Police Foundation, 1980).

42) Dept. of justice, *What Happened*.

43) Carl Klockars, "Jonathan Wilde and Modern Sting" in *History and Crime: Implications for Criminal Justice Policy*, James A. Inciard and Charles E. Taupel (Beverly Hills, Calif.: Sage, 1980).

44) Susan Pennell, "Fencing Activity and Police Strategy," *Police Chief*, September 1979, pp. 71-75.

45) Mary Walsh, *Strategies for Combatting the Criminal Receiver of Stolen Goods* (Washington, D.C.: Law Enforcement Assistance Administration, 1975), p.114.

미성년자가 주거침입 절도죄로 체포되는 사람의 50%를 넘는 것과 달리,[46] 속임수 작전에서 그러한 미성년자가 체포되는 비율은 3%에 불과했다.

우리가 경찰과 (특히 고도로 기술적인) 범죄인과의 관계를 궁극적으로 승리할 수 있는 전쟁으로 보지 않고 서로 일시적인 전술상 우위를 점해 나가는 지속적인 싸움이라고 본다면 속임수 작전의 성과는 점차 줄고 있는 것 같다. 범행에 따르는 비용과 위험이 커지면 그에 따라 범죄인들은 점점 더 교활해진다. 그들은 도청에 대처하는 방안을 강구하고 동업자를 선정할 때 더 정교하게 테스트할 것이다.

거리의 범죄인을 체포하는 것이 물론 합당한 목표지만, 그러한 범죄인 중 어떤 부류를 체포할 것인지를 결정하는 일은 매우 중요하다. 노련한 관측자들은 '거리의 일부 범죄인은 미끼를 눈치채는 일에 전문가'라고 한다. 체포될 사람 중 일부는 사회로부터 버림받은 낙오자이거나 가난에 찌든 사람 또는 어린아이인데 그들은 거리의 보통 범죄인보다 돈벌이의 유혹에 훨씬 취약하다. 뉴욕시 조사에 의하면 미끼 작전으로 체포된 4명당 1명이, 그리고 버밍엄에서는 10명당 4명이 체포된 전과가 없는 사람이었다.[47] 물론 체포 전과가 없다는 것이 그 사람의 순수성보다 교활성을 증명하는 것일 수도 있다. 그러나 지갑을 노출하는 미끼 작전의 성격이나 공개성을 고려하면 체포된 사람의 가장 두드러진 점은 능력이 부족하는 점이다. 따라서 처음 체포되는 사람들의 대다수가 체포를 면하는 데 능숙한 범죄인일 것 같지는 않다. 그러한 작전을 통해서 체포의 전과가 없는 사람이나 버림받은 자에 대한 범죄인의 비율이 어느 정도여야 그 전술이 적절하다고 정당화될 수 있을까?

이상의 사실을 알고 나면 위장수사의 효과에 새로운 의문이 생긴다. 즉 위장수사가 없었으면 일어나지 않았을 범죄가 오히려 위장수사로 야기되는 것은 아닌지? 전체적으로 그렇다고 할 증거는 부족하지만 적어도 그러한 점을 보여주는 개별적 사례는 많다. 위장수사가 적어도 단기적 특정 범행에 있어서 범죄를 야기하거나 범행에 기여하는 방법은 다음과 같다.

---

46) Federal Bureau of Investigation, *Uniform Crime Reports*, (Washington, D.C.: U.S. Government Printing Office, 1977), p.174.

47) New York City Police Department, "Survey of Criminal Records of Perpetrators Arrested by Members of the Street Crime Unit," (memorandum; Apr. 5, 1974); Wycoff, Brown, and Petersen, *Birmingham Anti−Robbery Unit Evaluation*.

- 불법한 재화나 용역의 매매시장을 조성하거나 기타 위법행위를 할 자금을 간접적으로 조성할 수 있다.
- 범죄의 아이디어를 조성할 수 있다. 예컨대, 선량한 사람이 경솔하게 연루될 수 있는 뇌물죄나 성매매죄가 이에 해당한다.
- 동기를 유발할 수 있다. 예컨대, 정치적 사건에서 함정수사요원은 그가 위법행위로 나아가기를 바라는 사람의 헌신과 용기에 의문을 제기할 수 있고 내분을 증대시키는 적대행위를 조장할 수 있다.
- 마약 제조에 필요한 화학약품이나 위조에 필요한 도구 등 범행에 꼭 필요한 것을 제공할 수 있다. 또한 경찰이 관여하지 않았으면 유혹에 빠지지 않았을 사람이 죄를 범하도록 유혹될 수 있다.
- 위장수사요원이나 정보원이 위법행위를 할 은밀한 기회를 제공할 수 있다.
- 범죄성향이 없는 사람에게 강박이나 위협이 뒤따를 수 있다.
- 정보원에게 보복적 폭행이 가해질 수 있다.
- 비밀 수사의 대상이 아닌 사람들에게 다양한 범죄를 유발할 수 있다(예를 들면 경찰관 사칭, 위장수사요원을 상대로 저지르는 범죄 등).

　여기에는 고도의 복잡한 질문과 어려운 측정의 문제가 있으며, 이는 연구에 심각한 과제를 제시한다. 그러나 이러한 작전에 대해서는 껄끄러운 질문도 필요하다. 법무부는 위장수사 작전에 대한 효율성이나 장점에 관한 주장이 인정되도록 하려면 공정한 외부 평가자의 연구를 더 많이 허용해야 한다. 그러한 연구는 수사 진행 중에 이루어져야 하고 수사종료 6개월 후로 제한되지 않아야 한다.

　물론, 위장수사와 그 과정에서의 행동이 모두 동일하지는 않다. 범죄를 예방하려는 노력과 범죄를 조장하려는 노력은 서로 다른 문제들을 제기한다. 위장한 요원이 불법 상품이나 서비스를 구매하려는 시도는, 그러한 상품이나 서비스를 판매하려는 시도와는 다른 질문들을 수반한다. 일반적으로 이미 발생했거나 발생 중인 범죄에 대응하여 이루어지는 작전에서, 아직 발생하지 않은 범죄를 예상하여 수행하는 작전으로 넘어갈수록 문제 발생 가능성이 더 높아지는 경향이 있다. 후자의 경우, 미끼 수사대와 같이 피해 대상자를 제공하는 방식은 위장한 요원이 범죄에 자발적으로 가담하는 공모 수사보다 문제가 덜 발생하는 경향이 있다. 자발적 선택의 기회를 증가시키고 사전 정보나 민원에 기초하여 조직되며 실제 범죄 상황에 근접한 위장수사는 무작위로 청렴성을 테스트하거나 비현실적으로 매력적인 유혹으로 범죄 환경을 인위적으로 조성하는 것보다 우수해 보인다.

7 | 사회적 통제의 광범위한 변화[48]

위장수사의 다양한 형태가 법적·윤리적 의미나 단기적 효과와 관련하여 어떤 차이를 보이든, ABSCAM 수사나 경찰이 주도하는 장물 수사와 같은 행동들은 어쩌면 우리 사회의 사회적 통제(social control)가 수행되는 방식에 미묘하고도 되돌릴 수 없는 변화를 예고하는 것일 수 있다. 이는 우리가 원하는 방향으로 사회가 나아가고 있는지 생각해 볼 가치가 있다. 약 반세기 전, 전쟁 비밀장관 헨리 스팀슨(Henry Stimpson)은 국가 안보 관행의 변화 제안에 대해 "신사는 서로 간에 상대방의 편지를 읽지 않는다."라고 격분하며 말했다. 그가 한 이 말은 그 이후 수십 년간 사생활 침해와 일상적인 감시 제도가 도입되는 것을 볼 때, 다소 감동적이면서도 시대에 뒤떨어진 발언처럼 보인다. 짧은 기간에 우리는 참으로 많이 변했다!

마찬가지로, 지금부터 50년 후의 관찰자들도 경찰요원이 위장하고서 의회 의원에게 뇌물을 주고, 포르노 영화를 배포하고, 도박장을 운영하는 작전의 우선순위에 대해 지금 우리가 궁금해하는 것에 대해 이상하게 생각하지 않을까?

미국의 사회통제에 본질적으로 큰 변화가 일어나는 것 같다. 우리는 전통적인 영미 경찰의 핵심적 이념에서 벗어나고 있다. 1829년 로버트 필(Robert Peel)에 의해 설립된 영국의 경찰제도는 제복을 입고 24시간 순찰하며 항상 대중의 눈에 띄게 함으로써 범죄를 예방하는 방식으로 운영되었다. 사회 여건이 변함에 따라, 그리고 경찰의 존재가 눈에 잘 띄고 예측될 수 있게 하여 범죄를 예방한다는 생각이 의문시됨에 따라, 점차 새로운 대안적 개념이 등장하고 있다.

---

48) * 역자 주: 여기서는 사회가 질서와 규범을 유지하기 위해 사용하는 방법이나 제도가 어떻게 변화하는지를 다룬다. 이러한 변화는 법적·문화적·경제적·기술적 발전에 의해 영향을 받으며, 사회가 범죄와 일탈을 통제하는 방식, 법집행의 변화, 새로운 감시 기술의 도입, 처벌이나 교정 시스템의 변화 등 여러 영역에서 나타날 수 있다. 사회통제의 변화는 종종 권력 구조, 시민의 자유, 공공의 안전 사이에서 균형을 맞추는 문제로 이어지며, 이를 통해 사회는 더 나은 질서 유지를 추구하거나 새로운 도전에 직면할 수 있다.

이제 당국은 제복 순찰을 강화하거나 물리적 보안을 강화하고 시민들에게 범죄 예방 교육을 하는 "표적 강화" 방식에 의존하여 범죄의 기회를 **줄이는** 방식보다 통제된 환경에서 사복 경찰을 활용하여 범죄의 기회 구조를 선택적으로 **늘리는** "표적 약화" 방식을 모색하고 있다. 예측적인 경찰 전략이 더 우세해진 것이다.

이러한 면에서 경찰의 전략은 기업의 전략과 비슷해지고 있다. 오늘날 기업은 시장조사를 통해 수요를 예측하고 광고나 유혹 등 점차 은밀한 형태로 수요를 창출하고 관리해나간다. 경찰도 비밀리에 정보를 수집하고 통제된 상황에서 범죄를 범하기 쉽게 하는 등의 방법을 통하여 경찰에 대한 시민의 "요구"[49]를 어느 정도 완화할 수 있게 되었다. 사실 그러한 시민의 요구는 전통적인 소극적 경찰 관행으로는 충족시키기가 거의 불가능하다.

시장이 수요와 공급에 따르지 않고 인위적으로 조성되면 언제나 악용과 남용의 위험이 존재하게 된다. 이것이 소비재 시장에서 진리인 것처럼 형사사법 과정에서도 마찬가지다. 위장수사 경찰에 대한 일부의 "요구"는 허구일 수 있다. 경찰이 독자적으로 사건을 만들어 내는 것보다 당국이 시민의 고소에 반응하는 사법제도에서 자유는 더 확고히 보장된다. 위장수사에 예산이 지원되고 기술이 발전하면 그러한 수사 전술은 무차별적으로 이용될 위험이 있다.

이전에 문서화된 위반 사례가 잘 입증된 경우, 위장수사기법의 이용이 적절할 수 있다. 그러나 경찰이 실적을 내야 하는 압박과 이러한 기법의 강력함을 고려할 때, 특정 대상에 대한 수사에서 무차별적인 청렴성 검증으로, 범죄의 조사에서 범죄의 유인으로 쉽게 넘어갈 수 있다.

정보에 대한 관료적 명령은 방첩의 유혹으로 쉽게 이어질 수 있다.[50] 이 관계에 대해 전 FBI 간부 윌리엄 설리번은 다음과 같이 관찰한다. "내가 보기에 방첩활동이 없으면 차라리 정보활동을 하지 않는 것이 낫다. 하나는 오른팔이고 다른 하나는 왼팔이다. 그 둘은 함께 움직인다."[51]

위장수사에 따르는 권한과 유혹은 그들을 뿌리치지 못하게 만든다. 술을 알게 된 대다수 사회에서 술이 확대된 것처럼 일단 위장수사가 정당성을 얻고 예산이 수반되면 위장수

---

49) * 역자 주: 주요 사건을 신속히 해결하라는 요구를 의미할 것이다.

50) * 역자 주: 정보수집에 대한 관료적 필요성이 방첩 활동의 본질을 왜곡하거나 변질시킬 수 있다. 정보수집의 필요성이 너무 강조되면 그 경계를 넘어서 방첩 활동이 자칫 과도하게 공격적이거나, 적절한 균형을 잃을 수 있다.

51) William Sullivan, *The Bureau: My Thirty Years in Hoover's FBI* (New York: W.W. Norton, 1979), p.128.
    * 역자 주: FBI와 같은 기관에서 정보활동과 방첩활동은 상호의존적 관계에 있다. 외부 위협에 대한 정보를 수집하는 정보활동은 동시에 방첩활동이 이루어지지 않으면 불완전하거나 비효율적이다. 균형 잡힌 효과적 보안 전략을 위해 함께 작동해야 하며 하나가 없으면 다른 하나도 크게 약화된다.

사는 새로운 영역으로 확대되어 의심스러운 용도로 사용될 가능성이 크다. 그럼에도 일부 관찰자들에게는 의심스럽거나 부정한 위장수사 수단의 이용도 그 목적이 선하다면 정당화될 수 있다. 결국, 공공의 신뢰를 지키겠다고 맹세한 자들이 이를 위반하는 것에 분노하지 않을 사람이 누구이며, 조직범죄로 인해 우리가 모두 부담하는 숨겨진 세금에 대해 분노하지 않을 사람이 누구이겠는가? 이러한 주장에 따른 문제 중 하나는, 물론 부정한 수단이 선한 목적에만 제한될 것이라는 보장이 없다는 점이다.

위장수사기법의 발전과 확산에 중요한 역할을 하는 당사자는 정부 프로그램에서 훈련받은 경찰일 가능성이 높다. 이들은 훨씬 더 수익성이 높은 민간 부문에 일찍이 끌리지 않는 한, 55세에 의무적으로 퇴직해야 할 수도 있다. 워싱턴 D.C.에 널리 알려진 기만수사에서 핵심 역할을 담당한 경위는 퇴직 후 자신만의 증권조사회사를 설립했는데 그 이름이 "스팅 시큐리티(Sting Security, Inc.)"였다. 그리고 멜 와인버그는 "앱스캠 법인(Abscam Incorporated)"이라는 사설 조사회사를 시작했다.[52] 어쩌면 우리는 고도로 "민감한" 작전에 훈련되고 경험을 쌓은 전직 정부요원들이 민간 기업에서 계속해서 그러한 일을 할 때 어떤 형태의 등록이 필요해지는 시점에 도달할지도 모른다. 리비아를 위해 일했던 전직 CIA 요원의 사례는 국내에서도 쉽게 유사한 사례를 낳을 수 있다.

현재의 관행을 보면, 우리는 다음과 같은 행동에서 그다지 멀리 있지 않을지 모른다. 경찰이 범죄조직에 침투하거나 가짜 회사를 설립하는 대신, 경찰요원(예컨대, 회계전문가)이 적법한 기업에 침투하여 법을 준수하는지를 확인하거나, 정부가 조성한 범죄 기회에 법을 어기지 않는지를 감시할 수도 있다. 국세청(IRS)이 비밀리에 경품추첨행사를 후원하고, 나중에 당첨금을 정확히 신고하지 않는 사람을 기소할 수도 있다. 『돈키호테』에 나오는 이야기처럼, 황당하게도 남편이나 아내 또는 결혼을 생각 중인 사람들이 그들의 배우자나 연인이 자기에게 충실한지를 테스트하기 위해 매력적인 이성을 고용할 수도 있다. 기업들이 비밀 요원을 이용해 경쟁사를 불법활동에 연루시켜 체포되도록 유도할 수 있다. 기업이 파괴적인 노동자를 침투시켜 경쟁기업을 방해하거나 경쟁기업의 이름으로 잘못된 행위를 하여 공적 이미지를 손상시킬 수도 있다.

ABSCAM 수사에서는 의회가 위장수사에 필요한 예산을 FBI에 배정했는데 그 돈이 의회를 곤궁에 빠뜨리는 일에 쓰이는 아이러니가 연출됐다. 워터게이트 사건이 10년도 지나지 않은 상황에서 우리는 앞서 본 바와 같이 서로 주고받기식의 나쁜 행태가 더 이상하게

---

52) Charles Conconi and Toni House, *The Washington Sting* (New York: Coward, McCann&Geoghegan, 1979); *Newsweek*, Oct. 26, 1981. 위장 전술이 결코 민간 영역에 생소한 것은 아니다. 오히려 그러한 전술은 앨런 핑커턴(Alan Pinkerton)과 윌리엄 번스(William J. Burns) 같은 사람을 통해 민간 영역에서 연방경찰로 크게 이전되었다.

전개되는 상황을 예상할 수 있다. 이러한 것은 돈과 위장수사라는 추잡한 기교를 이용하여 경찰에 우호적인 사람의 당선을 돕고 그가 예산을 배정하게 하는 악순환이 계속되는 것을 의미할 수도 있다.

위장수사 방법을 통한 예방 효과는 노련한 수사요원이 말한 것처럼 "잠재적 범인들에게 '민간인'도 경찰일 수 있다는 생각을 심어줌"으로써 이루어진다. 꾐에 속아 넘어가기 쉬운 사람에게 범죄를 유발하는 측면이 있는 반면에 이러한 위장수사 전술이 과연 범죄를 억제하는지 아니면 교활한 범죄인을 더욱 교활하게 만드는 것은 아닌지는 연구해야 할 과제이다. 법을 잘 지키는 시민들 사이에 한층 정교하고 복잡한 감시체계를 설정하는 것이 무슨 효과가 있는지도 의심스럽다. 많은 관측자가 보기에 정부가 추가하는 의심이나 불신이 아니라도 이미 미국 사회는 산산조각난 상태이다. 사회가 위장수사 전술에 대해 더 많이 알게 될수록, 시민들 간의 불신은 커질 것이다.

최근 몇십 년 동안 코인텔(COINTEL)[53] 같은 경찰의 위장수사 활동과 지역 단위에서 진행된 다수의 유사한 수사 활동은 정치적 반대자의 자유를 훼손했다. 그러한 수사가 지금은 사회 각 분야의 발언을 제한하고 있을 수 있다. 권리장전(Bill of Rights)에 의해 보장되는 자유롭고 공개적인 언론의 자유에 찬물을 끼얹는 것이다. 예를 들면 ABSCAM 사건 이후 공직자들은 그들이 만나는 사람의 정체가 무엇인지 생각하지 않을 수 없게 되었다. 의사소통이 점점 신중해지고 전통적으로 정부 고위층에 꼭 필요하다고 생각되는 기탄없는 대화가 위축될 수 있다. 그리고 그와 같은 효과는 기업이나 사생활에서도 나타날 수 있다.

자유화가 진행 중인 전체주의 국가에서 주로 요구되는 사항은 비밀경찰조직과 그들의 행태를 철폐하라는 것이다. 가짜문서, 거짓, 기만, 침투, 비밀스럽고 침범적인 감시, 유사 현실의 조작 등은 미국의 법집행에는 잘 어울리지 않는다. 그러나 미국 사회도 전체주의 국가에서 볼 수 있는 특징인 편집증이나 의심을 향해 점차 다가가고 있는지 모른다. 일단 그러한 흐름이 문화의 일부로 자리 잡으면 이를 쉽게 떨쳐 내기 어려울 것이다.

1984년이 다가옴에 따라 종말을 예언하는 사람들이 점점 더 두드러질 것으로 보인다. "늑대가 나타났다."라고 외치는 것은 쉬운 일이라 쉽게 무시되기도 한다. 자유란 복잡한 조건이며, 민주 정부 아래에서는 그 조건을 위협하는 힘과 지키려는 힘이 동시에 작용한다. 즉, 자유를 위협하는 전술이 때로는 자유를 보호하는 데 이용될 수도 있다. 그러나 이러한 복잡성, 궤변 혹은 경고를 울릴 때 신중해야 한다는 필요성 때문에 최근 위장수사작

---

53) * 역자 주: Counter Intelligence의 줄임말로, 적대적 첩보 활동을 막기 위한 정보기관의 대응조치, 즉 방첩 활동을 의미하는 일반 용어이다. FBI나 다른 정보기관들이 국내외의 특정 단체나 개인을 감시하고 방해하는 활동을 포함한다.

전이 정부 통제의 재정의와 확장을 의미한다는 점을 간과해서는 안 된다. 루이스는 『여기서는 일어나지 않는다(It Can't Happen Here)』[54]에서 만약 미국에 전체주의가 도래한다면 그것은 전통적인 미국식 과정을 통해서 도래할 것이라고 주장한다.[55] 그것은 전통적인 자유의 점진적인 침식과 축적을 통해 일어나지, (쿠데타와 같은) 급격한 사태에 의해 일어나지 않을 것이다. 최근의 위장수사 작전으로 제기된 문제는 특정한 의회 의원이 뇌물을 받을 의향이 있었느냐의 문제나 효과적인 가이드라인의 개발이 필요하다는 차원을 넘는 문제이다.

　이러한 경찰의 조치는 범죄통제를 합리화하는 과정 중 일부로, 19세기부터 시작되었다. 사회통제는 점차 전문화되고 기술화되고 있으며 어떤 면에서는 더 침투적이고 침입적으로 바뀌고 있다. 국가의 처벌권이나 정보 수집권이 반드시 폭력적인 방법으로 이루어지는 것은 아니다. 그렇지만 아무튼 사회조직 내부로 점차 깊게 확대되고 있다. 지금 우리는 어떤 사실이 있고 난 후에 이용되는 직접적 압박에서 기만, 조종, 계획이 필연적으로 수반되는 예견적 조치로 사회통제가 변화하는 과정을 보고 있다. 새로운 전문적 기술관료가 사회통제에 있어서 거칠고 잽싼 총잡이 역할을 대신하고 있다. 그것들은 바로 푸코(Michel Foucault)가 현대국가의 "기묘하고 치밀한 통제의 기술"이라고 부르는 것 중 일부다.[56][57]

---

54) Sinclair Lewis, *It can't Happen Here* (New York : American Library, 1973).

55) * 역자 주: 이 소설은 미국에서 전체주의 정권이 어떻게 등장할 수 있는지를 경고하는 가상의 이야기다. 1935년 세틀러(Settler) 출판사에 의해 처음 출간되었다.
　　이 소설에서 주인공 버즈 윈드립(Buzz Windrip)은 대중의 경제적 불안과 불만을 자극하며, "민중을 위한 사회적 평등" 같은 공약을 내세워 지지를 얻는다. 그의 주요 선거공약은 대기업과 부유층의 부를 재분배하고 모든 국민에게 5,000달러를 지급하겠다는 것이지만, 사실은 권력 쟁취를 목표로 하는 수단일 뿐이다. 특히, 그는 대중에게 경제 회복과 일자리 창출을 약속하며, 사회적 불안과 혼란을 이용해 자신의 권력을 강화해 나간다. 미국 대통령에 당선된 후에는 언론을 통제하고 의회와 사법부를 무력화하며, 비밀경찰을 동원하여 독재 체제를 구축한다.
　　마르크스 교수는 이 논문에서 위 소설을 인용하며 기만적 방법이 민주주의 파괴에 이용될 수 있다는 논리를 펴지만, 정작 윈드립과 같은 자의 숨은 야욕을 사전에 어떻게 효과적으로 탐지하고 억제하여 민주주의를 지켜낼 것인지에 대해서는 고민하지 않은 것 같다. 그런 점에서 이 소설의 인용을 통하여 "보이지 않는 범죄"에 대한 대응의 문제점을 강조하는 것은 논리모순이 아닌가 하는 의문이 든다.
　　아무튼, 이를 계기로 우리가 얻는 시사점이 있다면, "국민은 항상 옳다."라는 주장에 대해 다시 생각하게 한다는 점이다. 국민이 비판적 사고를 잃고 선동에 휘둘리면, 민주주의는 아이러니하게도 '민주적이라고 인식되는 요식절차', 즉 선거를 통해서 전체주의로 전락할 수 있다. 그러한 결과를 초래하게 하는 국민이라도 나라의 주인이니 그저 "항상 옳다."라고 하는 것이 과연 옳은가?

56) Michel Foucault, *Discipline and Punish: The Birth of the Prison* (New York: Pantheon, 1977).

57) * 역자 주: 푸코가 현대국가가 개인을 통제하고 종속시키는 방식을 설명한 개념이다. 현대국가는 개인의 행동, 생각, 감정 등을 감시하고 규제하며, 이를 통해 개인을 국가의 목적에 맞게 조종한다. 이러한 기술은 다양한 형태로 나타난다. 예컨대, CCTV 기술을 통해 개인의 행동을 감시하고, 신용카드 결제 수단을 통해 개인의 소비 패턴을 추적한다. 교육 시스템은 개인의 지식과 가치관을 국가가 원하는 방향으로 형성한다. 이러한 기술은 개인의 자유와 권리를 침해할 수 있다. 또 개인이 국가의 목적에 맞게 조종됨으로써, 개인의 주체성이 훼손될 수 있

현재의 위장수사 관행은 다음과 같은 다양한 기술적 발전과 함께한다.

새롭고 개선된 데이터 수집 기술. 예컨대, 레이저(데이터를 매우 높은 정확도와 빠른 속도로 수집하는 기술. 레이저를 이용하여 물체의 거리, 크기, 모양 등을 측정할 수 있고 다양한 분야에서 활용된다), 파라볼릭 마이크(소리를 수집하는 데 사용되는 기술로서, 소리가 발생하는 위치와 방향을 정확하게 파악할 수 있고, 음성 인식, 음성 분석 등의 분야에서 활용된다), 원격 카메라 시스템(멀리 떨어진 곳에서 물체나 사람을 촬영하는 데 사용되는 기술로서, 보안, 감시, 의료 등 다양한 분야에서 활용된다), 일방향 거울 (물체를 한쪽에서만 볼 수 있고, 반대 방향에서는 볼 수 없는 거울로서, 보안, 감시 등의 분야에서 활용된다), 다양한 적외선 센서(물체에서 발생하는 적외선을 감지해서 데이터를 수집하는 기술로서, 보안, 감시, 의료 등 다양한 분야에서 활용된다), 폴리그래프(사람의 신체 반응을 측정하여 거짓말을 탐지하는 기술로서, 범죄 수사, 심리 검사 등의 분야에서 활용된다), 음성 인식(사람의 음성을 인식하여 텍스트로 변환하는 기술로서, 음성 비서, 음성 인식 기술 등의 분야에서 활용된다), 스트레스 분석(사람의 신체 반응을 분석하여 스트레스 수준을 측정하는 기술로서, 건강 관리, 심리 치료 등의 분야에서 활용된다), 펜 레지스터(전화기나 컴퓨터 등에서 발생하는 신호를 수집하는 기술로서, 범죄 수사, 보안 등의 분야에서 활용된다), 위성 감시(위성을 이용하여 지구상의 물체나 사람을 감시하는 기술로서, 보안, 감시, 기상 예측 등의 분야에서 활용된다).

새로운 실리콘 컴퓨터 칩을 기반으로 한 데이터 처리 기술(이전에는 수집되지 않았거나, 수집되더라도 보관되지 않거나, 보관되더라도 저렴하게 몇 초 안에 출력할 수 없던 개인정보를 저렴하고 신속하게 저장, 검색 및 분석할 수 있게 해준다. 여기에는 상업, 뱅킹, 전화, 의학, 교육, 고용, 형사사법, 유료 TV 또는 도서관 거래와 같은 일상 업무에서 컴퓨터(컴퓨터에 수반되는 기록 포함)의 중요성이 추가되어야 한다).

새로운 신고 의무(극단적인 예로서, 국민의 신분 확인 제도에서 일부 형태를 요구하는 압력)의 결과로 이용할 수 있게 된 자료의 다양성과 양의 증가 및 민간사업 분야에서 개인 자료 수집·전파의 증가.

민간 보안산업의 방대하고 지속적인 확장((일부 추정에 따르면 현재 공공 경찰력의

다. 따라서, 현대국가의 이러한 기술에 대한 무비판적 관점을 넘어, 개인의 자유와 권리를 보호하는 방안을 모색할 필요가 있다. 또 개인의 주체성을 강화하고, 국가권력에 대한 견제와 균형을 유지할 필요가 있다.

3배 규모) 수천 명의 군, 국가 안보 및 국내 경찰의 전직 요원으로 구성되어 있으며, 이들은 정부 부처에 근무하면서 최신 제어기술을 배우고 경험했지만 이제 정부의 통제를 훨씬 덜 받고 있다).

법집행기관의 중앙 집권화, 표준화 및 통합 강화(예: 지방 차원의 지역화 및 통합 계획. 주류·총기·담배 규제국을 비밀 서비스에 흡수하고 마약 단속국을 FBI에 추가하자는 제안. 지역 - 주 - 연방의 합동 단속 노력, CIA의 새로운 국내 역할, 법무부의 새로운 자금지원 노력으로 고취되는 표준화된 운영 절차).

행동수정, 조작, 통제의 발전된 기술(여기에는 작동적 조건화, 약리학, 유전자 공학, 정신외과 그리고 잠재 의식적 의사소통을 포함한다).[58]

이러한 기술은, 각각의 발전이 적절한 안전조치와 함께 각자 분리되어 이용된다면, 그 용도와 정당성을 확보할 수 있을 것이다. 그러나 이러한 기술이 서로 결합하여 새로운 추세로 나타나면 문제가 복잡해진다. 이것이 새로 등장하는 전체주의의 성채인지, 범죄와 무질서로 황폐해지는 사회에 필요한 도구인지에 대해서는 견해가 다를 수 있다. 그러나 이러한 추세를 어떻게 보든, 사회적 통제에 대한 우리의 전통적 개념 중 일부가 커다란 변화를 겪고 있다는 점은 분명하다. 이와 관련되는 복잡한 이슈에 대해 신중한 분석과 공개적인 논의가 필요하다.

---

58) * 역자 주: 이러한 기술은 인간 행동을 조작하고 제어하기 위해 사용될 수 있다. 예를 들어, 조작적 조건화는 보상과 처벌을 사용하여 행동을 강화하거나 억제하는 방법이다. 약리학은 약물을 사용하여 행동을 조절하는 방법이며, 유전자 조작은 유전자 조작을 통해 행동을 조작하는 방법이다. 정신외과 수술은 뇌의 특정 부위를 조작하여 행동을 조절하는 방법이며, 잠재의식적 의사소통은 의식적으로 인식되지 않는 메시지를 사용하여 행동을 조작하는 방법이다. 이러한 기술은 윤리적 문제와 함께 논란의 대상이 되고 있다. 인간의 자유의지와 존엄성을 침해할 수 있으며, 개인의 권리와 안전을 위협할 수 있기 때문이다. 따라서 이러한 기술은 적절하게 규제되어야 하며, 그 사용에 신중한 판단이 필요하다. 그렇기는 해도, 이러한 기술을 곧바로 위장수사와 연결시키는 필자의 주장은 지나친 논리의 비약이다. 미국 법무부는 이미 가이드라인을 제정하여 인권침해적 요소를 억제하고 있기 때문이다.

제 5 편

경찰과 정보원에 대한 범죄 허가

피터 로이터
(Peter Reuter)

경찰과 정보원에 대한 범죄 허가

피터 로이터(Peter Reuter)[1]

경찰은 항상 법집행에서 실질적인 재량권을 가져왔다. 즉, 자원의 한계와 정치적 우려로 인해 어떤 범죄에 대해 조치를 취할 것인지를 선택해야 하는 상황에 처해 왔다. 지난 15년 동안[2] 경찰의 재량권에 대한 필요성이 공공연하게 인식되었고, 그 복잡한 결과에 대한 이해가 확산되었다. 이에 따라 실질적으로 재량권을 행사하는 하위 경찰관들이 따를 수 있는 공식적인 지침을 제시해야 한다는 요구가 가끔씩 제기되었다. 그러나 경찰 고위 간부들은 이러한 공식 지침을 제공하는 것을 눈에 띄게 그리고 이해할 만한 이유로 주저해 왔다.

그들이 주저해 온 것은 이해할 만한데, 이는 사실상 재량권 행사에 대한 법적 근거가 없기 때문이다. 골드스타인(1960)이 밝힌 바와 같이, 다수의 주법에는 경찰이 어느 범죄에 대해서 행동에 나서야 하고 어느 범죄를 무시해도 되는지에 관한 규정이 없다.[3] 경찰은 모든 법위반에 대해 법에 따라 행동하게 되어 있다. 그러나 그들은 그렇게 하고 있지 않고

---

1) 랜드코퍼레이션의 시니어 이코노미스트. 곧 출간될 「Illegal Markets: The Economics of the Visible Hand」의 저자. 불법조직에 대한 대형연구 수행. 도박 정책 검토위원회 연구이사 역임(1974년-1976년). 예일대 경제학 박사.

2) 경찰재량권의 중요성에 대하여 가장 주목할 만한 초기의 공식적 언급은 The President's Commission on Law Enforcement and Administration of Justice, *The Challenge of Crime in a Free Society* (Washington, D.C.: U. S. Government Printing Office, 1967), p. 104.

3) 데이비스는 이러한 재량이 공개적으로 행사된다면 법적 근거가 있다고 한다. 입법부가 완전한 집행 법안을 통과시켰지만, 그 이후의 다른 법안들은 예산 배정 과정과 마찬가지로 선별적 집행에 대한 기대를 분명히 반영하고 있다. Kenneth Culp Davis, *Police Discretion* (St. Paul, Minn.: West Publishing, 1975) chapter 4.

또 효과적으로 기능하려면 그렇게 할 수도 없다. 예를 들어, 공식적인 가이드라인으로 1온스 미만의 마리화나 소지는 체포 사유가 아니라고 규정하면 이는 입법부와 법원에 대한 도전이 된다.[4] 반면에, 가이드라인이 없으면 경찰은 언제나 선택적이고 차별적인 법집행에 대해 비판받을 수밖에 없다.[5]

이러한 문제는 경찰이 정보원을 대하는 데서 특히 첨예하다. 일반 대중은 경찰이 범죄인과 장기간에 걸쳐 협조관계를 유지해야 달성할 수 있는 수사 성과를 기대한다. 예를 들면, 마약 밀매자들은 낯선 사람과의 거래를 차단하기 위해 많이 노력하므로 이들을 체포하려면 이들과 거래하는 동업자의 협력이 절대적으로 필요하다. 이처럼, 주요 사건을 신속히 해결하라는 요구는 경찰이 범죄인의 정보망에 침투해야 한다는 것을 의미한다. 경찰은 이러한 임무를 수행하기 위해 일부 범죄자에게 사실상 범죄를 허가해야 한다. 경찰이 재량권을 가져야 한다는 점을 인정한다고 해서 범죄를 허가해야 한다는 것은 아니라고 할 수 있다. 그렇지만, 경찰의 허가는 경찰의 재량권 행사를 확대하는 것이다.

허가절차는 기관에 의해 쉽게 통제되는 과정이 아니다. 경찰과 정보원 모두 그들의 관계를 공식화하고 거래를 기록으로 남기는 것을 반기지 않는다. 경찰은 정보통제권이 상실되는 것을 원하지 않고, 정보원은 경찰이 배신할 것을 염려하기 때문이다. 허가절차를 공식화하고 통제하려 하면 경찰 활동의 회피나 비효율을 초래한다.

경찰기관은 정보원에게 부여하는 다양한 종류의 허가를 망라하는 가이드라인을 만들 수 없다. 그러한 가이드라인은 정면으로 입법 절차를 무시할 뿐만 아니라 너무 개괄적일 수밖에 없어서 개별 경찰관에게 도움이 되지 않고 여론의 지지도 받지 못한다. 우리는 제대로 통제되지 않는 허가로 초래되는 마찰 소지를 용인하거나 특정 계층에 속하는 범죄인의 체포에 대한 기대를 낮춰야 한다.

이 글에서 경찰이란 용어는 일반적으로 범죄를 수사하는 기관을 포괄하는 개념으로 사용된다. 특히, FBI와 DEA(마약단속국)에서 제공하는 예시적 사례가 많다. 이 기관들에 부

---

4) 이러한 문제의 사례가 Herman Goldstein, *Policing in a Democratic Society* (Cambridge, Mass.: Ballinger, 1977)에 제시되어 있다.

* 역자 주: 위 각주의 책은 *Policing a Free Society*(1977)의 착오가 아닌가 한다. *Policing a Free Society*(1977)는 특히 "문제 중심 경찰 활동(Problem-Oriented Policing)"의 개념을 제시한 것으로 유명한 Goldstein의 저서로서 경찰의 역할, 재량권 그리고 민주사회에서 경찰 업무의 복잡성을 분석하며, 경찰 활동의 문제점과 개선 방향을 다루고 있다. 이와 달리, *Policing in a Democratic Society*(1977)는 같은 해에 같은 출판사에서 출간된 Gary T. Marx의 저술이고, 이 책에서는 범죄 개입에 관한 구체적인 사례나 공식 가이드라인의 제시보다는 민주사회에서 경찰의 역할과 책임에 대한 일반적 논의에 더 중점을 두고 있다.

5) 이것이 의미하는 바는 James Q. Wilson, *The Varieties of Police Behavior* (Cambridge, Mass.: Harvard University Press, 1968)에서 논의되고 있다.

과된 요구 사항들은 이들을 허가 절차에 참여하도록 강제하며, 이 기관들의 일반적인 위상은 허가받은 자들에게 더 효과적인 보호를 제공할 수 있게 한다.

1 | 범죄 허가의 몇 가지 사례

경찰과 정보원 간의 거래에 관하여 꽤 권위 있는 학술 문헌이 있다. 세 가지 주요 연구는 모두 경찰기관이 실제로 광범위하게 허가하지는 않는다고 주장한다. 가장 유용한 정보원은 돈을 위해 일하는 사람이 아니라, "혐의를 면제받기 위해 일하는" 사람이라는 점을 인정하면서도, 각 연구자는 자신이 연구한 경찰이 정보원의 범죄 활동을 고의로 묵인하지는 않으며, 다만 그 범죄가 자신들이 하는 수사의 관심 밖에 있는 경우는 예외라고 주장한다.

스콜니크(Skolnick, 1966)는 서부 어느 도시의 형사와 정보원 관계를 다루었다. 그는 형사반이 특정 활동에만 좁게 집중하며, 정보원의 다른 활동은 무시한다고 지적했다. 마약반 형사들은 정보원의 절도 행위를 묵인했고, 강도반은 정보원의 마약 사용을 눈감아 주었다.[6] 그럼에도 그는 경찰이 정보원에게 극히 제한적으로만 허가한다고 주장했다. 경찰관이 정보원의 범죄에 대해 명확한 증거를 확보할 수 있을 때마다, 이를 이용하여 새로운 사건들의 해결을 돕도록 정보원에게 더 큰 압박을 가했다고 설명했다.

매닝(Manning, 1980)도 마약반과 정보원의 관계를 다루었다. 매닝은 비록 정보원들이 마약을 계속 사용할 것이 예상되었지만(그렇지 않다면 그들이 어떻게 마약거래에 관한 정보를 제공할 수 있겠는가?) 그들이 마약을 판매하는 딜러로 활동하는 것까지 허락되지는 않았다고 보고했다. "정보원(snitch)이 수사관을 조종하고 있을 가능성을 보여주는 마지막 징후는, 그가 경찰을 위해 일하면서 마약을 거래하고 있을 수 있다는 증거이다. 이는 그가 정보원이라는 지위를 이용해서 자기의 사업을 지속하고 있으며, 경쟁자를 제거하기 위해 경찰에 정보를 제공하고 있을 수 있음을 의미한다."[7]

세 번째의 주된 연구는 윌슨(Wilson, 1978)에 의해서 이루어졌는데 이는 연방수사요원이 정보원과 어떻게 거래하는지에 대한 유일하고 상세한 기록이다. DEA와 FBI에 대한 윌

---

6) 이와 유사한 주장으로는 Leroy Gould, et al., *Connections: Notes from the Heroin World* (New Haven: Yale University Press, 1974), p. 72.

7) Peter K. Manning, *The Narc's Game* (Cambridge, Mass.: MIT Press, 1980), p. 162.

슨의 서술은 매닝의 연구와 일치한다. 정보원은 혐의를 축소하는 조건으로 정보를 제공할 때 가장 유용하지만 DEA나 FBI는 정보원이 범죄거래를 계속하도록 허용하는 것을 인정하지 않는다. 실제로 1976년에 코인텔프로(COINTELPRO)[8]가 밝혀진 후에[9] 법무장관은 정보원의 행위에 대한 엄격한 가이드라인을 만들었다. 그 가이드라인은 "기소에 필요한 정보를 얻는 데에 정보원의 범죄 가담 등이 필수적이라고 FBI가 결정한 경우를 제외하면 정보원의 어떠한 폭력적 행위도 허용해서는 아니 되고, 정보를 얻기 위해 불법적 방법을 이용하거나 범행을 계획하거나 범행에 참여해서도 아니 된다."라고 규정한다.[10] 그럼에도 특히 정보원의 범법행위의 경중과 관련하여 다소 재량이 허용되고 있다고 윌슨은 지적한다.

이들 연구는 모두 광범위한 현장 조사에 기초하고 있다. 매닝과 스콜니크는 수개월간 그들이 연구한 형사반에 참여하여 지켜봤다. 윌슨은 FBI의 수많은 기록을 열람하고 DEA의 현장 사무소를 지켜봤으며 기관 요원들과 비공식적으로 많은 시간 동안 인터뷰했다. 정보원에 대한 제약에 관한 그들의 주장은 결코 가볍게 볼 수 없다.

그럼에도 경찰에 초점을 맞춰 조사한 학구적 문헌을 벗어나면 상당히 다른 상황이 전개된다. 허가한 사실이 있음을 강하게 암시하는 재판 기록이 있을 뿐만 아니라 정직한 경찰요원들이 그들의 정규 정보원에게 폭넓게 허가하고 있다는 믿을 만한 기록이 많다.

필자는 뉴욕의 불법 시장에 관한 연구(Reuter, 1983)를 진행하는 과정에서 한 정보원과 정기적으로 접촉했다. 조(Joe)는 20년 가까이 경력을 쌓은 도박 중개인이었다. 그는 한 번 수감되고, 여러 차례 체포된 적이 있었다. 어느 시점에 지역 법집행기관이 그를 체포하고, 협조하지 않으면 감옥에 갈 가능성이 높다고 강압적으로 설득하자, 그는 해당 기관을 위해 위장한 도박 중개작전을 수행하게 되었다. 경찰의 감시하에 도박 중개작전을 수행하는 동안에 그는 상당한 금액, 아마도 1년에 10만 달러 이상을 벌어들였으며, 이 작전은 약 12명의 도박 중개인과 그들의 공범이 체포되고 유죄판결을 받는 결과로 이어졌다.

필자가 조와 접촉할 때 그 위장수사 작전은 이미 종결된 상태였고, 조는 자기의 도박

---

8) * 역자 주: Counter Intelligence Program의 줄임말로, FBI가 1956년부터 1971년까지 운영했던 구체적 프로그램을 지칭한다. COINTELPRO는 정치적으로 민감한 집단, 예를 들어 시민권 운동, 반전 운동, 좌파 활동가, 흑표당(Black Panther Party) 등의 활동을 감시하고 방해하려는 목적으로 시작된 비밀 프로그램이다. COINTELPRO는 FBI의 구체적 대첩보 작전명이라는 점에서 방첩 활동 일반을 지칭하는 COINTEL과 다르다.

9) "COINTELPRO 또는 역정보계획은 정부를 전복하려 하거나 폭력적이고 극단적인 조직을 겨냥한 혼란 및 방해 정책이다. 이는 보통 그러한 조직이나 지도자를 불신하거나 파벌투쟁을 조장할 목적으로 FBI 요원이 허위 또는 익명의 편지를 조직원이나 고용주, 신문사에 보내는 것을 포함한다." James Q. Wilson, *The Investigators* (New York: Basic Books, 1978), p. 83.

10) *Ibid*, p. 84.

중개사업에 복귀하여 뉴욕에서 더 유명한 도박꾼들과 일하고 있었다. 그는 연방과 지역의 여러 수사당국에 정보를 계속 제공했다.

필자가 조와 접촉하는 동안 그는 최소 세 번쯤 도박 혐의로 체포되었다. 그의 세 번째 체포는 검사와 판사가 도박사범에 매우 엄하다고 알려진 지역에서 한 번도 상대한 적 없는 요원에 의해 이루어졌다. 그는 그간 거래해 온 요원들에게 힘써 달라고 요청하여 보호관찰 조건부 기소유예 처분을 받았다. 그 당시 힘써 달라고 요청받은 요원 중 두 명은 그가 도박에 관여하는 것을 알고 있었다. 조가 밝힌 바에 따르면 그들 중 한 사람은 도박에는 관심이 없고 오직 그가 거래하는 사람들에 대한 정보만 원한다면서 그에 접근했다고 한다.

빌라노(Vilano, 1977)는 뉴욕에서 조직범죄를 전문적으로 수사한 FBI 요원으로서, 20년 경력 동안 범죄 정보원들과의 거래에 관한 흥미로운 세부 사항을 제공한다. 빌라노는 자신이 특히 마피아 조직원을 정보원으로 모집하는 데 성공적이었다고 한다. 그가 다룬 많은 정보원은 삶에 불만을 품고 있었고, 범죄조직 내에서 실패한 인물들이었다. 그러나 그들은, 빌라노의 감독하에, 꽤 심각한 범죄로 생각될 수 있는 다양한 활동에 참여했다. "나의 첫 세 명의 정보원 중에서, 미키 플라워즈(Micky Flowers)만 활발한 범죄 활동을 계속했습니다. 재키 구치(Jackie Gucci)는 점잖은 형태의 고리대금업에만 집중했으며, 리코 콘테(Rico Conte)는 자동판매기를 밀어붙이는 정도의 일에만 제한적으로 폭력을 행사했습니다."11) 이는 요원들이 범죄 활동에 대해 느슨한 태도를 보이고 있음을 분명히 보여준다. 빌라노 자신도 수사를 위해 도박 중개인과 접촉이 필요할 때 자신이 직접 접촉할 수 없으면 정보원을 통해 도박 중개인에게 내기를 거는 윤리적 경계를 넘기도 했다고 고백한다.12)

빌라노 역시 정보원에게 범죄 허가를 내주는 데 따르는 도덕적 딜레마에 대해 명확히 밝히고 있다. "가장 염려스러운 것은 내가 도둑질하라고 허가장을 내주는 것이 아닌가 하는 우려다. 정보원 빌레티(Billeti)는 그가 나에게 매우 소중한 존재이므로 만일 그가 체포되면 내가 도울 것을 알고 있었다. 나는 FBI의 이익과 관련이 없으면 그가 무슨 짓을 하려는지 알려고 하지 말아야 했다."13) "나는 범죄인이 계속 범행하게 한다는 것을 알고 있었다. 그러나 빌레티가 우리에게 제공하는 정보는 그가 훔치는 것보다 훨씬 더 가치가 있다고 믿었다."14)

재판절차에 제출되는 문서를 통해서, 직접적이지는 않지만, 설득력 있는 증거가 제공

---

11) Anthony Vilano, *Brick Agent* (New York: Ballantine Books, 1977), p. 96.

12) Anthony Vilano, *Brick Agent* (New York: Ballantine Books, 1977), p. 96.

13) *Ibid*, p. 112.

14) *Ibid*, p. 116.

되기도 한다. 예를 들어 캔자스시티의 FBI가 감청 허가를 받기 위해 어느 정보원에 대해 다음과 같이 설명하고 있는 것을 보자.[15]

비밀정보원 10번(Confidential Informant Number 10, CI #10)은 6년 넘게 비밀리에 FBI에 정보를 제공하고 있습니다. 그의 정보는 그간 다른 비밀정보원의 보고와 별도의 조사에 의해 믿을 수 있음이 확인되었습니다. CI #10은 약 15건에 대해 정보를 제공했는데, 그러한 정보는 직접 접촉하거나 대화를 통해서 또는 캔자스시티의 아웃핏 (Outfit)과 관계있는 여러 사람의 대화를 엿들어 확보한 것입니다.

이것이 "아웃핏(마피아를 가리키는 캔자스시티 용어)"의 일원이나 밀접한 관련자가 마피아 활동에 중대하게 관여하고 있는 사람에 대해 설명하는 것이 아니라고 보기는 어렵다. 구체성에 다소 차이가 있지만 정보원에 대한 이러한 설명은 감청 신청에서도 종종 등장한다.

"거물급 정보원 계획(Top Echelon Program)"이라 불리는 FBI의 정보원 공작에도 주목해야 한다. 수년간 그 존재가 알려지지 않았던 이 계획은[16] 정기적으로 정보를 얻기 위해 범죄조직의 거물급 조직원 ─ 대부분 마피아 단원 ─ 을 모집하는 것이다. 아마도 위 감청 신청에서 언급된 비밀정보원 10(CI #10)은 정보원 중에서도 거물급일 것이다. 그러나 거물급(TE'S)이라 불리는 그들이 오로지 FBI에 정보를 제공하려는 목적에서 범죄를 범한다고 생각되지는 않는다. 오히려 그들은 정보제공의 대가로 상당히 보호받고 이 점을 이용하여 마피아 조직 내의 경쟁자들에 대항하는 등 전술적 이득을 취하기도 할 것이다.

FBI의 잠재적 허가 권한은 최소한 두 가지 이유에서 독특하다. 첫째, FBI의 위상은 상응하는 대가를 제공하지 않고도 지역 기관을 압박하여 FBI 정보원을 보호하게 만들 수 있다. 실제로 많은 지역 기관에서 흔히 제기하는 불만은 바로 FBI가 항상 요구만 하고 그에 상응하는 협조를 하지 않는다는 것이다. 자신들의 청렴성과 다른 모든 법집행기관의 부패

---

15) The Wiretap application is listed as Document #79−0006/4−01/29−h of the United States District Court for the Western District of Missouri, Western Division. The Case involved is discussed in U.S. Senate, *Organized Crime and the Use of Violence*, Hearings of the Permanent Subcommittee of Investigation of the Senate Government Operations Committee, 96th Cong., 2d sess., April 30, 1980, p. 15.

16) 필자의 이러한 표현은 전직 연방검사와 나눈 대화를 근거로 한다. 그 검사는 자신이 1970년대 초거물급 정보원 계획에 대해서 언급하자, FBI 측이 매우 우려했다고 한다. 그 계획은 Sanford Ungar, FBI: *An Uncensored Look behind the Walls* (Boston: Little, Brown, 1975) 참조.

가능성에 대한 FBI의 오랜 신조가 이러한 행동의 정당성을 제공한다.[17] 이유야 어떻든, 그 결과로 FBI는 자기가 인가하는 정보원을 다른 어떤 기관보다 잘 보호할 수 있다.[18]

그럼에도 불구하고, 더욱 근본적 차이는 수사의 초점이 다르다는 데 있다. 지역 기관은 그들의 자원을 범죄의 해결이나 불법시장의 통제보다는 다른 활동에 사용한다. 그들은 주로 순찰이나 체포 절차의 진행, 주민과의 유대 등에 시간을 보낸다. 조직범죄나 마약 시장을 다루는 경우도 지역기관은 가장 낮고 눈에 잘 띄는 소규모 범법행위에 노력을 기울인다. 그들은 정보를 제공하기 위해 장기간 통제되는 정보원의 필요성을 크게 느끼지 못한다. 매닝과 스콜니크가 마약단속반을 중심으로 살펴 보고 조사한 결과가 그렇게 된 이유 중 하나는 틀림없이 그 단속반이 소매급 이상의 것을 사건화하려 하지 않는다는 점에 있을 것이다.[19]

뉴욕 경찰국의 특별수사대(SIU: Special Investigations Unit)는 더 야심찬 사건의 해결을 시도한 지역 부서 중 하나였다. SIU의 임무는 헤로인과 코카인 밀매자들에 대한 주요 음모 사건을 수사하는 것이었으며, 뉴욕은 이러한 집단의 국가적 중심지로 여겨졌다. SIU의 구성원들은 감독으로부터 큰 자유를 부여받았고, 화려한 사건을 많이 해결했다. 이와 관련된 내용은 데일리(Daley, 1978)의 저서에 상세히 기록되어 있다. 그러나 이 부서는 또한 극도로 부패한 부서로 판명되었다. SIU의 구성원들은 주요 밀매자들을 성공적으로 처치하면서 동시에 상당히 큰돈을 불법적으로 획득했다.

특별수사반의 부정을 폭로할 때 그 중심 인물은 로버트 로이치(Robert Leuci)였다. 그는 그 수사반 중에서도 성공한 요원 중 하나였다. 이런 분야의 사건을 해결하는 과정에서 생기는 문제를 잘 보여 주는 예를 그와 그의 가장 유능한 정보원 배런(Baron)의 관계에서 볼 수 있다. "배런은 다른 마약수사반에 의해 1년에 두 번 정도 체포된다. 그때마다 로이치는 법원에 달려가 지역 검사나 판사에게 부탁해서 가석방되게 하고 다시 일하게 했다."[20] 여

17) Ungar, FBI. p. 431. 비밀정보와 관련해서는 오직 FBI 구성원만 신뢰할 수 있다는 FBI의 태도를 언급하고 있다. 이러한 신념은 불법도박이 지역경찰의 부패 때문에 성행한다는 것을 전제로 하는 1970년의 조직범죄 통제법 (Organized Crime Control Act)에도 반영되어 있다. FBI에게 관할권을 주는 것은 정직한 법집행이 마침내 도박에 대해서까지 시행되게 하는 것이다. "Remarks" of Senator Hruska, 115 *Congressional Record* 10736, 1969. 그러나 일반적으로 FBI는 경찰의 부패를 수사하기를 그간 꺼려왔다. Herbert Beigal and Allan Beigel, *Beneath the Badge* (New York: Happer and Row, 1977).

18) FBI가 좋아하는 지역 관리를 보상하기 위해 훈련계획을 어떻게 사용해 왔는지 기술되어 있다. Ungar, *FBI*, pp. 429–430.

19) Manning, *The Narc's Game*, p.247. 여러 가지 마약을 구매하는 데 드는 비용의 수치를 제시하고 있다. 1,000달러어치 이상 구매하는 사건은 3–4건을 넘지 않는 것 같다. 체포 건수당 평균 비용은 겨우 61.45달러였다.

20) Robert Daley, *Prince of the City* (Boston: Houghton Mifflin, 1978), p. 243.

기서 재미있는 것은 로이치가 아주 쉽게 배런을 석방되게 한 점이다. 배런은 거물급 마약 밀매자는 아니었으나 분명히 소매상보다는 한 단계 또는 통상 두 단계 이상되는 고위급이었다. 그럼에도 로이치는, 여러 다른 기관과의 거래를 통한 것이기는 하지만, 그를 여러 차례 석방시킬 수 있었다. 다른 기관의 부패가 필요한 것은 아니다. 이런 식의 거래는 흔한 일이었다.

2 | 허가의 필요성

경찰이 범죄인에게 허가하는 이유를 전혀 이해하지 못할 바는 아니다. "도둑을 잡으려면 도둑을 이용하라."라는 속담을 생각하면 충분히 짐작할 수 있다. 탐정소설에서조차 범인의 측근으로부터 도움을 받지 않으면 많은 사건을 해결하기 어려울 것이다. 경찰은 정보원의 범죄행위를 묵인해 주지 않아도 범죄인들에게서 협조를 얻어 낼 수 있다고 주장한다. 그러나 필자는 그렇게 생각하지 않는다. 오히려 경찰이 많은 범죄인과 장기간 협력관계를 유지해야만 해결할 수 있는 것을 우리가 경찰에 요구하고 있다고 생각한다.

이에 관한 토의를 위해서는 윌슨이 주장한 경찰 활동의 두 가지 유형을 구분하는 것이 유익할 것이다.[21] 윌슨은 이미 저질러진 범죄에 관여한 사람을 체포하기 위해 정보를 수집하는 수사와 어떤 사람이 현재 어떤 범행에 계속 관여한다고 의심하여 경찰요원(정보원이나 위장수사요원)을 그 범법행위를 관찰할 위치에 두려는 교사(instigation)[22]와는 명확히 구별해야 한다고 주장한다. 마약 밀매는 교사적인 수사의 가장 중요한 초점이 되고 있다.

경찰이 위 두 가지 목적을 달성하기 위해서는 두 경우 모두 범죄 세계에서 실제로 활동 중인 정보원이 필요하다. 먼저 수사의 예로서, 대규모 강도 사건을 생각해 보자. 만약

---

* 역자 주: 이 책은 SIU의 부패와 그로 인해 발생한 문제들을 심층적으로 다루고 있다. 저자는 이 책을 통해 SIU의 수사 활동, 특히 헤로인과 코카인 밀매에 대한 음모 사건들을 중심으로 다루고 더불어, 이 부서의 비리와 부패를 폭로한다. 뉴욕 경찰국의 비리를 조사하고 드러낸 중요한 저널리즘 작품으로 평가받고 있다.

21) Wilson, *the Investigators*, pp. 21-23.

22) * 역자 주: 여기서 교사로 번역된 개념은 본문에도 나와 있듯이 이미 범죄적 성향이 있는 자를 부추겨 범행을 촉진한다는 점에서 적극적 방조에 가깝다. 새롭게 범의를 유발하게 하는 우리 형법상 교사보다 덜 적극적이다. 이 장에 나오는 교사는 이러한 개념임을 양해 바란다. 만일 범죄적 성향이 없는 자를 부추겨서 범의를 야기하였다면 이는 함정수사가 되어 수사가 위법하게 된다는 점도 감안해서 이해하여야 한다.

범인이 사건 발생 후 몇 시간 내에 체포되지 않거나 그 신원이 확인되지 않으면 경찰이 그 사건을 해결할 가능성은 매우 낮게 된다(그린우드 외, 1975). 가장 효과적인 정보의 출처는 도둑과 장물거래 세계에 있는 정보원들이고 그들에게 곧바로 확인하는 것이다. 강도범은 범행 계획에 다른 공모자를 연루시키거나 그 범죄의 결과물을 처분하는 데 도움이 필요할 가능성이 높다. 범죄에 대한 다양한 정보가 절도 및 장물 거래에 연루된 사람들의 네트워크 주변에 떠돌고 있을 가능성이 높은 것이다.

이러한 정보원들이 오로지 혐의를 벗으려고 일하는 사람들로만 구성되어 있다고 믿기는 어렵다. 경찰의 정보 수요는 긴급하다. 그들은 항상 이용할 수 있는 정보원의 풀(pool)을 가지고 있어야 한다. 이러한 정보원들이 가치가 있으려면 활동 중인 범죄자여야 한다. 이들은 자신이 나중에 곤경에 처하면 기관이 도와줄 것이라는 나름의 기대 하에 정보를 제공할 것이다. 정보원이 나중에 체포되면 그의 도움으로 대형 강도 사건을 해결한 형사에게 가장 먼저 연락을 취할 것이다. 다만 살인이나 다른 중범죄의 경우라면, 그 형사는 도울 수 없고 도우려 하지도 않을 것이다.

정보원이 범죄 허가를 얻기 위해 자신의 모든 활동을 경찰에 정기적으로 보고한다고 할 수는 없다. 비록 빌라노가 자신의 정보원 중 한 명은 종종 어떤 범행에 가담해도 되는지 조언을 구했다고 밝히고 있기는 하지만 이런 일은 양자 모두에게 이익이 되지 않는다. 정보원이 받는 허가의 성격과 정보원이 체포될 때 도움을 받을 수 있는 행위의 형태에 대해 서로 간에 비공식적으로는 양해가 되어 있을 것이다.

범행을 부추기는 교사 행위는 경찰에게 더욱 복잡하고 모호한 성질의 활동이다. 이는 경찰 요원이 직접 범죄 세계에 연루되고, 교사가 성공하기 위해서는 소개가 필수적인데 이는 오직 범죄인인 정보원만 할 수 있으며, 마약 단속이 좋은 예인데 이는 이러한 기술적 문제가 가장 첨예한 분야이기 때문이다.

정보원을 이용하는 마약 단속 중에는 필자가 지금까지 얘기한 허가가 전혀 필요하지 않은 형태도 있다. 이는 수사관이 마약을 구입하고 그 즉시 그 판매자를 체포하는 "구입하고 박살내는" 수사 방식의 변형된 형태다. 체포된 판매자는 그 수사관을 다른 마약 공급자에게 소개하거나 아니면 상당한 기간을 감옥에 가야 하는 양자택일의 기로에 선다. 그 위장수사요원은 마약거래 허가를 내주지 않고도 송사리급 소매상에서 중요한 마약 공급자로 수사를 확대해 나갈 수 있다. 이 경우 체포된 판매자는 수사관을 다른 공급자에게 소개하고 당장의 처벌을 면할 뿐, 장래의 특권까지 보장받지는 못한다.

의심할 바 없이, 많은 마약단속반은 이런 식으로 활동한다. 그러나 마약단속반원 역시 나름 정보를 수집한다. 하급 매매부터 시작하여 점차로 공급망을 확대하는 수사 방법은 낭비적이기 때문에 마약반은 특정한 판매자들의 중요도를 계속 평가하여 수사 대상을 정해야 한다. 소매 계층에서 시작하여 길고 불확정적인 계보를 수사하는 것보다 이름을 밝히지 않는 조건으로 고위 거래자를 기꺼이 소개하겠다는 중간 계층의 거래자를 통해 수사하는 것이 수사 대상으로 지목된 자에게 훨씬 더 효과적으로 도달할 수 있다.

교사 방법을 쓰는 기관은 정보원에게 허가해 주고 싶은 강한 유인이 있다. 1온스 정도의 마약을 판매하는 자가 정기적으로 1/4파운드 정도를 판매하는 자를 체포하는 데 필요한 중요한 단서를 제공하면 그 자신의 판매가 방해받지 않을 뿐만 아니라, 계속해서 그 정도의 소량만 취급하는 한, 다른 수사기관의 수사 대상이 될 때 도움을 청할 수도 있다. 이러한 허가의 범위는 그 기관이 노리는 시장의 크기와 함수관계에 있다. 대량거래 사건을 주로 담당하는 DEA가 폭넓은 허가를 내주고 있는 것은 아닌지 당연히 의심해 볼 수 있다.[23] FBI와 마찬가지로 DEA도 지역기관에 굉장히 도움이 되는데 이는 지역기관이 DEA에 정보뿐만 아니라 장비 및 훈련까지 의존하고 있기 때문이다.

그러나 형사들이 두 계층의 정보원과 유지하는 관계에는 커다란 차이가 있다. 교사적 방식의 정보원은 그들이 일하는 수사반 활동에 훨씬 밀접하게 연루된다. 종종 그들은 수사반의 활동 대상을 결정하기도 하고,[24] 거의 매일 범죄와 연관되기 때문에 수사반의 간섭이 더 많이 필요하다. 이와 대조적으로 그 밖의 형사와 "밀고자"의 관계는 상당히 느슨하여 형사는 어느 특정 사건을 위해서만 그런 범죄인의 협력을 구할 뿐이고 그 범죄인도 형사의 도움을 요청하는 경우가 매우 드물다.

3 | 허가 절차의 관리

수사기관은 정보원에 관한 계획의 존재 자체를 좀처럼 인정하지 않는다. 이러한 상황에서 그 계획이 어떻게 관리되는지에 관하여 제대로 얘기하기는 어렵다. 실제로 필자는 워싱턴 지역의 여러 경찰기관에 수사요원과 정보원의 관계에 대한 가이드라인을 요청했으

---

23) Epstein(1977, p. 106)은 볼티모어 마약단속 경찰이 사실상 특별히 허가받은 마약 딜러인 정보원이 800명이 있다고 말한 내용을 전하고 있다. 아마도 이는 대부분 지역 경찰이 허가한 것으로 보인다.

24) Jay Williams, et al., *Police Narcotics Control: Patterns and Strategies* (Washington, D.C.: National Institute of Justice, 1979), Chapter 5.

나 하나밖에 받지 못했다. 그것은 FBI로부터 받은 것이다. DEA는 그러한 가이드라인이 비밀이라고 했고, 2개의 경찰국(워싱턴 D.C.의 수도 경찰국, 메릴랜드 몽고메리 카운티 경찰국)은 엇갈리는 답변 끝에 그러한 가이드라인이 없다고 했다.

FBI 가이드라인은 1976년에 공포되었다. 이는 에드워드 레비(Edward Levi) 장관이 FBI를 더욱 법무부의 통제 하에 두려고 노력한 결과이다.[25] 여기서 살펴보는 것은 ABSCAM 사건이 발생한 후 1980년 12월에 발효된 개정판이다. 이 가이드라인에서 범죄 허가에 따르는 문제를 다루고 있지만, 허가 범위에 대해서는 그 한계를 매우 모호하게 언급하고 있다. 이 가이드라인의 관련 조문을 넓게 인용하면 그 점이 한층 명확해질 것이다.

범죄 활동에 대해 유용한 지식을 가진 제보자나 비밀정보원이 범죄 생활에 관여하고 있는 경우가 있다. FBI가 그들의 범죄 활동에 대한 정보를 접하게 될 경우, 그 범죄 활동이 FBI의 임무와 무관하고 참여 정도가 경미하면 그에 대해 추가적 수사나 집행 조치를 생략할 필요가 있을 수 있다는 점이 인정된다. 그러나 담당 수사관(Special Agent)이 제보자나 비밀정보원의 범죄 활동이 **중대한 범죄**라는 것을 알게 되면 해당 수사관은 언제나 그 사실을 현장 사무소의 감독관에게 보고해야 한다. 보고받은 감독관은 주 또는 지역 사법당국이나 검찰 당국에 위법 사항을 알릴지에 대해 결정해야 한다 ….[26]

FBI는 제보자나 비밀정보원의 범죄 활동을 주 또는 지역 사법당국이나 검찰 당국에 통보할지에 대해 결정할 때 다음 사항을 고려해야 한다.
  (a) 해당 범죄가 완료되었는지, 임박했는지, 미수에 그쳤는지
  (b) 해당 범죄가 생명이나 재산에 미치는 위험성의 심각성 ….[27]

이러한 가이드라인은 분명히 정보원의 특정한 행위를 감독자에게 보고해야 하는지, 다른 기관에 알려야 하는지에 대해 담당 수사관과 감독자에게 커다란 재량을 주고 있다. 생명과 재산에 대한 위험성을 강조하는 것도 많은 재량을 주려는 의도가 있는 것 같다. 이러한 점에 비추어 볼 때, 불법도박 사업자나 빌라노가 말하는 바와 같은 "점잖은" 고리대금업자는 틀림없이 경찰의 간섭을 받지 않고 방임될 것이다.

---

25) Department of Justice, "Attorney General's Guidelines on FBI Use of Informants and Confidential Sources" (Mimeo), December 2, 1980.
26) *Ibid*, p. 8.
27) *Ibid*, p. 9.

이러한 재량은 어떻게 행사되는가? 물론 이는 모두 이해하는 바와 같이 FBI가 아주 민감해하는 문제다. FBI의 정보원 이용 계획이 위 가이드라인에 따르는지를 심사하려던 일반회계국(GAO)의 노력은 그다지 성공적이지 못했다. 정보원에 관한 파일을 GAO가 감사하는 것은 정보원 이용 계획의 무결성을 훼손한다고 FBI는 주장했다.[28] GAO가 여러 민감한 안보 정책 분야까지 밀접하게 개입하고 있음에도, 위와 같은 FBI의 주장이 제대로 도전받지 않았다는 점은 주목할 만하다.

FBI는 GAO의 감사를 물리쳤지만 정보원 이용 계획이 법무장관의 가이드라인에 따라 행해지는지 스스로 감사할 의무감을 계속 느꼈다. FBI는 활동 중인 정보원에 대한 모든 파일과 종결된 파일 중에서 몇 개를 표본추출하여 감사한 다음 사소한 가이드라인 위반 사례가 극소수 있었을 뿐이라고 공표했다. 그러한 가이드라인 위반 사례 중에는 수사요원이 정보원의 범법행위를 보고하지 않은 것이 하나 포함되어 있었다. 그러나 그 보고서는 정보원의 범법행위에 관한 전반적 이슈에 대해서는 침묵하였고 각 수사요원이 부여하는 허가의 성질에 대해서도 밝히고 있지 않다.

그러자 의회가 GAO에 FBI의 감사를 검토하도록 요청했다. 그 검토는 무미건조한 관료적 방식으로 GAO가 자체 감사기능이 침해당한 것에 대한 분노를 표출할 수 있게 했다. 이 GAO 보고서 중 두 가지 관찰이 특히 흥미롭다. 첫째, FBI의 자체 감사는 정보원이나 수사요원에 대한 인터뷰를 전혀 담고 있지 않았다. 그 대신 요원들은 설문지에 대한 답변을 요구받았는데 그 설문지를 비밀로 한다는 어떠한 보장도 없었다.[29] 그리고 조사관들은 파일에 기재되어 있는 것만 살펴보았을 뿐이다. GAO는 "파일의 자료를 정확한 것으로 받아들이거나 그러한 자료가 없는 것을 모두 적절하게 처리된 증거로 받아들이는 것은 FBI나 법무장관의 규정을 어긴 수사관이 그러한 사실을 솔직하게 기재했음을 전제로 한다."[30]라고 평가했다. 그러나 그와 같은 일은 정말로 있을 법한 이야기가 아니다.

둘째로 흥미를 끄는 사실은 1979년에 FBI가 활동적인 정보원을 겨우 2,847명만 갖고 있었다는 주장이다. 조직범죄에만도 약 2,000명의 특별수사요원이 관여하고 화이트칼라 범죄에도 약 3,000명의 수사관이 관여하고 있는 것을 감안하면 위 주장의 (정보원) 숫자는

---

28) General Accounting Office, "FBI Audit Conclusions on the Criminal Informant Program Should Have Been Qualified," Report GGD-80-37 (Washington, D.C.: March 13, 1980).

29) FBI 관계자들은 비밀 설문지가 더 신뢰할 수 있는 데이터를 제공할 것이라고 믿지 않는다. 그들은 그러한 설문지에 대한 응답이 기밀로 유지될 것이라고 믿지 않기 때문에 소수의 요원만 달리 응답할 것이라고 지적한다. *Ibid*, p. 6.

30) *Ibid*, p. 4.

너무 적어서 믿기 어렵다. 필자의 생각에는 (분명히 FBI로부터 정식으로 보수를 받는 사람이 배제된) 많은 수의 정보원이 포함되지 않은 것 같다. 대신 그러한 정보원들은 각 수사요원으로부터 비공식적으로 도움을 받을 것이다. 법무부는 GAO에 의해 제기된 이 이슈에 대해 "법무부는 어떠한 합리적 감사 절차라도, 특히 담합이 이루어진 때에는 더욱, 부적절성의 적발을 담보할 수 없다고 믿는다."라고 논평했다.[31] 기분 나쁘지만, 이러한 논평이 틀린 말은 아니라고 생각된다.

FBI가 정보원 관리 규정을 제정하여 스캔들에 대응하는 유일한 기관은 아니다. 뉴욕 경찰청(NYPD)은 데일리의 책에 묘사된 냅 위원회(Knapp Committee)의 조사 결과와 엘리트 마약 단속반 내의 부패 폭로로 인해 정보원 프로그램을 공식화하고 요원들이 범죄자와 거래하는 것을 통제하게 되었다. 이제 모든 정보원은 경찰국에 등록해야 하고 정보원에 주는 돈은 감시 대상이 되었다.

그러나 이러한 제도의 효능에 대해서는 상당한 의문이 표명되었다. 클라인먼(Kleinman, 1980)은 뉴욕 경찰국 전현직 구성원들의 다양한 의견을 모았다. 많은 사람이 경찰관이나 정보원이 이러한 등록 제도의 완벽성을 강하게 신뢰하는 데에 의문을 가지고 있었다. 클라인먼은 한 마약단속반원의 말을 인용했다. "누군가를 등록하면 그들은 곧바로 조개처럼 입을 꽉 다문다. … 내가 누군가를 등록할 때는 그에게 많은 돈을 줘야 할 때뿐이다."[32] "그건 말이지요. 잘 되고 있지 않지요. … 경찰은 아무도 사용하지 않는 등록 기록만 몇 개 갖고 있을 겁니다."라고 뉴욕 경찰국 전직 고위간부는 말했다.[33]

경찰관의 이러한 불신은 진실에 부합한다고 할 수 있다. 왜냐하면 그러한 등록 요건을 회피할 기회가 항상 존재하기 때문이다. 정보원은 경찰국이 제공하는 돈이 아니라도 보상을 받을 수 있다. 실제로 본인이 뉴욕에서 접촉한 정보원들에 의하면 경찰이 정보원에게 줄 수 있게 허가된 돈은 겨우 25달러 정도로 미미하여 정보원에게 아무런 영향도 주지 못한다. 경찰관은 이러한 지출을 위해서 여러 비용 항목을 쉽게 조작할 수 있다. 정보원들이 등록되는 것에 불안을 느낀다는 경찰의 생각은 옳다. 경찰마저 등록 제도를 달갑지 않게 생각하면 많은 사람이 등록 요건을 회피하리라고 추정할 수 있다. 정보원이 연루되는 경찰 업무의 성질이 매우 비밀스럽다는 점을 감안하면, 보고되지 않는 정보원의 모집을 방지하기는 참으로 어렵다.

---

31) *Ibid*, p. 23.

32) David Kleinman, "Out of the Shadows and Into the Files – Who Should Control Informants?" *Police Magazine*, November 1980, P. 40.

33) *Ibid*, p. 9.

수사요원들이 그들의 정보원에게 허가하는 것이 금지된다면 그들 간의 관계와 보수 지급을 공식화하는 것이 필요하다. 수사관은 정보원의 정보를 기록해야 하는데 이는 감독경찰관이 정보원에게 주어지는 대가, 즉 돈이나 감경된 소추 등을 평가할 수 있게 하기 위함이다. 그러한 절차는 (체포 과정에 이르면 지겹도록 많이 직면하는) 서류 작성 업무를 싫어하고 수집한 정보에서 충분한 성과를 얻기 위해 그 정보의 통제를 원하는 경찰의 뿌리 깊은 습관에 어긋난다. 공식적 통제가 심하면 심할수록 수사요원은 정보원의 등록을 더 회피하려 할 것이다.

수사관과 정보원의 관계를 공식화하는 문제는 정보의 기록, 정보원의 "소유권" 및 정보의 전파와 같은 큰 문제에 내포되어 있다. 주로 순찰 경찰 및 하급 경찰관을 다루어 온 루빈스타인(Rubinstein, 1973)은 그들이 직접 이용할 지위에 있는 경우를 제외하고는 누구에게도, 심지어 직속 상관에게도, 정보제공을 주저한다는 점에 주목했다. 다른 한편, 윌리엄 등(William et al., 1979)은 대다수 마약단속반이 어느 한 요원의 정보원을 다른 요원에게도 소개하게 함으로써 특정 요원이 독점적 지배권을 행사하지 못하게 많이 노력했다는 사실을 발견했다. 필자가 경찰의 정보활동을 접해 본 결과, 이 문제는 근본적인 문제 중 하나인 것 같다. 경찰관들은 사건을 해결한 것에 대해서만 보상받지, 다른 사람이 정보를 사용하고 그 공을 가로챌 수도 있는 파일에 정보를 넣는 것에 대해서는 보상받지 않는다.

4 │ 개혁의 한계

지금의 상황을 바꾸기 위해서 우리가 할 수 있는 일은 거의 없다. 정보원과 수사관의 거래를 통제하려는 노력은 오히려 역효과를 가져올 것이다. 즉 수사관은 더 많은 정보를 감추고 정보원에게 불법적으로 보상하는 방법을 더욱 모색해 나갈 것이다. 어떤 기관이 '정보원에게 주는 라이선스에 관한 가이드라인'을 설정한다는 것은, 바꾸어 말하면, 문제 많은 다음 두 가지 활동에 대한 해당 기관의 정책을 공표하는 것이 된다. 첫째, 기관이 어떤 범죄자를 체포할 충분한 정보를 갖고 있어도 그와 같은 범죄자를 모두 체포하지 않겠다고 (설정되는 가이드라인을 통해) 공표함으로써 법을 위반하게 된다. 둘째, 기관은 정보원과 논란의 소지가 분명한 일련의 거래를 명시해야 한다. 정기적으로 1온스의 헤로인을 판매하는 딜러가 4온스의 헤로인을 판매하는 딜러에 대한 정보를 매달 1건 이상씩 제공한다면, 1온스 딜러는 그 영업을 계속할 수 있는가? 이런 질문에 정답은 없다.

더구나 어떠한 가이드라인이든 새로운 방어의 길이 열리기 마련이다. 피고인이 자기에게는 경찰로부터 허가받을 기회가 주어지지 않았다고 주장할 수도 있다. 1온스 마약판매상이 자신에 대한 기소가 차별적이라고 할 수도 있고, 1온스 정도의 거래면 흑인이나 소수인종에게 적절히 배분되어 있는지 물을 수도 있다. 즉 그들은 백인 판매상과 대등하게 기소를 면할 기회가 제공되었는지 다툴 수도 있다. 그러한 가이드라인에는 곧이어 적법절차 요건이 뒤따를 것이다. 이러한 요건에 대한 사법적 감독은 매우 민감한 업무 영역에서 경찰의 자율권에 엄청난 위협을 가한다.

이러한 가이드라인의 시행 가능성과 관련하여 적법절차에 미치는 영향과 별개의 의문이 있다. 가이드라인이 일반 대중의 지지를 받으려면 정보원에 대해서 상당히 엄격한 요건을 명시해야 할 것이다. 그런데 정보원이 가이드라인에서 정한 요구에 크게 미흡한 경우에도 수사관에게는 그를 보호할 가치가 있을 수 있다. 법집행기관의 비공식적 거래 능력을 감안하면, 실제로 가이드라인의 요구를 충족하는 정보원만 허가된다고 믿기는 어렵다.

경찰이나 수사요원이 정보원 허가에서 갖는 무제약적 재량에 대한 대책은 없는가? 이 문제는 어쩌면 FBI에는 잠재적으로만 심각할 것이다. 이는 바로 그들이 정보원을 보호할 능력을 더 크게 보유하고 있고 또한 정보원이 있어야 해결할 수 있는 많은 사건을 해결하라는 매우 큰 압력을 받고 있기 때문이다. 지역경찰은 지난 20여 년간 법집행기관의 세분화가 진행되면서, 폭넓은 허가를 제공할 유인도 없어졌고 또 믿을 만한 허가 제공자가 되지도 못했다.

더구나 FBI와 DEA는 '정보원에게 광범위한 권한이 부여되는 경우는 별로 없으므로, 재량권 문제는 그다지 심각하지 않다.'라고 한다. 즉, 국민에게 알려지면 비난이 쏟아질 정도로 정보원에게 폭넓은 허가가 주어지는 일은 매우 드물다는 것이다. 지역의 경찰국과 달리 연방기관은 여러 서류를 통하여 통제를 매우 많이 한다. FBI 요원은 지역 경찰보다 훨씬 상세하게 자기가 어떻게 시간을 보내는지 보고해야 한다.[34] 그의 감독관은 수사상 결정에 아주 깊이 관여한다. 다수의 주요 연방 수사에서 이용되는 도청은 다른 수사요원도 정보원과 거래하게 한다. 빌라노 보고서가 제시한 바와 같이, 이상의 어떤 요소도 수사요원과 정보원의 거래가 충분히 감시되고 있음을 보장하지 않는다. 그러나 이들 요소가 수사요원들이 원칙상 허용되는 범위를 넘어서 정보원과 규제받지 않는 거래관계에 빠지지 않게 하는 것은 분명하다. 또한 수사국 간부들도 그 기관이 제멋대로 행동하는 정보원이

---

34) See Wilson, *The Investigators*, pp. 91–108.

초래하는 위험성 때문에 상당한 대가가 약속되지 않으면 폭넓은 허가를 선뜻 해주려 하지 않는다. ABSCAM 수사가 종결된 후 와인버그가 취한 행위가 좋은 본보기이다.

정보원은 어쩌면 경찰 활동의 더러운 비밀일 수 있다. 경찰과 정보원의 거래를 엄격히 통제하려는 선의의 노력은 오히려 경찰 내부에 비밀을 조장하고 통제의 효율성만 떨어뜨릴 수 있다. 경찰 활동은 필요한 경우에조차 더러운 사업이다. 특히 대중이 즐기는 많은 것을 제공하지 못하게 하고, 다른 많은 것도 제공하지 못하게 규제하는 국가에서는 더욱 그렇다. 범죄인에 대한 경찰의 허가가 많이 축소되기를 원한다면, 경찰에 대한 우리의 기대를 낮추거나 범죄인들이 '원고가 없는 범죄'에서 막대한 이익을 얻게 하는 현행 법제를 바꿔야 한다.

제 6 편

과거의 범죄에서 현재의 범죄로
- 위장수사의 공정성과 대상 선정 문제 -

로렌스 셔먼
(Lawrence W. Sherman)

제 6 편

과거의 범죄에서 현재의 범죄로
- 위장수사의 공정성과 대상 선정 문제 -

로렌스 셔먼(Lawrence W. Sherman)[1]

FBI의 ABSCAM 수사가 미국 의회를 대상으로 진행되면서 정치적 논쟁 속에서 여러 중요한 도덕적 질문이 제기되었다. 형사 수사에서 거짓말과 속임수(=기만)가 과연 이용되어야 하는가? 만약 이용된다면, 정직성 테스트에서 끝내 범죄에 가담하지 않는 사람들을 보호하기 위해 어떤 안전장치가 마련되어야 하는가? 그리고 누군가가 범죄를 저지를 인위적 기회에 노출된다는 것은 (적어도) 그 사람의 삶에 대한 중대한 침해가 된다는 점에서 과연 이러한 수사기법이 적용될 경우, 그 대상은 어떻게 선정되어야 하는가?

이러한 질문은 수 세기에 걸친 것이지만, 지금까지 누구도 크게 관심을 기울이지 않았다. 경찰은 그간 성매매여성, 도박꾼, 밀주업자, 동성애자, 마약상을 조사하기 위해 속임수를 이용하였다. 그러나 이러한 기법을 사회적으로 지위가 낮은 사람들에게 적용하는 것에 대해 도덕적으로 크게 분노하는 사람은 거의 없었다. 그러나 똑같은 기법이 고위 공직자

1) 경찰 재단(Police Foundation)의 연구 책임자이자 메릴랜드대학교 범죄학 부교수. 경찰관 고등교육을 위한 국가 자문 위원회(National Advisory Commission on High Education for Police Officers)의 집행이사로 활동. 『형사 사법 교육의 윤리』, 『스캔들과 개혁: 경찰 부패 통제』, 『경찰과 폭력』, 『경찰 부패』를 포함한 여러 책의 저자이자 편집자. 예일대학교 사회학 박사.

* 역자 주: 셔먼은 범죄학 및 형사 사법 분야에서 세계적으로 저명한 학자로, 특히 증거기반 범죄학(Evidence-Based Policing)과 경찰 업무 혁신에 공헌한 인물이다. 범죄예방, 경찰의 역할, 범죄 데이터를 바탕으로 한 정책 결정 등을 중점적으로 연구하였다. 후에 케임브리지대학교에서 증거기반 범죄학 교수로 재직하며, 케임브리지 범죄학 연구소(Cambridge Institute of Criminology)를 설립하여 학문적 연구와 실무를 연계한 범죄예방 전략을 제시하고 발전시켰다. 경찰 조직이 과학적 증거를 바탕으로 한층 효과적인 범죄예방과 대응 전략을 수립할 수 있게 노력했다.

에게 적용되자 위 도덕적 질문들이 커다란 주목을 받고 있다.[2]

　이 장에서는 위장수사의 대상이 어떻게 선정되어야 하는지에 대한 문제를 논하기로 한다. 이 장에서는 그러한 수사가 도대체 행해져야 하는가에 대한 문제는 다루지 않는다. 경찰이 (위장을 통한) 기만을 광범위하게 이용하는 점을 고려할 때 그 문제는 이미 결정이 난 사안으로서 논의의 실익이 없어 보이기 때문이다. 대신, 이 장에서는 무고한 사람의 보호에 관한 문제를 다룬다. 대상 선정에 더욱 체계적 접근법을 적용할 때 얻어지는 장점 중 하나이기 때문이다.

1 │ 위장수사의 형평성

　영미식 법집행 전통에 있어서 페어플레이에 대한 대부분의 우리 관념은 엄격한 시간의 순서에 따르는 **사후대응적 시스템**(reactive system: 반응적 시스템)을 전제로 하고 있다. 먼저 하나의 범죄가 범해진다. 그러면 그 범죄와 증거가 피해자나 주위에 있는 자에 의해 목격된다. 피해자나 주위에 있는 자는 공개적으로 피의자를 고발하고 그 고발은 재판에서 공개적인 탄핵절차에 의해 다뤄진다. 이 경우 법집행 제도는 사후대응적이다. 왜냐하면 그것은 어떤 범죄가 발생했다는 고발에 기초하여 사후적으로 대응하는 것이기 때문이다. "누가 범했는가(whodunit)"를 결정하는 데 있어서 이 제도는 동사의 과거시제를 강조한다. 적법절차나 증거개시, 고발인과의 대질권, 전문증거의 배제 등에 대한 우리의 모든 관념은 이미 발생한 과거의 사건에 초점이 맞춰진 법집행 개념에서 비롯된다.

　그러나 복잡한 사회에서 더욱 중대한 범죄는 어쩌면 계속적으로 발생하는 범죄일 수 있다. 법집행은 과거시제뿐만 아니라 현재시제에서도 커다란 도전에 직면해 있다. 즉, 반드시 과거에 범행**'한'** 자가 아니라, 현재 범행**'하(고 있)는'** 자를 체포하는 일 말이다. 이는 일반 공중에서 발생하는 범죄를 크게 구별하는 것은 아니다. 행인을 몇 시간 동안 저격하고 있는 미친 자는 위치 파악이나 체포 또는 증거를 수집할 때 경찰이 큰 어려움을 겪지 않는 현재시제의 범인이다. 그러나 은밀하게 행하는 범죄는 아무도 모르게, 증거를 노

---

2) 아마도 기자들, 공공정책 분석가들, 철학자들 역시 경찰과 마찬가지로 도덕적 기준을 고려하여 조사 대상자를 선정해야만, 권력자들의 복지에만 불공평하게 관심을 기울이는 일을 피할 수 있을 것이다.

출하지 않고 채 몇 년 동안 계속될 수 있다.

따라서 엄격한 사후대응적 법집행 제도는 본질적으로 불공정한 제도이다. 그것이 시민의 자유에 대한 우리의 신성한 전통의 기반이 될 수는 있지만, 체포될 가능성에서 부자와 빈자 간에 불평등을 초래한다. 공개적으로 범죄를 범하거나 범행의 성질상 눈에 띄는 증거를 남기기 쉬운 범죄를 범하는 자들은 체포되어 처벌받기 쉽다. 반면에, 권력과 부를 가진 사람들은 자기가 "피해자"라고 하는 사람을 만들지 않는 방식으로 사적으로 은밀하게 범죄를 저지를 수 있어서, 이들이 처벌받을 가능성은 매우 희박하다(Reiss and Bordua, 1967). 사후대응적 시스템은 사생활을 보호하는 제도에 의해 보호받지 못하는 사람들에게 절망적으로 불리하다. 사생활이라는 사회적 혜택은 부와 권력에 따라 불평등하게 분배되어 있기 때문이다(Stinchcombe, 1963).

그에 대한 대안은 사회적 불평등으로 생기는 범죄와 사람의 특성에 좌우되지 않는 제도를 만드는 것이다. **사전대응적 시스템**(proactive system: 선제적 시스템)에서는 자기를 피해자라고 하는 '자칭 피해자'의 '민원'으로 수사가 개시되지 않는다(Reiss, 1971). 오히려 경찰은 일정한 종류의 범죄는 일정한 장소에서 일정한 집단의 사람이나 특별한 개인에 의해 저질러진다는 일반적 신념에 기초하여 체포와 기소에 필요한 증거를 수집하기 위해 다양한 작전을 이용한다. 그러한 작전이 반드시 기만적일 필요는 없다. 공공장소에서 시행하는 단순한 감시나 재무 기록의 검사 또는 가담자에게 자백을 설득하는 것도 사전대응적 수사 전술로 가능하다(Sherman, 1978). 그러나 대체로 가장 효과적인 작전은 기만을 기반으로 하는 것이다. 즉 경찰요원은 마약의 딜러나 성매매를 원하는 고객 또는 특별 이민권을 얻으려는 아랍의 사업가로 위장하는 것이다.

기만이 필요한가? 그 점에 대해서는 다양한 견해가 있을 것이다. 예를 들어 전화도청에 대한 비판자들은 그것이 경찰의 태만을 보여주는 징표라고 주장한다. 즉, 경찰은 목격자와 성실하고 훌륭하게 "인터뷰"하여 얻는 인적 증거나 물건의 존재 또는 상태가 증거로 되는 물적 증거를 수집하여 많은 범죄를 해결할 수 있다는 것이다. 그러나 이러한 견해는 비현실적일 수 있다. 이 문제에 관한 실증적 증거는 거의 없다. 그러나 부패범죄 등 기타 비밀스럽고 중요한 "피해자 없는 범죄(victimless crime)"를 성공적으로 기소한 사례 중에서 비밀요원, 정보원, 배신한 공범자 또는 안전하다고 잘못 믿은 자를 설득하여 범행하게 하는 등의 방법으로 증거가 수집되지 않은 경우를 필자는 알지 못한다.

부유한 범죄인과 가난한 범죄인, 공개적 범죄인과 은밀한 범죄인, 과거시제의 범죄인과 현재시제의 범죄인 사이에서 형평성이 유지되기 위해서는 기만이 유일한 방법인 것처럼 보인다. 그런데 기만을 통해 얻는 형평의 대가에는 사생활의 상실뿐만 아니라 기만으로 야기되는 신뢰의 상실도 포함된다. 따라서 범죄에 대한 처벌의 형평성과 사생활권 및 기만당하지 않을 권리 사이에는 비극적 선택이 존재한다. 수 세기 동안 그 선택은 사생활 보호 쪽으로 기울었고 이는 사실상 중·상류 계층에게 유리한 선택이다. 즉 하층 계급은 공공연하게 기만에 노출되어 있다. 사생활 보호와 기만당하지 않음을 가장 소중하게 여기는 사람들조차 이것이 과연 공공정책으로 형평성 유지에 합당한 선택인지 생각할 필요가 있다.

ABSCAM 수사와 전 뉴욕시 부패 담당 검사 모리스 나자리(Maurice Nadjari)의 수사 작전은 과거와 다른 선택에 대한 공공정책의 실험으로 볼 수 있다. 이들은 고위 공직자들에게 범행할 기회를 제공함으로써, 공직자들의 사생활이 수사기관의 기만적 침해에 노출되게 하였다. 그러한 수사는 사생활의 가치를 희생시켰다는 비판을 받았지만 형평에 더 크게 기여했다는 칭찬은 별로 받지 못했다. 어쩌면 이러한 반응이 옳을 수도 있다. 사전대응적 위장수사의 우선순위와 그 대상을 선정하는 방법이 훨씬 더 공개적이고 논증할 수 있을 만큼 공정하게 될 때까지는, "마녀사냥"이라거나 "반대자 박해" 또는 "개인적 복수"라는 비난을 받기 쉽기 때문이다.

사전대응적 수사는 단지 법집행의 공정성을 향상시킬 가능성이 있을 뿐이고, 아직 그 잠재력을 현실화하지는 못했다.

2 | "상당한 이유"와 랜덤샘플링 이론

위장수사를 통해 공정한 법집행을 달성하려 할 때 가장 크게 장애가 되는 것은 "상당한 이유(probable cause)"를 지나치게 제한적인 개념으로 보는 점이다. 이 용어는 체포에 대한 증거의 기준으로 법에서 가장 많이 쓰인다. 수사 개시에 필요한 증거의 기준은 줄곧 "합리적이고 명백한 혐의(reasonable, articulable suspicion)"라고 불렸다. 그러나 윌리엄 웹스터(William Webster) FBI 국장은 ABSCAM 수사에 관한 코멘트에서 "우리는 범행에 연루되거나 연루되려 한다고 믿을 만한 이유가 있는(reason to believe) 사람들만 수사하고 있다."고 했다(워싱턴 포스트, 1982. 3. 22). 그리고 (불법행위의 증거가 발견되지 않은 것으로 알려진) 뉴저지의 윌리엄 J. 휴즈 하원의원은 자신이 ABSCAM 수사의 대상으로 선정된 것에 대한 언급에서 "FBI가 그에 관한 근거가 되는 정보를 충분히 제공하지 않으면 소송을 제기할 수도 있다."라고 했다.

이러한 언급은 기만적인 수사에 대한 중요한 질문을 다루고 있다. 수사 대상이 어떤 기준으로 선정되어야 하는가에 관한 것이다. 이러한 언급이 제시하는 법적인 답변은 다음과 같다. 즉, 수사 대상은 특정 인물에 대해 이미 손에 쥐고 있는 구체적 사실을 근거로 선정되어야 한다는 것이다.

이 답변은 기만적인 수사의 주요 목적을 무색하게 만든다. 이는 "증거가 없으면 증거를 얻을 수 없다."라는 모순된 논리(Catch-22)를 말하는 것과 다름없으며, 이는 중대한 결과를 초래할 수 있다. 가장 나쁜 결과는 범죄의 종류나 사회 계층에 관계없이 법집행을 보다 공정하게 만들 수 있는 잠재력을 제한한다는 것이다. 이러한 주장은 정보나 단서 또는 기초적 증거가 경찰의 주목을 받게 되는 과정을 통계학자들이 말하는 랜덤샘플링 이론에 비추어 살펴보면 더욱 확실해진다.

법집행의 사후대응적 모델은 범죄의 증거가 무작위로 발생하는 과정을 통해 얻어질 수 있다는 것을 전제로 한다. 범죄를 저지르는 사람은 실수하기 마련이라거나 훌륭한 시민은 범죄를 신고할 의무를 부담한다는 것 등이 그것이다. 일부 논의에서는 "모든 범죄는 증거를 낳는다."라는 암시까지 하고 있다.[3]

랜덤샘플링 이론에서 이러한 전제는 모든 범죄에 대해 편견 없는 표본을 제공하는 증거라고 묘사될 수 있다. 비록 증거가 모든 범죄에서 항상 노출되는 것은 아니지만 일단 실제로 노출되어 나타나는 정보나 단서는 범죄의 모든 "세계"를 잘 대표하는 것이어야 한다. 어쨌든, 법을 집행하는 예산은 제한적이므로, 그 주장은 예산 배정은 정보가 접수되는 순서에 따라야 한다는 것이다.

이러한 모델은 마치 백악관에 도착하는 편지를 보고 대통령에 대한 여론의 표본으로 생각하는 것과 마찬가지다. 여론분석가들은 편지를 쓰는 사람은 보통 사람들과 다르다는 것을 알고 있다. 그들이 쓰는 내용은 여론의 대표적 표본이라기보다는, 오히려 남들이 쓰지 않는 것과 달리, 그들이 쓰도록 만드는 어떤 요인과 관련되는 표본이다. 그와 마찬가지로 증거가 노출되는 범죄는 증거가 노출되지 않는 범죄와는 다른 것이다.

리온 메이휴(Leon Mayhew)가 이 점을 메사추세츠주의 차별금지위원회(MCAD)에 관한 연구(1968)에서 보여주고 있다. 그는 MCAD의 법집행 패턴에서 역설을 발견했다. 즉 가장 평등한 기회를 기반으로 직원을 채용한 기록을 가진 회사들이 MCAD의 조사를 가장 많이 받았고, 최악의 기록을 가진 회사들은 상대적으로 수사선상에 덜 올랐다. 왜 그렇게 됐을

---

3) 또 다른 의미는 증거를 제시하지 못하면 조사를 받지 않아야 한다는 것이다. 이는 개인정보 보호의 가치 측면에서는 옹호할 수 있는 입장이지만, 평등의 가치 측면에서는 그렇지 않다.

까? 이유는 이러하다. 소수 인종을 고용하는 회사들은 그들 회사에 가면 소수 인종도 일자리를 구할 수 있다는 말이 퍼져감에 따라, 승진상 차별이나 심지어 고용상 차별도 있다는 비난 가능성이 커지기 때문이다. 소수 인종을 배제하는 회사들은 소수 인종의 입사 지원서를 아예 받지 않으므로 승진에 대한 불만 가능성은 그만큼 더 희박하게 된 것이다.

MCAD는 접수된 불만에 의존하여 움직였기 때문에 잘못된 대상을 추적한 것이다. 차별이 심한 곳에서 활약하지 않고 오히려 위반의 정도가 가장 심각하지 않은 기업들을 처벌한 셈이다. 이런 식의 대상 선정의 오류는 수사기관에 제출된 정보나 증거가 범죄인 계층에 대해 편견 없는 표본을 구성한다고 생각하는 데 기인한다.

MCAD가 더욱 공정한 법집행을 하기 위해서는 일정 규모의 모든 회사에 대해 임의의 표본(a random sample)을 선정하는 방법을 채택했어야 한다. 그러면 이들 회사는 (마치 여러 시에서 부동산 중개인들이 인권보호단체에 의해 검사받듯이) 흑인과 백인이 똑같은 자격에서 취급되고 취업의 기회를 갖는지에 관하여 그들이 모르는 사이에 속아서 "테스트"당했을 것이다. 또는 속임수가 없이도 조사관들은 인종이나 기타 보호 기준에 따라 표본추출된 회사의 기록이나 입사희망자, 피고용인 및 승진에 관한 통계를 상세하게 검사할 수 있었을 것이다. 이처럼, 정작 중요한 것은 수사의 방법이 아니라 그 대상을 선정하는 방법이다.

일정 규모의 모든 회사로 미리 정해진 리스트(또는 세계)에서 얻는 임의의 표본이 공개적으로 표출되는 불만에 의존하는 표본보다 고용상 차별에 대해 편견 없는 표본을 제공할 가능성이 훨씬 크다. 무작위로 추출된 표본 또는 수학적으로 추출된 무작위 숫자 표에 따라 (모자에서 이름을 뽑는 것과 같은 마구잡이식 우연한 방법과는 혼동되지 않는) 매우 체계적인 절차로부터 얻는 표본이 다른 어떤 방법으로 추출된 표본보다 더 넓은 세계를 더 많이 대표할 것이다. 따라서 MCAD의 목표가 직업상 차별을 공략, 처벌하는 것이라면 공략할 그 차별을 발견하는 데 있어 가장 효과적인 방법은 가만히 눌러앉아 정보를 기다리는 것이어서는 아니 된다. 가장 효과적인 방법은 무작위추출 방법을 이용하여 문제를 밖으로 찾아 나서는 것이다.

이는 대다수 범죄에서도 마찬가지일 것이다. 실제로 우리 사회의 범죄를 산정하는 일은 (FBI의 통일범죄보고서에 기록된 바와 같이) 피해자의 고소에 전적으로 의존하는 방식에서 모든 모집단 구성원에게 범죄피해를 당했는지 묻는 (인구조사국의 전국적 범죄조사의) 임의추출 결과에도 의존하는 쪽으로 변천하였다. 놀라울 것도 없이, 범죄를 산정하는 이 두 가지 방법은 범죄의 경향과 분포에 대해 매우 다른 장면을 만들어 낸다. 이는 범죄를 산정하기 위한 임의추출로부터 범죄수사의 대상을 선정하기 위한 임의추출로 조그만 진전이 이루어진 것으로 보일 수 있다. 그러나 천 년의 영·미 전통으로 말미암아 우리는 정의의 개념을 피해자에게 보상하는 것, 즉 범죄예방을 통한 사회적 규율 수단보다는 개인적 보복을 위한 메커니즘으로 확신하게 되었다. 카터 행정부 때 연방고용기회균등위원회(Federal Equal Employment Opportunity Commission)가 고소에 대한 수사에서 더욱 광범위한 직업 차별 패턴에 대한 수사 쪽으로 예산을 전용하려고 했으나 인권보호단체로부터 많은 공격을 받고 계획을 철회한 바 있다. "복수로서의 정의"라는 관념에 대한 우리의 충성도는 지금도 매우 강하다.

화이트칼라 범죄나 공직 부패의 경우에 "복수로서의 정의"라는 모델은 더욱 강하다. 실증적 자료는 없지만 내 생각으로는 비밀스럽게 진행 중인 음모는 그에 참여한 자들 간에 이익충돌이 생기는 경우에만 세상에 드러나는 것 같다. 이러한 패턴은 경찰 부패에서 종종 발견되는데, 그 밖에도 더 넓게 적용될 수 있을 것이다. "동전을 떨어뜨려 놓는 것"은 언제나 뛰어난 보복 방법이다. 특히 순진한 사람을 상대로 할 때 더욱 그렇다. 뉴어크(Newark)의 경찰국장 허버트 윌리엄스(Hubert Williams)는 주법무장관실의 수사로 고통을 당했는데 그 이유는 윌리엄스와 정책 문제로 의견이 대립된 경찰단체가 법무장관실에 거짓 정보를 제공하여 처벌받게 하려 했기 때문이다. 법무장관실의 정책은 모든 고소(고발)를 수사하는 것이었기 때문에 그 복수는 적어도 괴롭히는 방법으로는 매우 효과적이었다.

수사를 개시하게 하는 현행 기준을 검토해 보면 다음 두 가지 결론이 도출된다. 첫째, 수사개시의 사유인 '상당한 이유'를 제보나 기타 시민의 주도에 의존해서 얻는 방법은 낭비적이고 불평등한 절차라는 것이다. 이는 수사관들이 범죄의 영역을 완전히 파악했더라면 결코 선정되지 않았을 사람을 수사 대상으로 잘못 선정하는 결과를 초래할 수 있다. 무엇보다 나쁜 것은 이것이 수사관들을 사회질서를 유지하기 위한 공적 기구가 아닌 개인적 복수를 위한 사적 도구가 되게 한다는 점이다.

둘째, 전체 모집단(또는 잠재적 범죄인 세계)의 일부 대표성 있는 표본이 비공개적 범죄를 목표로 하는 수사 대상을 선정하기 위한 절차로서는 더 바람직하다는 것이다. 후자의 결론은 두 가지 문제를 야기한다. 첫째는 특정 개인에 대한 구체적 정보 없이 수사를 개시하는 것이 옳고 적절한가 하는 것이고, 둘째는 랜덤샘플링 절차가 어떻게 법집행의 형평성을 증대시키기 좋은 방법으로 실제 이용될 수 있는가 하는 것이다.

범죄를 범하고 있다는 구체적 증거 없이 사람을 수사하는 것이 도덕적인지 생각해 보자. 비밀리에 범행을 저지르는 낌새를 파악하는 방법에는 두 가지가 있다. 하나는 특정 개인에 대한 정보를 얻는 것이고, 다른 하나는 어떤 집단의 사람이 어떤 종류의 범죄를 저지르고 있거나 저지르고 있을 것 같다는 정보를 – 또는 추론이라도 – 얻는 것이다. 연역하면, 어떤 집단에 속하는 개인은 누구나 (다른 정보가 없어도) 그 집단 내에서 죄를 짓는 다른 사람들과 비슷한 가능성을 가진다고 할 수 있다. 집단 내 범죄행위의 존재에 관한 정보나 추론은 따라서 개별적인 집단 구성원들에 대한 수사의 출발점을 제공할 수 있다. 그러나 이런 식으로 절차를 진행하는 것이 과연 옳은가?

이 문제를 추상적이 아니라 현재의 관행에 관한 구체적 사례를 통해 생각해 보자. 살인범이 탈옥하여 도로를 봉쇄했다고 해서 불평할 사람은 거의 없을 것이다. 그러나 그들은 단지 그 집단에 속해 있다는 이유만으로 수사에 따라야 한다. 즉 그들은 논리적 추리에 의하면 감옥으로부터 일정 반경 내에서 차를 모는 모집단에 속하고 따라서 그들 중 누군가는 탈옥한 살인범일 수 있는 것이다.

해외여행에서 귀국할 때 세관에서 검사받기 위해 가방을 열 것을 강요받는다고 불평하는 사람은 거의 없다. 그러나 그들은 논리적으로 봤을 때 단지 마약이나 기타 금제품을 밀수할 지위에 있는 모집단에 속한다는 이유로 수사에 응해야 한다.

일부 반대하는 사람도 있지만 사람들은 여전히 경찰의 음주단속에 협조한다. 검문소를 통과하는 모든 운전자를 정차시켜 음주측정을 할 수 있게 차단기가 설치된다. 그 측정에 응하지 않으면 음주운전으로 체포될 수도 있다. 그러나 교통사고로 죽은 자에 대한 검시에서 다수의 운전자가 음주운전을 했음이 밝혀지는 것 이상으로 수사를 개시하게 하는 '상당한 이유'는 존재하지 않는다. 검문소를 거치게 되는 운전자에 대한 음주측정 수사는 단지 그들이 바로 운전하는 모집단에 속한다는 사실에 근거한다.

같은 원리를 고용 차별의 경우에 적용해 보자. 만일 많은 회사가 수백 명을 고용하고 있는데 그 고용원들 모두가 백인 남성이라고 가정한다면, 그 경우 일부 회사가 제도적으로 차별을 하고 있다는 추론이 (결정적이지는 않더라도) 가능할 것이다. 사실 이 점이 바로 MCAD가 설립된 이유이다. 만일 검문소 원리가 옳다면 그때는 MCAD가 모든 회사 또는 진실로 무작위 방식으로 선정된 일부 회사에 대해 수사할 '상당한 이유'를 충분히 갖고 있다고 해야 한다(이는 실제로 똑같다. 모집단의 모든 구성원에 대한 표본과 그 모집단의 1/10에 대한 무작위 표본은 그 집단의 각 구성원이 선정될 확률을 똑같게 한다).

이 원리를 의회나 사법부에 적용해 보자. 일부 의회 의원이나 판사가 과거에 부패로 유죄가 되었다면, 그것은 그러한 모집단의 일부 구성원이 같은 범죄를 현재도 저지르고 있다고 추정할 수 있는 합리적 증거가 된다. 검문소 원리는 이것이 의회 의원이나 판사 모두 또는 그들의 임의표본에 대해 수사를 개시할 상당한 이유가 충분히 된다는 것을 암시한다.

우리는 아무 이유 없이 사람을 수사한다는 생각, 즉 경찰국가의 냄새가 나는 관행에 깜짝 놀란다. 또한 개인적 편견이나 복수의 욕망에서 수사 개시를 결정하는 경찰 간부의 기분에 따라 수사한다는 생각에도 위축된다. 그러한 것은 개인적 목적을 위해 경찰권을 남용하는 냄새가 나기 때문이다. 이들이 바로 우리가 특정한 사람들에 대해, 검문소와 같이 전부는 아니지만, 일부 수사를 개시하기 위한 필수적 전제로서 명백한 혐의를 요구해 온 두 가지 주된 이유이다. 그러나 이들은 수사 대상의 선정을 지도하는 소극적인 논거이지 적극적인 윤리적 원리는 아니다.

필자가 제시하는 원리는 경찰은 특정인이 범죄를 범하는 일반적 모집단보다 범행 가능성이 클 때만 수사해야 한다는 것이다. 이 원리는 윤리적으로 옹호될 수 있을 뿐만 아니라 실제적이기도 하다. 다른 모든 사람과 가능성이 같거나 낮은 사람은 경찰에 의해 괴로움을 당하지 않아야 하며 또한 그러한 사람을 수사하는 것은 생산적이지도 않다. 제보나 고소의 전적인 요점은 어떤 사람에게 범행 가능성이 크다는 결론을 이끌어내려는 것이지 유죄판결에 충분한 결정적 증거를 제공하려는 것이 아니다. 만일 가능성의 증대가 같거나 더 정확하게 추론된다면 그때 그것은 똑같이 유효한 절차가 되어야 한다. 어떤 집단의 사람들이 범죄를 범하고 있을 것 같다는 좋은 정보가 있다면, 그 경우 필자는 랜덤샘플링 이론을 통한 연역적 대상 선정 방법이 제보나 고소를 통한 귀납적 대상 선정 방법보다 더 생산적이라고 생각한다.

귀납적 대상 선정 방법이 수용되기 위해서는 (단지 유리한 정보를 얻기 위한 조사 외에) 아무런 이유 없이 개인을 수사하거나 경찰의 개인적 편견으로 수사하는 것으로부터 보호하는 절차가 필요하다. 도널드 블랙(Donald Black, 1973)이 강조한 바와 같이, 사후대응적 법집행 제도는 대단히 편견적이다. 그러나 그것은 민주적이다. 왜냐하면 그러한 편견은 모든 사람의 비판에 공개되기 때문이다. 이와 대조적으로 사전대응적 법집행 제도는 불편부당할 가능성이 있지만 그 결과는 더 이상 사람들의 수중에 있지 않다. 우리는 그처럼 막중한 권한을 전적으로 경찰에게 주려고 하지는 않기 때문에 공정하면서도 민주적으로 통제할 수 있는 제도를 생각해 내야 한다. 그 절차는 두 단계로 나누어 설명될 수 있어야 한다. 수사받을 집단을 선정하는 단계와 그들 집단 내에서 개인을 선정하는 단계가 그것이다.

4 │ 위장수사를 위한 집단의 우선순위

법집행을 한층 공평하게 하기 위해 위장수사를 이용하자는 필자의 제안은 우선 대상이 되는 집단을 선정하기 위한 세 가지 요점의 계획에서 시작된다. 먼저 그 집단은 시행규칙의 제정 절차를 통해 선정되어야 하며 우선순위도 마찬가지의 방식으로 정해져야 한다. 다음으로 이 절차에서 집단을 선정하는 기준은 실제 선정과 함께 명확하게 토의되어야 한다. 끝으로 대상이 되는 모든 집단에게는 일단 결정이 내려지면 그들이 위장수사에 노출될 수 있다는 사실이 적절히 공시되고 경고되어야 한다.

(1) 시행규칙의 제정

모든 법집행기관은 은밀한 범죄가 행해지는 장소나 집단에 대해 나름의 생각이 있다. 만일 기관이 그들 집단에 속하는 사람을 수사하기 위해 기만적 방법을 이용하고자 한다면 그렇게 하려는 의도를 알리고 또 여론의 평을 구함으로써 그러한 결정에 책임질 수 있어야 한다. 만일 기관이 연방의 법집행자라면 연방의 관보(Federal Register)에 그 계획을 게재할 수 있을 것이고, 지방의 기관이라면 신문에 법률 광고를 내고 청문 절차를 거칠 수 있을 것이다.

이러한 절차는 대립하는 가치 사이에서 비극적 선택을 하는 절차에 일반 대중을 처음부터 참여하게 하는 장점이 있다. 어떤 경찰기관도 범죄나 혐의 있는 집단을 모두 수사할 충분한 자원을 가지고 있지 못하다. 따라서 수사 대상이 되는 범행에는 우선순위가 정해져야 한다. 그런 가운데 각 경찰기관은 대체로 그들이 속한 공동체 사회의 가치를 반영하려 할 것이다. 각각의 경우에 이해관계인의 비판이 허용되어야 한다.

시행규칙의 제정 절차에는 적어도 두 가지 단점이 있다. 하나는 수사기관이 기습의 이점을 상실한다는 점이다. 이는 공정한 공시와 공중이 개입되게 하는 데 따르는 불가피한 대가다. 문제를 최소화하는 방법으로는 대상 집단이 누구도 위장수사가 어디서 행해질지 알 수 없을 정도로 개괄적 범주에 속하게 하는 것이다. 막연히 "공무원"이라고 하는 것과 같은 개괄적 범주가 "준공 검사관"이라고 하는 것과 같은 특정한 범주보다 더 좋을 것이다.

두 번째 단점은 제안된 우선순위에 대한 응답이 대중의 불만과 마찬가지로 확실히 편향된 여론 샘플을 구성할 것이라는 점이다. 이 편향의 유일한 차이는 교수나 변호사처럼 대중 정책에 영향을 미치는 과정과 가시성을 즐기는 사람들에게 유리하게 편향될 것이라는 점이다. 또한 피해를 보게 될 사람들에게도 유리하게 편향될 것이다. 공무원이 대상이 된다면 틀림없이 공무원조합이 그 결정을 번복하기 위해 로비 활동을 강하게 전개할 것이다. 곡물 운송회사나 화물 트럭회사가 대상이 된다면 그들 동업자조합이 그 결정을 뒤엎기 위해 법석을 떨 것이다.

그러한 로비가 엄청날 수 있기 때문에 연방규제기관들이 시행규칙의 제정 절차를 경험하고 나면 도리어 그들이 규제하려는 바로 그 산업체의 포로가 된다고 생각할 수도 있다. 그러나 모든 규제기관이 그런 것은 아니다. 일부는 자기의 이익만을 위해 로비하는 자들의 견해보다 (의회가 통과시키면) 공익이 우선이라는 관점을 취하려는 경향이 더 강하다.

적절한 안전장치가 있으면 경찰기관이 대상 집단의 로비에서 벗어나는 시행규칙을 제정하는 절차를 마련할 수도 있다. 그렇다고 해서 그러한 절차에서 대상 집단이 무시되어야 한다는 것은 아니다. 오히려 그들의 주장은 그 자체의 옳고 그름에 따라 생각되어야 하며 그 정치적 영향력 때문에 뒷전으로 밀려나서는 안 된다.

(2) 우선순위 결정 기준

시행규칙의 제정과정은 범죄와 모집단을 선정하는 기준이 명시적으로 만들어지면 부적절한 영향으로부터 덜 취약하게 될 것이다. 이러한 기준이 정량화될 필요는 없다. 그러나 명확하게 설명될 수 있다면, 기관이 제안한 우선순위와 이에 대한 대중의 의견이 평가될 수 있는 기준이 제공될 수 있다.

하나의 기준으로서, **"범죄행위로 인한 사망자의 수"**를 들 수 있다. 그러나 이 기준에 의하면 음주운전이 위장수사의 최우선 순위가 될지 모른다. 음주운전자가 "고의적" 살인자보다 세 배나 사람을 많이 죽인다. 따라서 경찰은 비밀요원을 술집에 배치하여 사람들이 술 마시는 것을 관찰하였다가 그들이 음주 후 운전을 시작하면 잡아서 음주측정을 할 수 있을 것이다.

사망자의 수보다 더 정교한 기준은 행위당 사망률일 수 있다. 이 기준에 의하면 음주운전자보다 마약거래자가 위장수사에서 우선순위를 차지할 수 있다. 즉 마약거래당 사망자가 음주운전의 사건당 사망자보다 어쩌면 더 높을 것이다. 마약거래에 대한 위장수사는 이미 잘 정립되어 있다. 그러나 그렇다고 하여, 그러한 거래에 대해 위장수사를 하고 다른 형태의 수사보다 높게 우선순위를 부여하는 기준을 명확히 하지 않아도 되는 것은 아니다.

우선순위를 설정하는 또 다른 기준으로는 **"도난당한 돈의 액수"**나 피해 재산의 크기를 들 수 있다. 여기서 다시 한 번 전체 손해와 사건당 손해 사이의 선택에 직면하게 된다. 예를 들어 상점에서 슬쩍 훔치는 것이나 종업원이 하는 절도 등의 총량은 많겠지만 사건당 손해액은 통상 매우 적다. 거대 회사를 도산시키려는 음모는 자주 발생하지 않지만 일단 발생하면 그 손실은 엄청나다.

우선순위를 설정하는 세 번째 기준으로는 **"민주 정부에 대한 위협의 정도"**를 들 수 있다. 그린벨트 조례 개정에 관한 투표와 관련하여 뇌물을 받는 시의원은 성매매업자로부터 뇌물을 받는 경찰관보다 더 큰 위협이 될 수 있다. 사실 많은 사람이 미국 이민권의 판매가 민주적 절차를 크게 위협하지 않는다는 이유로 ABSCAM 수사에 반대했다. 이 기준에 의하면 수사의 주제가 외교정책이나 예산 배정 같은 사안에 관련된 뇌물수수였다면 ABSCAM 수사는 더욱 정당화되었을 것이다.

여타의 기준이 이용될 수도 있겠지만 이상 세 가지가 우선 가능한 기준이다. 규칙제정 절차의 주된 문제점은 우선순위의 설정에 관한 상호간의 기준을 어떻게 결합하고 순서를 정할 것인지가 될 것이다. 필자의 생각으로는 사망자 수에 따른 기준과 정부에 대한 위협의 정도에 따른 기준이 같은 순위를 다투고 재산손해에 따른 기준은 분명히 후순위로 밀릴 것 같다. 그러나 법집행기관은 각기 다른 가치를 가지는 사회를 대표한다(골드스타인, 1977). 따라서 각 법집행기관은 각자의 기준에 따라 서열을 정할 수 있어야 한다.

(3) 적절한 통지

선정의 기준이 무엇이든, 선정되는 대상 집단은 (수사기관의 감시하에 범행 기회가 주어지는) 위장수사 방법이 그들에게 행해질 수 있다는 사실을 적절히 통지받아야 한다. 대상이 되는 집단이 음주운전자라면 법집행기관은 그 사실을 신문에 널리 공고해야 한다. 만일 대상 집단이 시청 공무원이라면 그 경우에는 해당 공무원 모두에게 통지문이 발송되어야 한다.

적절하게 통지하도록 하는 데에는 몇 가지 이유가 있다. 하나는 그렇게 하는 것이 기만의 절차를 더 공정하게 한다는 것이다. "게임"의 규칙을 게임 전에 미리 밝히는 것이 "게임" 도중에 변경하는 것보다 공정하다. 적절한 통지 절차가 갖는 범죄 억제 효과도 마찬가지로 매우 중요하다. 그러한 통지가 (적어도 일부 집단에 있어서는) 실제 수사나 처벌보다 범죄행위를 더 많이 억제할 수도 있다. 그러나 만일 그러한 통지를 뒷받침하는 수사를 실제로 하지 않는다면 통지의 억제 효과는 곧 사라져 버릴 것이다.

적절한 통지 제도를 마련하는 가장 중요한 윤리적 이유는 시험당했으나 죄를 범하지 않은 사람들의 오명을 제거하기 위한 것이다. 현재의 수사는 수사의 대상이 되었다는 보도만으로 그 대상자가 사람들의 의혹을 살 수 있다. 그러한 보도는 "그가 뭔가 잘못했겠지. 그렇지 않으면 수사 대상이 되었겠어?"라는 암시를 준다. 실제로 ABSCAM 수사에 연루된 사람 중 일부는 그로 인하여 심각한 고통을 받았다. 한 사람은 이혼당했고, 두 사람은 자살을 기도했으며, 또 한 사람은 수사 대상이 되었다는 오명으로 고객을 모두 잃었다.

어느 한 집단에 대한 적절한 통지가 그 자체만으로는, 대상으로 선정된 사람의 오명을 충분히 제거하지 못할 수 있다. 사람들이 통상 특정 개인에 대한 제보나 기타 '상당한 이유'의 증거가 수사의 전제조건이라고 생각하는 한, "대상"이 된 사실만으로도 오명이 따른다. 그러나 만일 수사 대상이 무작위로 추출된다는 인식이 일반화되고 수사 대상이 된 사실 자체만으로는 마치 국세청의 세무조사 대상이 되었다는 정도 또는 그보다도 덜 불명예스러운 것이라는 인식이 일반화되면 그때는 무고한 사람에게 오명이 뒤따르는 일은 없게 될 것이다.

5 | 개별 대상의 선정

일단 특정한 범죄를 범할 가능성이 평균 이상인 집단이 대상으로 선정되면 다음에는 그 시행 문제가 다루어져야 한다. 이는 대상 집단의 각 구성원 간에 선정될 가능성이 모두 같은 상태에서 그 대상을 선정하는 문제다. 앞에서 논한 바와 같이 이 절차는 특정 개인에 대한 제보나 평판에 의존하는 것보다 낫다. 그러나 어떤 범죄에서는 평균 이상의 높은 범행 가능성을 가진 집단에 속하는 개개인의 세계를 파악하기 어려울 것이다.

개별적 표본을 추출할 만큼 잘 정의된 집단은 많다. 의회 의원, 판사, 시의원 등은 모두 난수표 공식에 따라 수사 대상으로 선정될 수 있다. 그들의 명단은 쉽게 얻을 수 있고 따라서 그들 이름을 숫자로 바꾼 후 공식에 따라 선정할 수 있다. 이는 모집단의 구성원이 확률상 거의 동등하게 수사 대상으로 선정되는 것을 보장한다.

그러나 다른 범죄에서는 그러한 절차가 결코 간단명료하지 않다. 잠재적 마약거래자의 경우에는 그들의 명단이 공식적으로 없다. 또한 다른 금제품을 은밀히 판매하는 사람의 명단도 없다. 이런 종류의 범죄에 대한 법집행은 제보 외에 다른 방법에 의존할 수가 없다.

그러나 범죄 가능성이 평균 이상으로 높은 모집단이면서도, 완전히 "은밀한" 밀수거래자와 완전히 "눈에 띄는" 공직자의 중간에 속하는 집단도 많다. 회사나 그 임원의 이름은 주정부에 등기되어 있다. 성매매여성, 음주운전자, 불법무기 소지자 등은 모두가 거리의 모집단에 속한다. 따라서 의심스러운 자에 대한 경찰관의 직감에 의존하기보다 무작위적 근거에 의해 가시적으로 표본을 추출해 선정할 수 있는 것이다.[4]

　　표본추출 절차의 상세한 내용은 각 집단에 따라 다르겠지만, 동일한 선정 가능성의 원리는 널리 적용될 수 있다. 세금 포탈이나 독점금지법 위반에 대해 수사하려는 경우에 대상 회사가 무작위로 선정될 수 있다. 차별금지법 위반 여부에 대해 수사하려는 경우에 부동산회사가 무작위로 선정될 수도 있다.

6 | 결론

　　그렇다고 하여 이들 범죄에 대한 모든 수사에서 기만(위장)이 반드시 이용되어야 한다는 것은 아니다. 기만이란 강력하고도 침범적인 수단이다. 따라서 여전히 많은 사람이 그 이용을 역겹게 생각한다. 그러나 인종과 범죄 관련 통계를 왜곡하고 우리 사법 시스템의 불평등이 초래되는 것은 바로 기만을 이용하지 않기 때문이다. 그리고 이러한 통계의 왜곡은 가난한 흑인이 부유한 백인보다 범죄를 범하기 쉬운 것처럼 보이게 한다. 백인들은 징역형은 고사하고 수사받을 위험조차 없이 세금을 포탈하거나 기타 금융사기를 치는 반면, 불쌍한 흑인들은 단돈 70달러를 훔친 죄로 징역형에 처해지는 것도 바로 기만을 통한 법집행상 평등을 구현하지 않기 때문이다.

　　게다가 만일 이들 범죄가 어차피 - 특히 기만적으로 - 수사될 것이라면 그때 수사 대상을 공정하게 선정할 수 있는 유일한 방법은 바로 랜덤샘플링 방법이 될 것이다. 제보나 끄나풀의 정보에 의존하는 현재의 방법은 무고한 사람을 부당하게 연루시키고 또한 일부 중요한 범죄인을 놓치게 하기도 한다. 집단의 구성원으로부터 연역적으로 대상을 선정하는 것이 소문과 풍문에 의해 귀납적으로 선정하는 방법보다 법 앞의 평등과 처벌 위험의 평등에 훨씬 더 부합한다.

---

4) 무작위 선택이 충분할 정도로 많이 이루어진 후에는 범죄를 저지르는 사람들과 자주 연관되는 특성에 대하여 체계적인 프로필을 만들 수도 있다. 경험적으로 도출되는 이러한 프로필은 경찰관의 직감보다 편견이 적을 것이다.

ABSCAM 수사는 이러한 논의의 요점에 관한 첫 사례다. 국회나 기타 공직자에 대한 수사에 적용될 수 있는 것이 다른 범죄에는 적용되지 않을 수도 있다. 또한 "범죄를 범할 확률이 평균보다 높은 모집단"이란 개념 자체가 인종주의 등 편견의 냄새가 날 수도 있다. 그러나 오직 의회 의원만 의회의 표결권을 팔아넘길 수 있고, 판사만 법원의 판결을 팔아넘길 수 있다는 사실은 여전히 남는다. 바로 이러한 의미에서 그들은 그러한 범행을 할 가능성이 평균 이상인 모집단에 속한다. 따라서 만일 그들 구성원 중 일부가 수사되어야 한다면 현재의 대상 선정 방법을 여기서 제시하는 무작위 선정 절차로 대체하는 것이 이해관계자 모두에게 더 공정할 것이다.

• REFERENCES •

Black, Donald. "The Mobilization of Law," *Journal of Legal Studies* 2:125−49, 1973.

Goldstein, Herman. *Policing A Free Society.* Cambridge, Mass.: Ballinger, 1977.

Mayhew, Leon. *Law and Equal Opportunity.* Cambridge, Mass.: Harvard University Press, 1973.

Reiss, Albert J., Jr. *The Police and the Public.* New Haven, Conn.: Yale University Press, 1971.

_____and David J. Bordua. "Environment and Organization: A Perspective on the Police," in *The Police: Six Sociological Essays,* ed. David J. Bordua. New York: John Wiley, 1967, pp. 25−55.

Sherman, Lawrence W. *Scandal and Reform: Controlling Police Corruption.* Berkeley and Los Angeles: University of California Press, 1978.

Stinchcombe, Arthur L. "Institutions of Privacy in the Determination of Police Administrative Practice," *American Journal of Sociology* 69:150−60, 1963.

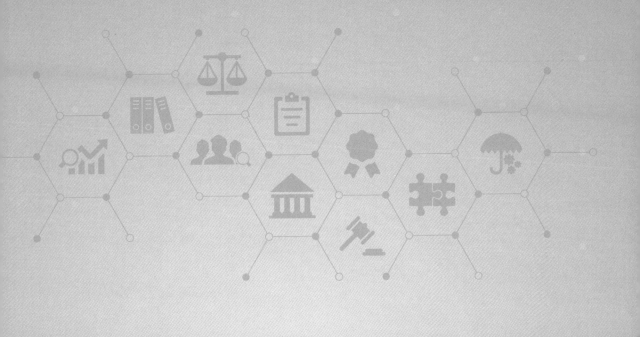

제 7 편

시행의 관점에서 본 위장수사

웨인 커스테터
(Wayne A. Kerstetter)

시행의 관점에서 본 위장수사

웨인 커스테터(Wayne A. Kerstetter)[1]

최근 10년 사이에 경찰기관에서 "사전대응적(proactive)" 치안 기법을 선호하는 경향이 생겨났다. 경찰의 우선순위와 실효성에 대한 여론과 전문가들의 비판, 법원의 수색영장 사용 제한 그리고 직접증거 없이 유죄판결을 받아내기 어려워지는 점 등이 그 원인이다.[2] 이러한 사전대응적 기법에는 다양한 범죄에 대해서 위장한 수사관을 확대하여 이용하는 것이 포함된다.

이러한 수사의 대상이 되는 범죄는 대부분 신고하거나 증언하려는 사람이 없다는 의미에서, 고소(고발)인이 없다(complainantless). 이러한 범죄에는 마약이나 위조지폐의 도매상과 소매상 간의 거래, 절도범과 장물아비 간의 장물거래, 공직자가 재량권을 유리하게 행사해 주고 돈을 받는 뇌물죄 등이 포함된다. 이러한 범죄는 돈을 쉽게 벌 수 있고 또 중상류층을 끌어들이기 때문에 사회적 형평성 차원에서 경찰의 관심이 자주 촉구되었다.[3] 그러나 이러한 범죄는 자발적으로 더불어 범행하는 양 당사자가 관련되므로 경찰은 주요 증

---

1) 일리노이대학교 시카고 서클 캠퍼스 형사법학과 부교수 겸 미국변호사재단(ABF: American Bar Foundation) 소속 학자. 일리노이주 수사국 국장(1972-1976)과 뉴욕 경찰청의 부국장보(1972-1973)역임. 시카고대학교 로스쿨 졸업.

  * 역자 주: ABF는 미국변호사협회(ABA)의 부속기관이다. 하지만 ABF는 법률과 관련된 학문적 연구와 교육을 중점으로 하는 비영리 기관으로, 운영상 ABA와 별개의 기관이며 독립적으로 활동한다.

2) Gary T. Marx, "The New Police Undercover Work," *Urban Life* 8, 4 (January 1980) pp. 399-446.

3) 이 주장은 법집행기관이 돈벌이가 잘되는 "중상류층의 범죄"를 도외시하고 거리의 "노상범죄"에 집중함으로써 가난한 자에게 차별적인 정책을 추구한다고 강조한다.

거의 원천인 "(범죄사실을) 아는 증인"을 통상적인 방법으로는 확보할 수 없다. 그 결과 경찰은 자기들이 조종하는 제보자나 비밀요원을 범죄거래에 침투시키는 전술을 개발했다. 그리고 이러한 전술 때문에 경찰은 "사람을 기만한다."라거나 범죄를 "만들어 낸다."라는 비판을 받는다.[4] 이하에서는 이러한 기법에 따르는 문제에 대한 특별한 분석적 접근법, 즉 그러한 문제에 대한 일반적·법적 토론과 구별되는 새로운 접근법을 제시한다. 이 분석은 고소(고발)인이 없는 범죄에 대한 수사상 주요 대안을 검토하고, 관련되는 가치 선택의 성격에 관하여 살펴보며 결론을 맺는다.

1 │ 시행의 관점

시행의 관점에서 볼 때, 법집행의 전략과 전술에 대한 대중적 토의 중 상당수는 비생산적이다. 이는 대체로 그러한 토의가 맥락에서 벗어나 이루어지기 때문이다. 이러한 논란은 거의 언제나 경쟁적인 사회적 가치들 간의 균형을 다루는데, 이는 근본적으로 정치적 문제이고 따라서 그렇게 다뤄져야 마땅하다. 이는 국가와 개인 간에 권력이 적절히 배분되어야 할 필요성을 보여준다.[5] 그 경우 구체적 배분의 적절성 여부는 궁극적으로는 그 배분을 결정하는 사회의 가치에 달려 있다.

따라서 법집행의 시행을 담당하는 관리자는 그 시행전술이 보호하려는 사회적 제도, 이익, 가치뿐만 아니라 대체 전술의 잠재적 효율성과 비용을 현실적으로 고려하는 맥락에서 이러한 문제들을 검토해야 한다.[6]

---

4) See Marx, "The New Police Undercover Work."
5) "힘"이란 용어는 우리가 경찰 요원을 포함한 기타 요원의 행동을 강요하거나 제한하는 능력에 관해 말하고 있다는 점을 분명히 표시하기 위해 사용한다.
6) Misner와 Clough는 법집행 요원이 정보원을 이용하는 것을 그저 "편의"(때문이)라고 일축하면서도 이를 대체할 자원이 무엇인지 진지하게 생각하지 않는 경향에 적절히 보여주는 예를 제시한다. See Robert L. Misner and John H. Clough, "Arrestees as Informants: A Thirteenth Amendment Analysis," 29, *Stanford Law Review*, April 1977, pp. 713–46.

특정한 법집행 기법에 대한 사회적 기대에 관한 연구는 가능하면 그 기법으로 싸워야 하는 위협의 성질과 잔혹성의 개념을 정확히 정의하는 것에서 출발해야 한다. 그러나 이러한 노력은 구체적이고 증명이 가능한 정보가 존재하지 않아 종종 좌절된다.

피해자나 시민이 범죄를 신고하면 경찰은 그 정보를 분석하여 해당 범죄에 대한 수사 계획을 수립한다. 그러나 고소인 없는 범죄를 다룰 때는 그렇게 명쾌한 길이 보이지 않는다. 경찰은 문제에 대해 개괄적으로는 알 수 있어도 구체적 행동에 돌입할 만한 정보는 갖고 있지 않다. 피해자가 있는 경우에도 실제 발생한 상황에 대해 종종 혼란에 빠지고 심지어 범죄가 실제로 일어났는지조차 파악하기 어려울 수 있다. 경찰이 이러한 종류의 범죄를 수사할 때는 소문이나 암시 또는 의심스러운 정황 외에 별다른 단서가 없는 것이 보통이다. 정보를 얻을 만한 원천(sources)조차 그들이 범죄에 연루되어 있으면 의심스럽다.

이러한 문제는 공직 부패 사건의 경우에 특히 심하다. 공직자에 대한 수사는 비리가 있다는 정보를 기초로 하는데 이러한 정보는 바로 그 비리나 여타 범죄에 가담한 정보원에게서 나오는 경향이 있다. 정보원이 제공하는 정보가 상세할 수도 있지만 녹음되지 않은 대화나 현금 수수에 관한 것이면 그 진위를 파악하기 어렵다. 그러한 정보를 추적하기로 결정하고 시행한 법집행 당국은 나중에 재판에서 '(자기도) 범행에 관여했음을 인정하는 정보원'과 범행을 부인하는 '존경받는 공직자' 간의 선서 대결에 직면하게 된다. 그 경우 실질적 보강증거가 없으면 정보원의 증언은 쓸모 없게 된다. 하지만 그러한 보강증거를 어디서 찾을 수 있는가?

다른 정부 기관이나 정치단체 구성원의 혐의를 수사하는 경우 법집행 당국자는 수사대상자와 연결된 권력 핵심부의 보복에 직면하거나 정치적 동기로 괴롭힌다는 비난을 받을 수 있다. 더구나 삼권분립의 훼손에 대한 우려와 공무원은 다양한 사람으로부터 무분별하게 공격받을 수 있다는 인식이 퍼져있어서, 양심적인 법집행자라도 그러한 일은 조심스럽게 진행할 수밖에 없다. 이러한 어려움에도 불구하고 특정한 공무원의 비리에 관한 주장이 종종 해당 공무원의 행동 패턴을 말해주는 경우가 있다. 이러한 상황에서 법집행자는 그러한 비리 주장에 어떻게 반응해야 할지 매우 어려운 선택을 해야 한다. 고위직 공무원의 중대한 비리에 관한 것일 때는 더욱 그렇다.

이러한 딜레마는 그러한 비리가 널리 퍼져있다는 인식이 있으면 더욱 심각해진다. 일리노이 북부 지방 연방검사를 역임한 토마스 설리번(Thomas Sullivan)은 대부분의 경력을 변호사로 활동하면서 이러한 우려를 체감했을 가능성이 높다. 그는 공직을 떠나면서 자기가 경험한 것에 대하여 다음과 같이 소회를 밝혔다.

어떤 면에서 연방검사로서 내 경험은 실망스럽습니다. 시카고와 그 주변 지역에 뿌리 깊은 정직성의 부재(lack of honesty) 현상이 정부와 기업의 모든 계층에 걸쳐 만연해 있는 것 같습니다. 이곳의 상황이 다른 곳보다 특별히 더 나쁜지는 알 수 없지만, 적어도 우리 시의 공공 및 민간 분야에 부패가 만연해 있다는 것은 분명합니다.
이러한 부패행위는 사회적으로 용인 내지 묵인된다는 이유로 정당화될 수 없습니다. 부패는 보통 비밀리에 은밀하게 이뤄지지만 일단 그 사실이 법정에서 밝혀지면 배심원들은 거의 언제나 유죄로 평결합니다. 배심원들도 우리와 마찬가지로 그러한 부패행위에 대해 좌절하고 분노합니다. 그리고 우리는 법정에까지 오는 사건이 극히 일부에 불과하다는 것을 너무나 잘 알고 있습니다.[7]

설리번의 생각은 많은 법집행 당국자의 인식을 정확히 반영하고 있다. 그가 권고하는 것은 "우리들 각자가 도덕성에 대한 개인적 헌신을 새롭게 하고 사기나 부정부패를 보면 그것이 공적이든 사적이든 당국에 고발해야 한다는 것"이다. 이는 분명히 최선의 답이다. 그러나 시간과 노력에 따르는 비용, 관련된 사람들이나 그들의 친구에 의한 직·간접적 보복 가능성 그리고 "밀고자"에 대해 널리 퍼져있는 혐오감(심지어 경멸적 태도)을 고려할 때, 과연 개인의 청렴성에 바탕을 둔 개별 시민의 행동을 믿고 그것을 우리 사회의 주요 방어선으로 삼을 수 있을까? 앞으로 나서서 증언하는 사람이 장·단기적으로 부담해야 하는 비용이 상당하고, 당국이 이러한 부담을 덜어줄 방법은 그다지 많지 않다. 장기적으로 볼 때는 더욱 그렇다.

고소인이 없는 범죄에서는 관할권 개념도 문제이다. 위조지폐나 마약의 소규모 거래는 지방의 관할에 속할 수 있다. 그러나 대규모 거래는 도시나 주 또는 국가의 경계를 넘어 행해진다. 대규모 절도도 범행 장소에서 멀리 떨어진 곳에 장물을 처분하는 경향이 있다. 따라서 경찰의 계획이나 예산 배정의 목적에서 볼 때 범행의 장소 개념은, 예컨대 노상강도 같은 경우와 달리, 고소인이 없는 유형의 범죄에서는 매우 특이하다.

또한, 범죄 사건의 발생과 장소를 입증하는 데 있어 물적 증거의 유용성은 범죄의 유형에 따라 각기 다르다. 마약과 위조 화폐의 경우, 그러한 금제품의 제조 및 소지는 상당

---

7) Statement of Thomas P. Sullivan, United States Attorney for the Northern District of Illinois, April 30, 1981.

한 기간 동안 지속되는 사건이므로 경찰이 이를 물적 증거로 압수할 수 있다. 반면, 뇌물 수수의 물적 증거는 확보하기가 어렵다. 건네진 돈은 신중하게 표시되거나 기록되지 않는 한(예: 일련번호), 별로 가치가 없으며, 관련자들의 수중에 오래 남아 있지도 않다.

고소인이 없는 범죄의 이러한 특성은 예컨대 예방적 순찰이나 피해자와 증인에 대한 인터뷰 또는 범행 흔적의 조사 같은 전통적인 경찰 기법을 비효율적이고 비효과적이게 만든다. 이러한 특성은 수사를 개시할 것인가, 개시한다면 언제 어디서부터 할 것인가, 개시했다면 어떻게 진행할 것인가 하는 등의 문제를 어렵게 만든다.

고소인이 없는 범죄는 적발하기가 어렵지만, 그러한 범죄가 사회적 가치와 제도에 중대한 위협이 되는 것은 분명하다. 통화 위조가 통제되지 않은 채 방치되면 분명히 국가 화폐의 신뢰성에 위험이 초래될 것이다. 마찬가지로, 공직자들의 부패가 제재되지 않은 채 방치되면 민주국가에 끼칠 사회적 해악 또한 자명하다.

3 │ 수사상 선택 가능한 방법

위조범에 대해서는 여러 수사기법이 이용될 수 있다. 제법 긴 기간 동안 물적 증거가 남고 거래가 계속되는 중에 고소인이 존재하여 부패 범죄와 다르게 광범위한 수사기법을 이용할 수 있기 때문이다.

경찰이 고소인 없는 범죄의 증거를 확보하기 위해 사용할 수 있는 일반적 기법으로는 다음과 같은 것이 있다.[8]

◆ 현행범의 체포
◆ 시각적 감시
◆ 전자적 감시
◆ 수색영장의 이용
◆ 정보원의 증언

---

8) * 역자 주: 탐문, 인터뷰, 서류검토, 데이터 분석, 포렌식 분석, 공적 기록, 배경 체크, 인터넷 검사, 소송지원 등이 추가될 수 있다.

♦ 공범의 증언

♦ 비밀요원의 증언

위조 사건에서도 현행범을 체포할 수 있지만 실제 그런 경우는 흔하지 않다. 피해자의 상당한 주의가 필요하고 경찰이 도착할 때까지 범인을 잡아 두려면 자원이 소요되기 때문이다. 그러므로 체포되는 범인은 보통 말단 행동대원이거나 소매상인 경우가 많다. 수사를 도매상이나 생산자급까지 확대하기 위해서는 소매상의 협조가 필요한데 그러한 협조는 (기소 면제나 처벌 감경 등의) 보상 없이 얻기 어렵다. 처벌의 감경이나 면제를 약속하는 것은 범법자에 대한 형법의 제재를 제한하거나 완화하겠다는 제안을 의미한다. 미서(Misner)와 클로(Clough)가 제시한 분석[9](체포된 사람을 정보원으로 만들려고 법적 제재를 이용하는 것은 제13차 수정헌법에서 금지한 강제노역의 한 형태라는 분석)에 동의하지 않더라도 그러한 윤리적 문제에 대해 고민할 필요가 있다. 정보원으로 활동하는 사람은 신체적 피해를 당할 위험이 있을 뿐만 아니라, 그 역할로 인하여 결과적으로 심리적 손상을 입을 수도 있다. 그 역할의 어려움은 경찰 스스로 정보원을 묘사할 때 사용하는 경멸적 말을 들어봐도 알 수 있다.

경찰은 범인을 현장에서 체포하지 못하면 법을 집행하기 위해 시각적 감시 방법을 사용할 수 있다. 그때 첫 번째 질문은 경찰은 누구를 감시해야 하는가이다.[10] 범인에 관한 피해자의 진술이 도움이 될 수 있으나, 예컨대 피해자인 은행의 직원이 수많은 고객 중 누가 위조지폐를 건넸는지 모르거나 범인의 인상착의를 정확하지 않게 묘사할 수도 있다. 경찰은 과거에 위조 범죄로 체포되었거나 유죄판결을 받은 사람들을 감시할 수 있겠지만, 그 경우 그들의 사생활에 대한 권리는 어떻게 되겠는가? 그들을 일상적인 감시 대상으로 삼는 것은 헌법적 문제를 야기할 수 있다.

두 번째 질문은 경찰이 시각적으로 감시하는 동안 무엇을 볼 가능성이 높은가이다. 경찰은 범인이 소매상과 돈을 바꾸는 것을 볼 수도 있다. 그러나 소매상과 도매상이 만나는 것을 주시해도 위조지폐가 교환되는 것까지 목격하기는 힘들 것이다.

---

9) Misner and Clough, "Arrestees as Informants."

10) 자동차에 부착하여 전자신호를 보내는 "범퍼 비퍼(bumper-beepers)"라는 전자장치를 도입함으로써 경찰의 감시 기술이 더욱 정교해졌다. 이러한 장치는 경찰의 존재를 드러내지 않고 차량을 추적할 수 있는 능력을 증진한다. 대부분의 법집행기관은 이러한 장치를 이용하기 전에 감독자의 승인을 받아야 하고, 그 설치 과정에 무단침입 (trespass)의 요소가 있으면 사법부의 승인을 받아야 한다. 이러한 장치는 효과적 감시 특히 이동식 감시의 유지 '비용'을 크게 줄일 수 있다.

금제품이나 기타 증거물을 압수하기 위해 수색영장을 이용하는 방법은 통상적으로 이용되는 또 다른 수사기법이다. 경찰은 수색영장을 발부받기 위해 수색할 장소에 금제품이나 증거물이 있다는 정보의 신뢰성을 사법부가 만족할 정도로 소명해야 한다. 이러한 정보는 어디서 나오는가? 그러한 정보는 통상적으로 그 증거가 그 장소에 있는 것을 본 사람에게서 나온다. 이 경우 정보제공자가 위장수사요원이 아니라면 그 정보는 의심스러운 것이 된다. 이에, 법원은 "상당한 이유 검토체계"의 일부로 신뢰할 수 없는 정보제공자를 배제하는 일련의 기준을 만들었다.

명백한 위증이나 증거 식재(planting of evidence)의 문제는 직접 다루기 더욱 어렵다. 이익을 얻을 가능성 때문에 정보원은 이러한 행위를 하도록 유혹받는다. 증거 식재는 경찰이 유도한 활동을 기반으로 유죄판결이 선고될 가능성을 높인다. 따라서 수사 대상자와 접촉하기 전에 정보원을 철저히 추적하면 부정행위의 가능성을 줄일 수 있고, 정보원에 대한 신중한 교육과 감독을 통해 이러한 남용을 막는 일부 안전장치를 마련할 수 있다.[11]

위장한 수사요원이 수사 대상자에게 접근하기 위해서는 대체로 정보원의 소개가 필요하다. 정보원을 이렇게 이용하는 기법은 중요하면서도 효과적이다. 정보원의 소개는 수사요원의 진정성을 담보하므로 수사요원의 경찰관 신분이 들통나면 정보원은 큰 위험에 빠진다. 한편 법집행기관은 정보원이 수사요원을 소개하기 전에 또는 수사요원이 없을 때, 수사 대상자에게 무슨 말을 하는지 알 수 없고 통제할 수도 없다. 정보원의 행위를 감시할 수 없다는 것은 정보원이 범죄를 범하지 않을 사람을 범죄에 가담하도록 유도할 가능성이 있음을 의미한다. 함정수사(agent provocateur)의 위험이 가장 크게 발생하는 것도 바로 이 지점이다.

법집행기관은 정보원의 부적절한 행위를 감시하거나 그러한 행위가 없었다는 증거를 확보하기 위해 보통 정보원과 수사 대상자 간의 대화를 녹음한다. 이러한 방법이 정보원의 비리 가능성을 완전히 배제할 수는 없지만, 그러한 대화를 주의 깊게 분석하면 정보원이 기만하는지에 관한 힌트를 얻을 수 있다. 정보원은, 대화가 녹음되는 중에, 그가 상대방을 기만하는지에 관하여 알 수 있게 질문하라는 지시를 받을 수도 있다. 이러한 안전장치에도 불구하고 정보제공자는 때로 면책에 대한 욕구나 보복 또는 금전적 보상을 목적으로 그러한 행위를 하기 때문에 그 동기와 도덕성, 신뢰성에 대한 문제는 여전히 남는다.

---

11) 이들 요구에는 정보원이 신뢰할 만하다고 믿을 근거, 정보원의 기반, 확인되지 않은 정보원에 대한 보강증거, 정보의 타임라인 등을 구체화할 것이 포함된다.

공범의 증언에도 유사한 문제가 있다. 공범은 때로 법적·도덕적 책임을 떠넘길 목적으로 다른 공범자를 매우 불리하게 묘사하기 때문이다. 따라서 법집행 공무원은 여러 당사자의 상대적 책임을 판단하여 그들의 공소사실을 정할 때 여러 윤리적 문제에 직면하게 된다. 이러한 문제는 사건이 공개되어 범행자 모두 또는 대다수가 검사실로 불려 올 때 더 어렵게 된다. 문제는 "대어(大魚)"를 기소하는 데 필요한 증언을 하고 대신 처벌을 감면받는 "피라미"를 누구로 정할 것인가 하는 것이다.

법집행 공무원은 범행당사자 중 적어도 한 명의 증언이 없으면 교묘한 공모적 범죄를 기소는커녕 적발조차 하기 어렵기 때문에 이 문제를 피할 수 없다. 정보원의 경우와 마찬가지로, 공범의 증언을 이용할 때도 보복이나 자기 보호 욕구에서 비롯되는 위증의 위험이 존재한다. 그러나 이처럼 때묻은 도구를 이용하지 않으면 사회는 중요한 이익과 가치를 보호해야 할 때 극히 예외적이고 우연한 상황에 의존할 수밖에 없게 된다. 전자 도청 같은 대체 기법조차 법원의 허가에 필요한 "상당한 이유의 기준(probable cause stand-ards)"을 충족하기 위해 보통 정보제공자나 공범의 협력 또는 증언이 필요하다.

이러한 일련의 어려움이 바로 비밀요원의 이용이 증가하는 주요 원인 중 하나다.12) 요원들은 책임감이 있고 믿을 수 있다는 신뢰를 받고 있다. 특히 장기 경력에 대한 욕구가 상당한 억제 역할을 하여 단기 이익을 추구하지 못하게 한다. 요원의 출신 배경을 심사하고 그들을 교육하는 것은 집행의 허용 한계를 명확히 이해하는 훌륭한 요원으로 육성하려는 것이다.

물론, 경력주의는 이러한 맥락에서 양날의 칼과 같다. 이름을 떨치고 싶은 욕망은 경솔한 행동을 부추긴다. 게다가 생산성에 대한 조직 내부의 압력은 요원들의 근면함을 담보하기 위한 것이지만, 다른 한편으로는 과도한 행동을 부추기는 경향도 있다. 이론적으로, 요원들의 과도한 행동은 적어도 한두 단계 떨어진 감독과 관리·통제구조의 상황에서 발생하며, 이를 용인함으로써 얻는 것보다 잃는 것이 더 많다.

이러한 행정적 통제와 검찰 및 사법적 검토가 합해지면, 이들 감독 체계가 부패하거나 무능해서 실패할 수도 있지만, 전체적으로는 그 남용 가능성을 줄일 수 있을 것이다.13)

---

12) 수사에서 정보원에 크게 의지하는 마약단속국(DEA)이 지침을 공포했다. 이 지침은 이들 개인을 관리·통제하는 것이다. 규제의 요점은 누가 정보원이 되고, 어떤 상황에서 정보원이 이용되는지 제한하는 것이다. 이 지침도 DEA 요원이 정보원의 중범죄에 관하여 믿을 만한 사유를 알게 되면 연방검사 및 관련 법집행기관과 협의하도록 규정하고 있다.

13) 연방정부의 법무부 장관은 최근 FBI의 위장 수사에 대해 광범위한 지침을 발표했다. 이 지침의 핵심은 민감한 위장수사에 대한 높은 수준의 고려와 정보원이나 수사요원이 중대한 범죄에 연루된 사건에 대해 관련 연방검사나 조직범죄 대책반(Strike Force)의 변호사와 적절히 협의하도록 하는 것이다. 이 지침은 위법 활동을 할 기회를 만

수사요원과 수사 대상자의 상호작용을 녹음 및 녹화하기 위해 오디오나 비디오 기기를 널리 도입한 것은 부분적으로는 검토 기능을 통해 통제력을 강화하려는 데 그 목적이 있다. 이러한 기기가 즉각적 검토를 가능하게 함으로써 행정적 통제뿐만 아니라 검찰의 증거 제시 역량도 훨씬 강화된다. 이러한 안전장치가 신중한 물리적 감시 및 현장 감독과 합해지면 비밀요원이 부적절한 범행을 유도하거나 함정수사를 할 위험을 크게 줄일 수 있다.[14]

법률적 제재 위협으로 수사에 협조하는 정보원이나 공범이 신체적 위험에 빠질 수 있다는 점은 또 다른 윤리적 문제가 되고 있다. 경찰 요원은 그러한 위험을 이미 채용의 조건으로 승낙했고, 그 역할을 이행하지 않으면 경제적 제재만 받는다. 이런 점에서 그러한 위험은 경찰 요원이 부담하게 하는 것이 적절하다.

이러한 모든 기법이 수사의 성공 가능성을 높이는 경우는 범죄거래를 명확하게 식별해 주는 물적 증거가 있을 때이다. 그렇지 않을 때 예컨대, 뇌물 사건에서 특별한 표시나 기록이 없는 화폐가 수수되면 시각적 감시나 적법한 수색은 그다지 효과적이지 않다. 그러한 범죄를 증명하는 증거로는 공모와 관련하여 나눈 대화가 결정적이다. 그런데 그러한 증거는 인적 정보나 전자적 정보에서만 나올 수 있다.[15] 나아가, 전자적 정보는 그 자체로 매우 광범하게 그물을 던지는 경향이 있어서 정치인에 대한 조사에 사용하는 것은 문제가 많다. 전자기기의 이용은 합법적인 수사의 필요성과 무관한 정보를 캡처하여 오남용할 가능성이 매우 높다. 따라서 아주 제한적으로 이루어져야 그 정당성이 인정될 수 있을 것이다.

전자적으로 검증되지 않은 비밀요원이나 정보원의 증언은 위에서 논한 동기 부여 문제에 대한 수사의 취약성을 증가시킬 뿐만 아니라 오해나 오역의 위험도 있다. 전자적 검증은 검토 체계를 제공하여 프라이버시의 침해와 부적절한 행위를 억제한다. 또한 대화의 세부 내용을 확인할 수 있게 한다.[16]

들어내는 데 따르는 법적 · 윤리적 문제도 다루고 있다.

14) 오래된 이 전술이 다시 유행하는 것은 비밀 요원이 피의자에게 마약 등의 금제품을 판매한 후 해당 피의자를 그 소지 혐의로 체포하는 것이다. 이 전술은 함정수사가 될 가능성을 더욱 높이고 근본적으로 불공정하다. 이 상황을 위장한 수사요원이 피의자로부터 금제품을 구매하는 상황과 비교해 보면 차이가 있다. 후자의 경우, 피의자는 금제품을 이미 소지하고 있으므로 그 자체로 법 위반인 불법행위를 저지를 의사와 능력이 있다는 증거가 된다. 전자의 경우에 대규모의 돈과 금제품이 개입되면, 불쾌감이 (모든 경우는 아니지만) 일부 줄어든다. 최소한, 이러한 사건에 대해서는 면밀한 감시 감독이 필요하다.

15) 전자기기의 이용에는 "상당한 이유"를 구성하는 필수적 사실에 대해서 증언해 줄 사람이 필요하다. 따라서 정보 제공자나 공범을 유인할 때와 같은 어려움이 생긴다.

16) 다른 한편 조직범죄의 고위층에 대한 위장수사에서는 그들이 통상 매우 조심하기 때문에 전자장치를 이용하기가 매우 어렵다.

이러한 안전장치만으로 위험과 어려움이 모두 제거되지는 않는다. 가장 골칫거리 중 하나는 녹음된 대화에 앞서 또는 그 대화 밖에서 비밀요원이나, 특히 정보원 또는 공모자가 하는 행동이다. 그럼에도 수사를 신중하게 잘 계획하면 전자적 감시를 확대하여 중요한 대화를 모두 녹음하고 혹시 누락될 수도 있던 대화까지도 찾아낼 수 있다.

안전장치에 관한 논의의 맥락에서 시야를 좀 더 넓힐 필요가 있다. 다양한 수사기법의 비용과 이익을 고려할 때 매우 중요한 것은 기법의 이용상 잘못과 근본적인 전술상 결함을 구별해야 한다는 것이다. 전자는 고칠 수 있다. 그러나 후자는 심한 경우에 기법의 이용을 아예 배제하게 한다. 문제는 이러한 특수기법이 어떤 상황에서 어떤 제한 조건에 따라 용인될 수 있는가 하는 것이다.

4 │ 수사상 강박과 기만(속임수)의 이용

이 이슈는 최근 FBI가 정치적 부정부패 세력과 기타 세력이 합의하여 더불어 범하는 공모 범죄를 수사하는 과정에서 공개한 정교한 시나리오에 의해 가장 민감하게 대두되었다. 소규모 소매 수준의 위조 거래나 그와 유사한 상황에서 현행범을 체포하는 경우가 아니면 모든 수사기법은 사전이든 사후든 어느 정도 이중성이나 기만(속임수)을 포함할 가능성이 크다. 시각적 감시에서 이용하는 기술이나 위장의 목적은 수사 대상자를 속여서 '자신이 관찰되지 않는 것처럼' 믿게 하는 것이다. 정보원은 스스로든 경찰 요원의 지시를 받아서든, 때로 누군가의 신뢰를 배반한다. 동업자의 신뢰를 깨뜨리는 공범은 분명히 배신자다. 수동적 기만과 능동적 기만, 즉 경찰이 다른 사람의 기만을 이용하는 상황과 직접 기만하는 상황은 구별될 수 있다. 또한 경찰이 상황을 꾸며서 수사 대상자가 어떤 사실을 받아들이게 하는 것과 경찰이 수사 대상자를 기만하여 경찰 요원이 보는 데서 범죄를 범하도록 명시적으로 말하는 것도 구별이 가능하다. 문제는 그러한 구별에 어떤 차이가 있느냐 하는 것이다.

범죄에 대한 증언은 고소인이 없는 범죄를 성공적으로 기소하는 데 필수적이다. 많은 경우, 강박과 기만의 이용은 반비례 관계에 있는 것으로 보인다. 정부가 사건을 구성하기 위해 정보원이나 공모자의 협력에 의지할수록 해당 인물과의 강박적 관계에 더 많이 의존하게 된다. 반면에 그런 상황에서 정부의 기만 이용은 줄어드는 경향이 있다. 정부가 자체

비밀요원을 통해 수사하면 정보원이나 공모자 간의 강박적 관계에 대한 요구를 줄일 수 있다. 기만과 강박 사이에 존재하는 이러한 관계는 정책 수립에 있어서 윤리적 딜레마를 더욱 커지게 만든다.

이러한 문제에서 균형을 유지하기 위해서는 기만의 이용과 그 윤리적 · 도덕적 의미를 좀 더 포괄적으로 보아야 한다. 모든 정치권력은 어느 정도 (민주사회는 기만 쪽으로 기울어) 기만과 강박에 의존한다고 단정할 정도로 정치 과정에 지나치게 냉소적일 필요는 없다. 결국, 기만을 이용하는 것의 결과가 이용하지 않는 것의 결과와 균형을 이루어야 한다. 시행의 관점에서 보면, 보호되는 제반 사회적 가치와 그러한 목적을 위해 사회가 선택할 수 있는 현실적 대안들을 이해하는 상황이 되어야 이들 이슈에 대한 논의가 성과를 거둘 수 있을 것이다.

게리 T. 마르크스(Gary T. Marx)는 이 문제를 분석하며 사회학자 에드워드 실스(Edward Shils)의 관찰을 출발점으로 제시한다. "시민 정치에서는 미덕의 복잡성에 대한 이해가 필요하다. 즉, 어떠한 미덕도 홀로 존재하지 않으며, 모든 미덕적 행위는 다른 미덕적 행위의 측면에서 보면 비용이 따르고, 미덕은 악덕과 서로 뒤얽혀 있다는 점을 이해해야 한다."[17]

이러한 관찰은 정부 권력의 행사와 억제에도 해당한다.

---

17) Gary T. Marx, "Who Really Gets Stung? Further Thoughts on Recent Police Undercover Activities." Gary T. Marx, "The Cost of Virtue," *The New York Times*, June 29, 1980.

제 8 편

법과 유혹

최영홍

제8편

법과 유혹[1]

최영홍[2]

1 | 유혹의 개념

인간은 삶이 두려워 사회를 만들고 죽음이 두려워 종교를 만들었는가? 사회 있는 곳에 법이 있다(*Ubi societas, ibi ius*). 성서에 의하면 최초의 인간인 아담과 이브가 자신들을 창조한 신의 법을 어긴다. 법 위반의 시원(始原)은 유혹이다. 유혹이 먼저다! 카인의 폭력보다 앞선다. 유혹은 기독교의 주기도문뿐만 아니라 사실상 모든 종교의 화두가 되어, 사회를 이루고 더불어 사는 우리의 삶에 영향을 미친다. 유혹은 공기처럼 형체가 없지만 처처에 존재하고, 때로는 사회 시스템에 폭동보다 큰 영향을 줄 수도 있다. 단지 법적 맥락에서 그간 관심이 적었을 뿐이다.

일반적으로 유혹은 누군가를 특정한 행동으로 이끌기 위해 매력적 조건을 제시하거나 사람의 욕망을 자극하는 것을 의미한다. 그 누군가가 한두 사람이 아니라 다수가 되면 유혹은 선동이나 교화 또는 계몽의 차원으로 바뀔 수 있다. 유혹의 양태는 다양하다. 적극적일 수도 있고 소극적일 수도 있으며, 유형적일 수도 있고 무형적일 수도 있다. 때로는 어떤 동작이나 행위가 아니라 그 존재만으로도 유혹이 될 수 있다.

---

1) 역자 후기에 갈음하여 쓴 글이다.
2) 변호사, 법학박사, 전 고려대 법학전문대학원 교수.

모든 유혹에는 공통의 요건이 있다. 유혹자가 대상자에게 우선 "좋은 이미지"를 줄 수 있어야 한다는 것이다. 이 점이 바로 상대방의 자발성을 유도하는 유혹의 정체성이자 폭력이나 협박과 차별화되는 요소이다. "좋은 이미지" 없이 행위를 이끌어냈다면 유혹이 아니라 폭력이나 협박이 되기 쉽다. 나아가 유혹이 폭력이나 협박과 합해지면 상대방의 자살까지 유도하는 위력을 발휘할 수도 있다. 아무튼 "좋은 이미지"란 일차적으로는 호감을 주는 느낌이나 인상이겠지만, 그러한 것들이 정의, 인권, 민주, 발전 등 한층 고상한 가치 또는 그들 가치를 지지하는 언변과 외관 등에 의해 강화될 수도 있다. 유혹의 전제인 "좋은 이미지"는 위장을 통해 형성되고 강화되는 것이 보통이다. 따라서 위장은 유혹의 수단으로 기능하는 경우가 많다.

유혹 자체는 선악의 개념에서 볼 때 중립적이다. 유혹이란 본래 어떤 대상이나 행위를 매력적으로 느끼게 만들어 사람을 끌어당기는 것을 의미할 뿐, 그 자체로 반드시 선하거나 악한 것은 아니다. 이는 유혹이 위장을 통하는 경우도 마찬가지이다. 유혹이 선이나 악의 영역으로 구분되는 것은 목적과 의도에 따라 달라진다. 예를 들어, 누군가를 유익한 방향으로 이끌기 위해 좋은 의도를 담아 유혹한다면 긍정적일 수 있지만, 부도덕하거나 불법적 행위로 이끌기 위한 것이라면 부정적으로 평가될 수 있다. 유혹이 법적 맥락에서 중요하게 취급되는 경우는 그것이 법을 어기거나 윤리적 기준을 벗어나도록 설계되었을 때이다. 유혹의 중립성을 이해하는 것은 법적 맥락에서 매우 중요하다. 요컨대, 유혹 자체는 중립적이며 그것이 법적 맥락에서 선악으로 평가되는 것은 그 상황과 의도에 따라 다르다.

2 | 유혹자와 유혹당한 자의 책임

(1) 유혹에 관한 시원적 판결

사탄의 유혹에 이브는 나름 고민했을 것이다. 우선 자기에게 다가온 유혹자의 모습(normal appearance)에서 자기를 파멸시키려는 의도가 숨어 있음을 감지하지 못했을 것이다. 그 당시 유혹자가 이브에게 "좋은 이미지"를 주지 못했다면 우리 인간은 지금도 에덴동산에서 고통 없이 행복하게 살고 있을지 모른다. 뒤늦게 일이 잘못되었음을 알게 된 이브는 방어권을 행사하며 변명한다. "뱀이 나를 유혹했습니다. 그래서 먹었습니다(The serpent beguiled me, and I ate it)."[3] 그러나 변명은 받아들여지지 않는다. 법이 집행되고 인간은 에덴동산에서 추방된다. 그래도 법정형인 사형보다는 감경된 처벌이다.[4] 아마도 유혹에 넘어간 점이 반영된 듯하다. 한편, 신은 유혹자도 처벌한다. 유혹자의 모습을 흉측한 형상으로 바꿔버린다. 교사자에 대한 처벌 규정이나 형벌의 종류가 정해져 있었는지 알 수 없지만, 유혹자에게서 "좋은 이미지"를 박탈하고 지극히 혐오스러운 모습으로 변형시킨 것이다.[5] 흉측한 모습이 된 유혹자는 더 이상 인간에게 다가갈 수 없게 되었고, 따라서 유혹을 시도할 수 없게 되었다. 궁하면 통한다고 할까? 무릇 "진화하는 범죄인"이 그러하듯이, 영민한 그 유혹자 역시 그러한 상황을 타개하기 위해 새로운 기법을 모색한다. 흉측한 모습의 뱀이 아니라 '우리와 같은 인간의 모습'으로 사람에게 접근하는 작전 말이다. 기왕이면 사람들이 존경하는 목사 등 성직자나 머리 좋고 돈 잘 버는 변호사 등 화이트칼라 직군의 인물로 위장하면 접근이 한층 쉬워지고 따라서 성공 가능성도 커질 것으로 예상하면서….

(2) 함정수사의 위법성 확립

위와 같은 성서적 법집행의 입장은 미국 연방항소법원이 1932년에 선고한 *Sorrells v. U.S.* 사건의 항소심 판결[6]에서도 확인된다. 이 사건은 술의 제조·소지·운반·유통이 금지되던 소위 금주법 시대[7]를 배경으로 한다.

> Martin은 1차 세계대전 때 육군 제30보병사단에 근무한 재향군인인데 Sorrells가 같은 부대에 근무했다는 말을 듣고 인근을 지나는 길에 들린 것처럼 꾸며 그에게 접근했다. Martin은 약 1시간 반 동안 Sorrells의 군시절 얘기를 물으며 대화를 나누다가 '요즘 나는 장모와 사이가 좋지 않은데, 그녀가 술을 좋아하니 술을 좀 구해 주면 고맙겠다'라고 부탁했다. Sorrells는 처음에는 '술 얘기는 하지 말자'라며 거절했으나 Martin의 거듭된 간청을 듣고 밖으로 나갔다가 한참 후 위스키 1/2갤런을 들고 왔다. 그리고, "이거 5달러다. 그런데 친구야, 앞으로 이런 부탁은 하지 말았으면 좋겠다"라고 하면서 술을

---

3) 창세기 3장 13절.
4) 창세기 2장 17절('그것을 따먹으면 반드시 죽는다').
5) 창세기 3장 14절.
6) 57 F.2d. 973, 976 (4th Cir. 1932).
7) 금주법은 1920년 제18차 수정헌법으로 연방헌법에 도입되었다가 제21차 수정헌법으로 폐기될 때까지 13년간 지속되었다. 제18차 수정헌법의 시행을 위해 1919년에 제정되고 1920년부터 시행된 National Prohibition Act(약칭 Prohibition)는 발의자의 이름을 따서 흔히 Volstead Act라고 한다.

건넸다. 그러자 Martin이 Sorrells를 금주법 위반의 현행범으로 체포했다. Martin은 당시 연방 수사요원이 되어 있었고 'Sorrells에게 가면 술을 구할 수 있다'는 첩보가 있자, 전우애를 미끼로 그를 체포하기 위해 찾아갔던 것이다.[8] 재판에서 'Sorrells는 지난 6년간 거주지에서 성실히 생활했고, 그가 밀주거래와 관련이 있다는 말은 듣지 못했다'라고 동료들은 증언했다.

Sorrells는 1심에서 동종 전과가 없음에도 18월의 징역형을 선고받았다. Sorrells는 이 판결에 불복하고 항소했으나 기각되었다. 항소심의 Parker 판사는 항소기각의 논거로 창세기에 나오는 법집행을 선례처럼 인용했다. 즉 "법을 부여하신 위대한 하느님께서도 '뱀의 유혹에 빠져 선악과를 따 먹었다'라는 이브의 변명을 용납하지 않으셨다"라고 판시하며 '이는 문명화된 나라라면 충분히 수긍할 것'이라고 했다.

그러나 위 항소심 판결은 연방대법원에서 파기되었다.[9] 다수의견은 '피고인이 수사기관의 과도한 기만이나 유혹에 넘어가 범죄에 이른 경우에는 유죄로 볼 수 없다'라는 것이었다. 또한, 동조 의견은 '입법자가 법을 만들 때 국가기관이 법을 위반하도록 유도하여 범행에 이르게 된 경우까지 처벌하려고 의도한 것은 아니다'라는 것이었다. 이 판결은 '함정수사는 위법하다'라는 최초의 판례(leading case)가 되었다. 그 후 *Sherman v. United States* 사건에서 연방대법원은 만장일치로 '함정수사는 위법하다'는 원칙을 확고히 했고,[10] 이러한 법리는 문명국가로 전파되었다. 이로써 위법한 함정수사로 기소된 피고인은 무죄나 공소기각 판결을 받고 처벌을 면하게 되었다.

(3) 위장수사의 적법성과 한계

Sorrells 판결로 유혹이나 기만이 이용된 수사는 모두 위법하게 되었는가? 그렇지 않다. 피해자가 범죄를 신고하는 사건은 피해자 진술 등의 증거 수집이 쉽기 때문에 범죄자를 적발·처벌하는 일이 어렵지 않지만, 피해자가 없거나 있어도 신고하지 않는 범죄의 경우에는 상황이 다르다. 고소·고발인이 없으므로, 수사기관이 범죄 발생을 알거나 그 증거를 수집하기 어렵기 때문이다. 예컨대, 마약 거래, 성매매, 뇌물거래 등 소위 '보이지 않는 범죄(invisible crimes)'가 그러하다. 이에 따라 피해자 있는 범죄는 쉽게 적발되고 처벌되

---

8) 1908년 "국가수사국"으로 설립되었으나 1935년부터 FBI로 명칭이 변경되었다.

9) 287 U.S. 435 (1932)

10) 356 U.S. 369 (1958).

지만 '보이지 않는 범죄'는 쉽게 적발되지 않고 증거 수집도 어려우므로 두 범죄 유형 사이에 처벌의 불평등 문제가 발생한다. 큰 틀에서 볼 때 다 같은 범죄인인데 처벌받을 가능성에 차이가 있다는 것은 법의 이념인 정의와 형평에 어긋난다. 이러한 문제를 해소하고 법집행상의 평등을 확보하기 위해 수사기관은 '신분을 위장하고 접근하는' 위장수사 기법을 이용해 왔다. 이러한 수사기법은 과거부터 그 정당성이 인정되었다.

적법한 위장수사와 위법한 함정수사(entrapment)는 어떻게 구별되는가? 범죄인의 범죄 의도가 수사요원의 유혹으로 야기되었는가 아니면 본래부터 범죄적 기질 내지 성향이 있었는가에 따라 달라진다. 수사기관의 유혹으로 피의자에게 범죄 의사가 생겨났으면 함정수사이고, 원래 범죄적 기질 내지 성향이 있는 자에게 범행의 기회를 제공하여 범행을 실행하게 한 정도이면 위장수사로 본다. 즉 후자의 위장수사는 신분 위장 등 일부 기만적 요소가 개입되었더라도 적법한 수사로 인정되는 것이다. 물론, 위장수사 중에서도 유혹의 정도가 심해서 대상자에게 범의를 야기한 경우에는 위법하다는 평가를 받을 수 있다. 위장수사는 주로 화이트칼라 범죄(white-collar crime), 조직범죄, 테러, 해킹, 간첩 활동 등 국가사회에 커다란 위협이 되는 중대 범죄를 대상으로 하며, 사회의 변천과 과학기술의 발달에 따라 새로운 유형의 범죄에도 그 이용이 확대되고 있다. "'증거재판주의'라는 천사의 커튼 뒤에서 증거를 제거 내지 은폐하며 미소 짓는 범죄인"으로부터 사회를 방위하기 위해 비록 유혹이나 위장 등 달갑지 않은 기법이 이용되지만 허용되는 것이다. 위장수사의 경우 유혹당한 자는 그가 저지른 범죄에 대해 형사책임을 면할 수 없다. 반면, 유혹자인 수사요원은 면책 차원을 넘어 아마도 상을 받게 될 것이다.

3 | 의회부패의 특수성과 민주 원리의 한계

수사기관이 가장 대응하기 어려운 범죄는 아마도 국회의원의 부패일 것이다. 그 이유로는 국회의원이 화이트칼라 계층이라 통상의 범죄와는 다른 유형의 범죄라는 점과 그들이 수사기관보다 우월적 지위에 있다는 점 및 민주적 대표성이란 개념에 대한 국민의 이해 미흡으로부터 부풀려진 영향력이 작용하는 점 등을 들 수 있을 것이다. 이하에서는 의회부패의 특수성과 민주 원리의 한계 그리고 국회의원의 헌법상 의무 등에 관하여 살펴보기로 한다.

(1) 의회부패의 특수성

국회를 구성하는 의원들은 화이트칼라 계층에 속한다. 그러니 그들이 저지를 수 있는 범죄도 폭행이나 강도, 절도 등의 노상범죄가 아니라 은밀하게 이루어지는 '보이지 않는 범죄'가 주종을 이룬다. 그러한 범죄는 뇌물거래나 정치자금법 위반 등 주로 가담자와 더불어 범하는 범죄, 즉 피해자 없는 범죄가 대표적이다. 그러한 범죄는 이 책의 앞에서 본 바와 같이 적발이 어렵고 증거포착이 어렵다. 따라서 증거재판주의 원칙을 고수하는 체계 아래에서는 이들 범죄에 대한 처벌이 어렵게 되어 법집행상 형평의 원칙에 어긋난다. 이러한 범죄에 대해서는 위장수사에 의하지 않고는 효율적으로 대처할 수 없다. 더구나 국회의원은 법률의 제·개정과 예산안 심의·확정, 국정감사와 조사, 청문회 활동, 탄핵소추권 등을 통해 행정 부서를 감시하고 견제한다. 이에 더하여 이들에게는 불체포특권과 면책특권까지 부여되어 있다. 의회 활동 중에 저급한 행태를 보여도 대부분 보호된다. 이러한 권한과 특권은 그들에게 우월적 지위를 부여한다. 요컨대, 국회의원의 부패에 수사기관이 대응하기 어려운 요인은 통상의 '보이지 않는 범죄'라는 화이트칼라범죄인 점에 더하여, 국회가 수사기관과의 관계에서 우월적 지위에 있다는 점을 들 수 있다.

(2) 민주원리는 완결적인가?

위와 같이 국회의원에게 우월적 지위를 부여하는 근본 논거는 그들이 민주적 정당성을 가진 국민의 대표자라는 점이다. 이에는 부지불식간에 '국민은 항상 옳고, 옳게 결정하여 선출했으니 국회의원들 또한 옳다'라는 의미가 내포되어 있다. 그러나 이에 관하여는 좀 더 냉정한 검토가 필요하다. '민주(民主)'라는 용어는 알다시피 democracy를 번역하기 위해 일본 메이지유신 시대에 만들어진 신조어다. 민주의 의미는 '백성, 즉 民(people)[11]이 나라의 主人이다'라는 것이다. 메이지유신이 천황제를 지지하는 친위쿠데타다 보니, 민주란 용어는 '천황이 나라의 주인'이던 당시 일본의 유신체제와는 어긋나는 면이 있었다. 일부 학자가 democracy를 하극상(下剋上)이라고 옮겼던 것도 아마 그 때문이었을 것이다. 아무튼, 민주라는 용어는 군왕이 나라의 주인이던 군주제와 구별된다는 점에서 훨씬 개방된 개념인 것은 분명하다. 그러나 "국민이 나라의 주인이다"라는 것이 곧 "국민은 항상 옳다"라는 것으로 귀결되지는 않는다. 단지, '국민이 주인이니까 그 결정에 따라야 한다'라는 정도의 의미일 뿐이다. 국민이 주인이라고 해서 그들의 결정이나 선택이 항상 옳았는

---

11) 우리는 이를 국민이라고 한다. 공산국가에서 인민이라고 하고 과거 일본에서는 신민이라고 했다.

지 한번 냉정히 생각해 보자. 민주주의의 원조인 아테네 시민들이 소크라테스를 죽게 한 판정이 과연 옳았는가? 예수의 처형을 내키지 않아 하던 빌라도에게 "십자가에 못 박으시오!"라고 압박하여 끝내 관철한 유대인들의 결정은 과연 옳았는가? 히틀러의 집권과 총통제를 지지한 독일 국민은 과연 옳았는가? "무솔리니는 항상 옳다"라며 파시스트를 옹호한 이탈리아 국민은 또 어떤가? 이렇듯 "국민은 항상 옳다"라는 말은 자명한 명제라고 할 수 없다. 이 점에 대해 솔직하지 않으면 더 이상의 논의는 무의미할 것이다. 주인이니까 항상 옳다면, 고래로 그 많던 주인들은 왜 다들 망했는가? 한 번 더 솔직해지자. 사실, 역자를 포함한 국민은 그다지 현명하지 않다. 정치인이 아부성으로 던지는 그 말에 정말로 자신이 현명하다고 착각에 빠진 국민도 제법 많아 보인다. 인터넷 기사에 저속하고 민망한 댓글을 도배하는 사람도 국민이니까 항상 옳은가? 과거의 언론은 사회의 목탁으로 선도적 역할을 비교적 잘 수행했다. 그러나 지금의 상당수 언론은 이미 금가고 깨진 상태여서 맑고 청아한 소리가 아니라 깨진 소리를 내고 있고 원칙을 지키려는 언론들조차 범람하는 유사 언론의 혼탁한 소음을 압도하지 못하고 있다. 선동가들은 그러한 틈을 노린다. 다중에게 고상한 말을 하며 당근을 주겠다고 그들을 유혹한다. 유혹과 선동에 휘둘리고, 이해관계에 과도하게 민감하며, 수시로 변덕스러운 국민이 과연 항상 옳고 현명할까? 현명하다고 단정할 수 없는 국민이 선택한 대표는 그래도 현명할까? 군왕이 주인이던 군주정 시대에 나라가 잘못되면 왕에게 최종 책임이 귀결되었다. 그렇다면, 국민이 주인인 민주 시대에 나라가 잘못된다면 그 책임은 국민에게 귀결되어야 하는 것 아닌가? 앞서 본 바와 같이 국민이 항상 옳은 것은 아니라면 이에 대한 대책은 결국 국민이 각성하도록 하는 일일 것이다. 그러한 일은 지식인들이 적격이지만 그들마저도 신뢰를 잃고 있어 마땅한 해결책이 없어 보인다. 이처럼 국민 대표성의 기반이 되는 민주원리는 사실 완결적이지 않다.

(3) 국회의원의 권한 남용과 헌법 규정

국회의원이 다양한 권한과 특권을 보유하고 수사기관보다 우위에 있다는 점은 앞서 살펴본 바와 같다. 문제는 이들이 수사기관의 위장수사 활동을 치명적으로 방해할 수도 있다는 점이다. 위장수사에 예산이 필요하다는 것은 삼척동자도 다 아는 사실이다. 첩보 활동과 위장을 위해 필요한 기술을 습득하거나, 장비나 의상을 갖추거나, 범죄 계층에 접근하여 친목을 다지거나, ABSCAM 수사처럼 금품을 제공하기 위해서는 반드시 재원이 필요하다. 그러니, 재원이 없으면 위장수사는 아예 불가능하다. 위장수사가 불가능하면 마약, 성매매, 뇌물범죄 등 전통적 범죄는 물론이고, 최근 들어 확대되는 스파이 활동, 테러, 사이버범죄, 정부 전복 음모 등 국가사회에 치명적으로 위해를 가하는 신종 범죄에 도저히 대처할 수 없다. 우리 국가와 사회가 그들 범죄 앞에 무방비 상태가 되는 것이다. 정상인이라면 수사 재원의 차단이 가져오는 이러한 문제점을 모를 리 없다. 이것도 모를 정도의 지능이라면 아예 의원으로서 기본 자질이 없는 것이다. 그런데도 "특수활동비"를 불합리한 이런저런 이유로 부당하게 삭감하려는 의원이 있다면 그 자신이 '보이지 않는 범죄'의 잠재적 범죄자이거나 그 동조자 또는 적어도 국가와 국민의 안전을 도외시하는 자일 가능성이 상당하다.

이러한 국회의원의 남용적 직무행태에는 제약이 없을까? 그렇지 않다. 우리 헌법에는 국회의원이 국가에 해를 끼칠 가능성에 대비한 규정을 두고 있다. "국회의원은 국가이익을 우선하여 양심에 따라 직무를 행한다"라고 규정한 헌법 제46조 제2항이 그것이다. 그러나 사실 이 조항의 의무는 그 내용을 따져보면 별것이 아니다. 군인과 경찰, 소방관처럼 자신의 생명과 신체의 위험을 무릅쓰고 직무를 수행하라는 것도 아니고, 그저 9급 공무원 정도면 다 지켜야 할 당연한 내용, 즉 애국의무와 양심 없는 짓을 하지 말라는 정도의 규정이다. 또한, 헌법 제46조 제3장의 금지조항도 그저 '직무와 관련하여 죄짓지 말라'는 정도의 평범한 내용일 뿐이다. 왜 이처럼 허랑한 조항을 두었는지는 의문이다. 그런데도 없는 것보다는 나아 보인다. 즉, 대한민국의 국가이익을 우선하는 애국심에 따라 권한을 행사해야 할 의무를 명시하는 것이 국민 대표성과 특권으로 무장된 국회의원을 견제할 최소한의 근거가 될 수 있기 때문이다. 겉으로 애국자(愛國者)인 척해도 실제로 국가이익을 우선시하지 않는 자는 그저 나라에 해를 끼치는 해국자(害國者)[12]일 뿐이다. 통상, 그러한 자일수록 국민의 대표자란 지위를 더욱 내세울 것이다. 국민 대표성이 민주 원리에 따른 것이지만 앞서 본 바와 같이 신성불가침한(sacrosanct) 개념은 아니다. 즉 민주의 개념은 지역 선거구민의 총체적 자질과 연결되는 것으로 유유상종의 비슷한 사람 중에서 뽑는다는 의미의 대표성일 뿐, 타인을 배려하고 국가이익을 우선하는 공화주의의 개념과는 엄연히 다른 것이다. 대통령제 국가의 원조인 미국에서 국민 대표성에 기초한 하원 외에 다시 모든 주에서 2인씩 선출하여 상원을 구성하는 것도 바로 민주 대표성에 내재하는 문제점을 공화주의적으로 보완하기 위한 것이기도 하다. 그런 점에서 단원제인 우리나라에서 헌법 제46조 제2항이 갖는 의미는 그나마 작지 않다. 현실은 어떤가? 이러한 헌법 규정의

---

12) 필자가 애국자에 반대되는 개념으로 (애국/해국, 애국자/해국자와 같은) 운율을 고려하여 고안안 신조어다, 해국자는 나라를 팔아먹는다는 증거까지는 없지만 적어도 '소아적 이익을 위해서 나라에 해를 끼치는 자'를 지칭하는 의미를 담았다. 사사로운 이익을 위해 나라의 주권이나 이권을 남의 나라에 팔아먹는 행위를 매국노(賣國奴)라 하듯이 나라에 해를 끼치는 정도가 심한 자에 대해서는 해국노(害國奴)라 할 수도 있을 것이다.

존재 자체를 아는 국민이 많지 않아 보인다. 그리고 그러기에 더욱 "범죄와의 전쟁"의 최일선에 임하는 수사기관의 특수활동비를 삭감하려는 해국적 행태(害國的 行態)가 시도될 수도 있을 것 같다. 만일 실제로 그러하다면, 이에 대한 대응책은 전혀 없는가? 이는 국회의원은 임기가 보장되고 탄핵 대상도 아니어서 제기되는 질문이다. 헌법 제46조 제2항에서 말하는 국가이익이란 자유민주적 기본질서를 기본으로 하는 우리 대한민국의 이익을 의미하며, 그중에서도 핵심은 국가와 국민의 안전이다. 따라서 국회의원은 국가이익이 아닌 개인적 이익이나 당파적 이익에 따라 직무를 행해서는 아니 된다. 그런데도 정당한 심의나 표결인 것처럼 위장하여 국가이익을 저해하는 방향으로 직무를 행하는 개별 국회의원을 직접 제재할 방법은 사실상 없어 보인다. 그렇지만 여전히 가능성은 남아 있다. 그러한 권한이 정당의 당론으로 정해져서 행사되는 경우에는 헌법 제8조 제4항에 따라 정당의 활동이 민주적 기본질서에 위배된다고 판단되면 정부는 헌법재판소에 정당해산심판을 청구할 수 있다(헌법 제8조 제4항). 이 경우 심판청구가 인용되면 해산된 정당의 소속 국회의원은 그 직을 상실하게 된다. 국가와 국민을 범죄 앞에 방치하는 것보다 더 민주적 기본질서를 위배하는 것이 뭐가 있겠는가? 아마도 이 점이 심판청구에서 상당한 논거가 될 수 있고, 과거 관련 예산의 처리 관행 등에 비추어 양심에 따라 직무를 행했다고 보기 어려운 점을 곁들이면 설득력이 더욱 강화될 것이다.

4 │ 유혹과 양심 그리고 법

유혹이 상대방의 마음에 영향을 주고 그로 인하여 유혹자가 원하는 결과를 얻어내려는 것이라면, 가슴 가장 깊숙한 자리, 즉 그 마음이 있는 곳에 양심도 존재한다. 양심은 처처에서 우리 인간을 둘러싼 유혹이 오감을 통해 전달되는 바로 그 마음의 자리에서 외부 유혹에 대해 끊임없이 평가하며 자신의 인격을 지키는 방향으로 기능한다. 인간의 존엄성은 바로 양심을 가진 존재라는 점에서 비롯된다. 헌법재판소는 양심을 "어떤 일의 옳고 그름을 판단함에 있어서 그렇게 행동하지 않고는 자신의 인격적 존재가치가 허물어지고 말 것이라는 강력하고 진지한 마음의 소리"라고 정의한다.[13] 그러나 안타깝게도 양심마저 위장

---

13) 헌법재판소 2004. 10. 28, 2004헌바61 결정.

으로 가려질 수 있고, 실제 우리는 비양심적인 사람이 자신을 양심적이라고 내세우는 경우를 접하기도 한다. 이러한 취약성에도 불구하고 헌법은 왜 양심을 끌어와 규정하고 있을까? 그것은 법이 사람의 행위를 다루는 규범이고 그러한 행위의 원천은 각 사람의 양심이며, 그 양심은 외부적으로는 위장할 수 있어도 자기 자신의 내면에 고유하게 존재하는 마음의 소리에 대해서는 그 자신도 부정할 수 없기 때문이 아닐까? 우리 헌법에는 양심에 관한 규정이 세 번 나온다. 양심의 자유에 관한 조항(헌법 제19조)과 법관의 양심에 따라 재판할 의무 조항(헌법 제103조) 그리고 앞서 본 국회의원의 양심에 따라 직무를 행할 의무 조항(헌법 제46조 제2항)이다.

양심의 자유에 규정된 경우의 양심은 보호 대상인 국민의 **권리**에 관한 것이고, 다른 두 경우의 양심은 독립적 국가기관을 구성하는 공직자의 **의무**에 관한 것이라는 점에서 차이가 있다. 국민의 기본권으로서의 양심의 자유는 특히 약자와 소수자를 보호하는 데 의미가 있다. 강자나 다수자에게는 그들의 양심의 자유를 위협할 세력이 존재하지 않기 때문이다.

이와 달리, 공직자의 의무로서의 양심은 직무 집행상의 정직성과 도덕성이 그 요체가 될 것이다. 즉 법원의 판결은 법관으로서의 인격적 존재가치를 유지하려는 마음의 소리에서 비롯되어야 한다. 또한, 국회의원이 "국가이익을 우선하여 양심에 따라 직무를 행할 의무"에서의 양심은 의원 개인이나 소속 정당, 출신 지역구나 단체 등의 이익보다 국익을 우선하려는 애국심에 기초하여 직무를 행하여야 한다는 마음의 소리여야 한다. 국회의원이 형식적 권한의 커튼 뒤에서 실질적으로 국익을 저해하고 비양심적으로 직무를 행할 때 정당해산심판이 청구될 수 있는데, 그 경우 심판을 담당하는 재판관의 양심은 그 중요성이 최고조에 달하게 될 것이다.

5 │ 결론

이 책은 ABSCAM 수사에 관한 다양한 이슈를 다루고 있다. 마약, 성매매, 조직범죄 등에 대하여 유혹과 기만을 이용하는 위장수사는 과거부터 허용되고 있었다. 그런데 그 수사가 국가사회의 최상층에 있는 의회 의원을 상대로 확대되자 각계로부터 비상한 관심을 받게 되었다. 이 책의 필자 중 다수는 ABSCAM 등의 위장수사는 "법집행의 평등을 구현하기 위해서 그리고 "보이지 않는 중대 범죄"로부터 사회를 방어하기 위해 앞으로도 계속 필요하다"라는 데 대체로 동의하고 있다. 그러나 일부 필자는 위장수사의 남용과 부작용을 우려하며 금지되거나 억제되어야 한다는 의견을 피력하고 있다. 그러한 우려의 핵심 논거는 수사기관의 위장수사가 확대되면 사회적 자본인 사회적 신뢰가 무너질 수 있다는 것이다. 물론 이러한 의견은 우리 사회의 건전성 및 지속성과 관련되는 중요한 지적이고 따라서 그러한 부작용을 최소화하는 보완책은 마련되어야 한다. 그러나 단순한 보완 차원을 넘어 위장수사를 아예 금지 내지 억제해야 한다는 주장이라면 역자는 이에 동의할 수 없다. 우선 그들의 의견이 발표된 지 약 40년이 지난 지금 미국을 비롯한 세계 각국의 핵심적 수사기관은 국익을 위해 위장수사와 첩보 활동을 치열하게 전개하고 있다. 그러한 상황에서 국익을 해칠 범죄에 대한 효율적 수사를 금지한다면 이는 너무도 어이없는 일이다. 더구나 집필 당시의 필자들은 범죄 계층의 무한 확장적이고 진화적인 속성에 대한 인식도 미흡했던 것 같다. 그들 중 일부는 또한 수사기관의 위장만 문제 삼으며 논리를 전개하지만, "범죄인도 위장할 수 있고 진화할 수 있다"라는 점까지는 생각하지 못한 것 같다. 예컨대, "진화하는 범죄인"이 위장을 통해 공조직의 수장이 될 수 있고, 그러한 지위에서 각종 이권에 개입하면서 들통날 것을 대비하여 측근을 중간자(middleman)로 개입시켰다가 나중에 실제로 들통나면 그 측근과의 관련성을 부인하거나 위증을 교사하거나 심지어 증인을 제거하는 방법을 모색할 수도 있다. 이처럼 "진화하는 범죄인"의 부패 범죄에 효율적으로 대응하기 위해서는 수사요원이, 지나치게 기만적이지 않게 적절히 통제받는 상태에서, 위장을 통해 접근하여 사전에 증거를 확보하는 방법 외에 달리 뾰족한 수가 없다. 또한, 일부 필자의 논거 중에는 '수사기관이 특정 정치인과 결탁하여 특수활동비를 배정받아 정적을 제거하는 데 이용할 수 있다'라고 우려하지만, ABSCAM 사건에서 보듯이 도처에 감시의 눈이 있는 상황에서 실제 그러기는 사실상 불가능하고, 가사 그렇다 하더라도, 그 경우의 피해자는 특정한 의원 개인인 점에 반하여, 피해가 국가와 사회 전체로 확산하는 범죄를 적발할 수 없도록 의원들이 관련 수사에 필수적인 예산을 삭감하는 사태까지 예견하지는 못한 듯하다.

오늘날의 범죄인은 과거와 달리 음침한 지하 세계만을 무대로 하지 않는다. 계속 진화하면서 종교, 사회, 정치, 문화 등 다양한 방면에서 유혹과 위장을 통하여 목적 달성을 추구한다. 만일, 대단히 치밀한 두뇌와 현란한 말재주를 가진 범죄인이 애초의 잡범 수준에서 무한 진화한다면 그 진화의 끝은 어딜까? "It can't happen here!"에 나오는 Buzz Windrip처럼, 범죄인이 정치에 뛰어들어 '모든 국민에게 현금을 주겠다'라고 유혹하고 대중의 불안과 불만을 선동하여 그에 넘어간 국민의 지지를 받아 권력을 잡은 후, 그 권력으로 언론을 통제하고 입법부를 무력화하며, 국민을 억압하고, 마침내 자기 범죄를 셀프 사면하는 권위주의체제가 아닐까? 국민이 뒤늦게 일이 잘못되었음을 깨닫고, **"뱀이 나를 유혹했습니다. 그래서 먹었습니다"**라는 식의 변명으로 그 체제를 되돌릴 수 있을까? 아니, 변명할 상대나 있을까? 에덴동산에서의 추방은 신이 내린 결정이지만, 이 상황은 현명한(?) 주인인 국민 스스로가 '민주'의 이름으로 '법'을 통하여 권위주의 세계로 셀프 추방한 것이기에 말이다.

우리 사회는 여전히 범죄 계층과 전쟁상태에 있다. 범죄인은 활동무대를 넓히고, 법제와 감성의 허점을 노리며 진화하고 있다. 과연 우리는 "범죄와의 전쟁"에서 승리할 "준비된 국민"인가? 아니면 그저 "범죄와의 타협"을 통해 "범죄와 상생"을 도모하려 하는가? '국민은 **항상** 옳다'라는 오류와 즉흥적 감성에서 벗어나, 좀 더 숙고하면서 자기 정체성의 근원인 양심의 소리에 귀 기울일 때다. 저 하늘에 별이 있듯이 우리들 가슴에 양심이 있다.

색인

역자 약력

최영홍

학력
서울대학교 법과대학 졸업
고려대학교 대학원 법학과 졸업(법학박사)

주요 경력
현) 고려대학교 법학연구원 유통법센터 센터장
전) (사)한국유통법학회 회장 / (사)한국경영법률학회 회장
전) 고려대학교 법학전문대학원 교수
전) Cornell Law School, visiting scholar
전) 서강대학교 법학과 부교수
전) 개업변호사
전) 국방부 검찰부장
전) 군법무관(공군)

ABSCAM Ethics: Moral Issues and Deception in Law Enforcement by Gerald M. Caplan

Korean translation copyright©parkyoung publishing&company, 2025.

법과 유혹
- 의회부패에 대한 FBI의 위장수사 -

초판발행   2025년 1월 10일

지은이   Gerald M. Caplan
옮긴이   최영홍
펴낸이   안종만·안상준

편 집   장유나·김민주
기획/마케팅   김한유
표지디자인   BEN STORY
제 작   고철민·김원표

펴낸곳   (주) **박영사**
               서울특별시 금천구 가산디지털2로 53, 210호(가산동, 한라시그마밸리)
               등록 1959. 3. 11. 제300-1959-1호(倫)

전 화   02)733-6771
f a x   02)736-4818
e-mail   pys@pybook.co.kr
homepage   www.pybook.co.kr
ISBN   979-11-303-2149-3   93350

정 가   20,000원